Ein neuer Anfang

Esther und Jerry Hicks

Ein neuer Anfang

Das Handbuch zum Erschaffen Deiner Wirklichkeit

Aus dem Englischen
von Manfred Miethe

Ansata

Die Originalausgabe erschien als zweibändige Ausgabe:
»A New Beginning I« by Esther and Jerry Hicks.

Original U.S. Publication 1998 by Abraham-Hicks Publications, Texas, USA
»A New Beginning II« by Esther and Jerry Hicks.

Original U.S. Publication 1991 by Abraham-Hicks Publications, Texas, USA

FSC
Mix
Produktgruppe aus vorbildlich bewirtschafteten Wäldern und anderen kontrollierten Herkünften

Zert.-Nr. SGS-COC-1940
www.fsc.org
© 1996 Forest Stewardship Council

Verlagsgruppe Random House FSC-DEU-0100
Das für dieses Buch verwendete FSC-zertifizierte Papier *Munken Premium* liefert Arctic Paper Munkedals AB, Schweden.

Unveränderte Neuausgabe 2008

Ansata Verlag
Ansata ist ein Verlag der Verlagsgruppe Random House GmbH

ISBN 978-3-7787-7365-9

Einbandgestaltung: HildenDesign, München, unter Verwendung von Motiven von © Shuttenstock
Gesetzt aus der Adobe Caslon
bei Franzis print & media GmbH, München
Druck und Bindung: GGP Media, Pößneck

Die zehn »Gebote« nach Abraham

Strebe vor allem danach, glücklich zu sein.

Finde tausend Gründe, um zu lachen.

Finde tausend Gründe,
um dich selbst und andere zu loben.

Erkenne die Schönheit in der Natur,
in Tieren und Menschen.

Finde tausend Gründe, um zu lieben.

Tue und denke erhebende Dinge.

Suche nach Möglichkeiten, andere zu erheben.

Strebe danach, dich wohl zu fühlen.

Erkenne, dass sich dein Wert nur daran messen lässt,
wie glücklich du bist.

Anerkenne, dass du vollkommen frei bist, dies alles zu tun oder es nicht zu tun. Du allein triffst in jedem Moment deines Lebens die Entscheidung.

Inhalt

Einleitung

Was bestimmt dein Leben? Wird es durch das Schicksal, andere Menschen oder dich selbst bestimmt?

Warum wurdest du geboren? War es reiner Zufall? War es die Entscheidung deiner Eltern oder deine eigene?

Welchen Sinn hat dein Leben? Falls es überhaupt einen hat, ist dieser vorherbestimmt? Besteht er darin, andere glücklich zu machen, oder dient er deiner eigenen Entwicklung?

Wie kannst du die Zeit, die dir auf Erden verbleibt, am besten nutzen?

Welchen körperlichen, materiellen oder sonstigen Beschränkungen glaubst du unterworfen zu sein?

Aufgrund welcher Mechanismen sind die Menschen, Bücher und Ereignisse, die den größten Einfluss auf deine Entwicklung gehabt haben, in dein Leben getreten? Welche Rolle hast du selbst dabei gespielt?

Hat das alles irgendeine Bedeutung oder ist es purer Zufall? Ist es gut, schlecht oder neutral?

Abraham wird dir helfen, die Antwort auf alle diese Fragen zu finden und dir mit diesem Buch Schritt für Schritt deutlich machen, welches Potenzial du besitzt. Denn du selbst bist der alleinige Schöpfer deines Lebens.

Im November 1985 kamen meine Frau Esther und ich zum ersten Mal mit einer Gruppe geistiger Wesen in Kontakt, die sich selbst »Abraham« nannte. In den vorhergegangenen neun Monaten hatten wir jeden Tag 15 Minuten lang still dagesessen und unseren Verstand zur Ruhe gebracht, um die Identität unserer spirituellen Führer zu erfahren. Uns war gesagt worden, dass sie sich uns offenbaren würden – und da waren sie nun!

Abraham beschreiben sich selbst als eine Gruppe von Wesenheiten, die von einer geistigen Ebene aus durch Esther mit unserer materiellen Ebene Kontakt aufnehmen. Die Wesen, die zu Abraham geworden sind, sagten uns, dass sie tausende individueller Leben gelebt haben und dass sie aufgrund ihrer gemeinsam getroffenen Entscheidung eins geworden sind.

»Wir sind Lehrer«, haben Abraham uns gesagt und aufgrund ihrer Entscheidung und unseres gemeinsamen Wollens und Zulassens ist es ihnen möglich, uns durch Esther ihre Botschaft zu übermitteln. Sie haben uns erklärt, dass Esther eine Art »Empfänger/Übermittler« ist, ihre Gedanken empfängt und sie auf unbewusster Ebene übersetzt. Und auf ähnliche Weise übermittelt sie Abraham unsere Gedanken.

Abraham zufolge haben wir bereits vor unserer Geburt vereinbart, mit ihnen auf diese Weise zu kommunizieren. Aber sie betonen immer wieder, dass die Entscheidungen, die wir hier in der materiellen Dimension treffen, ausschlaggebend sind, und dass wir stets die freie Wahl haben, ob wir mit ihnen kommunizieren wollen oder nicht. Sie sprechen niemals ohne unsere ausdrückliche Einwilligung mit uns.

Als ich Abraham fragte, was ich in dieser Einleitung schreiben sollte, kamen sie sofort zur Sache und fragten mich: »Was ist denn deine Absicht?«

Ich antwortete: »Abraham, ich möchte etwas schreiben, das die Leser dazu bringt, jedes einzelne Wort dieses Buches zu lesen.«

»Was sonst noch?«

»Ich möchte, dass die Leser verstehen, dass sie sich in diesem Augenblick am Anfang eines neuen Lebensabschnitts befinden und dass sie aufgrund der Perspektive, die ihnen dieses Buch bietet, viele neue Erfahrungen machen und sich schneller als bisher entwickeln werden. Und dass sie von diesem Moment an ihr Leben genau so gestalten können, wie sie es wollen.«

Während ich sprach, waren Esthers Augen dunkel und ihr Kopf nickte, wie er es oft tut, wenn Abraham aufmerksam zuhört. Ich fuhr fort.

»Ich möchte, dass die Leser verstehen, dass ihr ihnen genau so viel anbietet, wie sie aufnehmen können, und dass jene, die bereit sind, sich neuen Gedanken und Erfahrungen zu öffnen, ungeheuer davon profitieren werden. Ich möchte, dass sie verstehen, dass frühere Gedanken oder vergangene Leben keinen Einfluss auf ihr jetziges Leben haben müssen und dass sie sich durch die bewusste Entscheidung, jetzt neue Gedanken zuzulassen, ein neues Leben erschaffen können. Indem sie bewusst am Schöpfungsprozess teilnehmen, den wir in diesem Buch beschreiben, können sie wunderbare neue Lernerfahrungen machen und jetzt in diesem Augenblick einen Sprung nach vorn machen.«

Ich war einen Augenblick still, weil ich Abraham die Chance geben wollte, etwas zu sagen, aber sie blieben stumm. Also fuhr ich fort.

»In diesem Buch geht es nicht um Esoterik, Okkultismus,

Übersinnliches, Magie oder Metaphysik. In diesem Buch geht es um den Prozess des bewussten, absichtsvollen Erschaffens und um die Vereinigung des Normalbewusstseins mit dem höheren Bewusstsein des inneren Wesens. Ich möchte Klarheit schaffen in Bezug auf die Kommunikation mit geistigen Wesen. Es gibt so viele verschiedene Formen davon und wir erhalten so viele unterschiedliche Botschaften. Manche kommunizieren mit Hilfe des automatischen Schreibens, andere benutzen das Ouija-Brett, einige singen und tanzen und andere sprechen durch ein Medium. Manche kann man kaum verstehen und andere sprechen sehr deutlich mit der normalen Stimme des Mediums. Selbst über die Dimensionen, aus denen sie mit uns kommunizieren, herrscht Verwirrung. Manche Botschaften sind sehr dogmatisch und moralisch, andere sind eher witzig und im leichten Plauderton gehalten. Es gibt traditionelle und moderne Ansichten, offenes und dogmatisches Denken, es gibt brillante oder vollkommen gewöhnliche Botschaften, es existiert Verwirrung ebenso wie Klarheit.«

»Abraham, ich möchte, dass die Leser verstehen, dass sie den Wert dessen, was sie von den geistigen Wesen erfahren, daran messen können, wie sie sich fühlen. Wenn sie Worte hören, die ihnen Unbehagen verursachen, können sie sich davon abwenden, weil diese Worte noch nicht für sie gedacht sind. Sie müssen nur das annehmen, was sie auch zu hören bereit sind. Jeder Mensch hat einen freien Willen und kann selbst entscheiden, was er zu einer gegebenen Zeit hören möchte.«

»Ich möchte, dass die Leser verstehen, dass ihr Leben nicht durch ein blindes Schicksal bestimmt wird und dass auch niemand anderes Macht darüber hat. Jeder Mensch hat selbst die Kontrolle über sein gesamtes Leben. Ich möchte, dass sie verstehen, warum die Reichen scheinbar immer reicher und die Armen immer ärmer werden. Warum etwas immer noch besser wird, wenn es einmal gut ist, und warum etwas immer noch schlimmer wird, wenn es einmal schlimm ist.«

»Aber am wichtigsten ist mir, dass die Leser verstehen, dass dies ein Handbuch ist. Dieses Buch wurde nicht geschrieben, um zu unterhalten, sondern damit die Leser mit ihm arbeiten. Dies ist kein Buch, das bloß interessante Geschichten erzählt oder die Zukunft vorhersagt, sondern ein Arbeitsbuch, dessen Inhalt jeder Mensch sofort in die Praxis umsetzen kann, um sich ein positives neues Leben zu erschaffen.«

Ich hörte auf zu reden, weil mich die Leidenschaft, mit der ich sprach, erschöpft hatte. Abraham lächelten mich durch Esthers Augen hindurch an und sagten: »Schreib, was du uns gesagt hast. Das ist genau der richtige Anfang für dieses Buch.«

Und so möchte ich dich bitten, lieber Leser, das Buch Kapitel für Kapitel aufmerksam zu lesen. Im zweiten Teil des Buches haben wir Fragen und Antworten aus verschiedenen Gruppensitzungen zusammengestellt, die dir weiterhelfen können, wenn du die Prinzipien, die im ersten Teil erklärt werden, verstanden hast.

Jerry Hicks

Teil I

Wir haben nicht die Absicht, für dich irgendetwas zu tun, was du dir selbst zu tun vorgenommen hast. Wir haben nicht die Absicht, dir Informationen zu geben, bevor du bereit bist, sie aufzunehmen. Wir haben nicht die Absicht, für dich etwas zu entdecken, was du dir vorgenommen hast, selbst zu entdecken. Wir kommen zu dir als Freunde aus deiner inneren Welt, die sich bereit erklärt haben, jetzt an deinem Leben teilzuhaben.

Wir sind Lehrer und wir sind gekommen, um die universellen Gesetze zu lehren, die für jede Form von Leben gelten – materiell wie geistig –, damit das körperliche Leben, das du zur Zeit führst, bereichert wird.

Wir bieten dir absolute Freiheit an. Es ist wichtig, den Prozess des absichtsvollen Erschaffens zu verstehen, damit du genau die Umstände erschaffen kannst, die du willst. Aber auch, damit du aufhörst, die Umstände zu erschaffen, die du nicht willst.

Wohlbefinden ist
dein natürlicher Zustand.

Kapitel 1

Wer sind Abraham und wer bist du?

In diesem Buch wirst du die Schlüssel zur bewussten schöpferischen Kontrolle deiner materiellen Lebensumstände und zur freudvollen Verlängerung deiner körperlichen Existenz finden.

Wir kommunizieren mit dir in der Absicht, unser Wissen zu teilen und deine Denkprozesse anzuregen, aber es ist nicht unsere Absicht, für dich irgendetwas zu tun, was du selbst für dich tun willst.

Wir möchten dir zuerst erklären, wer *wir* sind, damit du ein besseres Verständnis davon erlangst, wer *du* bist. Denn ein Teil von dir, von dessen Existenz du wahrscheinlich nicht einmal etwas ahnst, befindet sich ebenso wie wir in dieser geistigen Dimension. Wir möchten, dass du besser verstehst, warum du dich dafür entschieden hast, dich jetzt in dieser Zeit auf diesem Planeten zu verkörpern, was du dir davon versprochen hast und wie dein materielles Leben in den größeren Zusammenhang des Lebens passt. Es ist unsere Absicht, dir zu helfen, besser zu verstehen, wer du eigentlich bist.

Wir sind eine Gruppe nichtkörperlicher Wesen, die gegenwärtig in einer geistigen Dimension leben, die sich von der materiellen Dimension unterscheidet, in der du lebst. Wir betonen, dass wir leben, denn wir möchten nicht, dass du aus der Tatsache, dass wir zur Zeit keine materielle Form haben, schließt, dass wir tot sind. Wir sind äußerst lebendig und wir nehmen intensiv am Leben teil.

Viele von uns haben sich hier versammelt. Wir sind das, was du eine »Familie« nennen würdest, obwohl wir keine Familie im üblichen Sinn sind. Wenn du uns als individuelle Wesenheiten wahrnehmen könntest, würdest du um die 100 Wesen sehen. Manche von uns haben viele physische Leben gelebt, andere nicht. Und während wir gegenwärtig durch die Frau, durch die wir sprechen, an deinem Leben teilnehmen, erfahren wir das Leben gleichzeitig auch auf anderen Ebenen. Man könnte sagen, dass wir – wie du wahrscheinlich auch – an mehreren Projekten gleichzeitig arbeiten. Wir sind keine Familie aufgrund unserer gemeinsamen Abstammung, sondern eine Familie, die aufgrund einer gemeinsamen Entwicklung zusammengekommen ist.

Wir sind hier aufgrund einer gemeinsamen Intention und so wie du in jedem Augenblick verschiedene Intentionen hast, so haben auch wir verschiedene. Alle unsere Intentionen sind mit denen der anderen, die sich hier versammelt haben, kompatibel. Wenn wir in unserer geistigen Dimension miteinander kommunizieren, so tun wir dies nicht durch gesprochene oder geschriebene Worte, sondern durch die Übertragung von Gedanken oder Intentionen. Wir benutzen keine Namen für einander, denn unser gegenseitiges Erkennen geht weiter über das hinaus, was ein Name vermitteln könnte.

Wir möchten, dass du besser verstehst, wer du bist und wer wir sind, aber was noch wichtiger ist, wir möchten, dass du den Grund für deine Entscheidung erkennst, dich in der materiellen Dimension zu verkörpern. Wenn du verstehst, warum du materielle Form annehmen wolltest, wird dein Leben unglaublich bereichert werden. Vielleicht wirst du dann deine innere Motivation verstehen, diesen Drang, der tief aus dir kommt und den du mit den Instrumenten deines normalen Bewusstseins nicht fassen kannst. Wahrscheinlich werden viele der Geheimnisse deines Leben aufgeklärt werden, wenn du dieses Buch liest. Vermutlich wirst du aufgrund der umfassenderen Perspektive, die dir dieses Buch bietet, ein klareres Verständnis dessen gewinnen, was du gegenwärtig tun willst.

Aber Worte lehren nicht wirklich. Wahres Wissen kommt nur durch Lebenserfahrung und genau aus diesem Grund nehmen wir alle ständig am Leben teil. Aber wir schenken dir dennoch diese Worte in der Hoffnung, dass dein Denken durch sie angeregt werden möge und du durch deine Gedanken die Erfahrungen anziehen wirst, die dir ein klareres Verständnis und ein größeres Wissen ermöglichen. Ein guter Lehrer regt zum Nachdenken an.

Es gibt keine festgelegte Reihenfolge, in der wir lernen und wachsen. Jeder von uns hat einen gewissen Erkenntnisgrad erreicht und von dieser Perspektive aus setzen wir Gedanken in Gang, die bestimmte Erfahrungen anziehen. Und diese Erfahrungen wiederum bestimmen unseren gegenwärtigen Wissensstand. Du bist ein ganz wunderbares verkörpertes Wesen, das hauptsächlich in der materiellen Dimension zu Hause ist. Deine materielle Perspektive gestattet dir nur das wahrzunehmen, was zu der materiellen Dimension gehört. Wir kritisieren das nicht, denn dieses materielle Leben, in dem du gegenwärtig verankert bist, hat großen Wert. Aber du hast vor deinem jetzigen Leben viele andere Leben gelebt, und zwar sowohl auf der materiellen wie auch auf der geistigen Ebene, auch wenn du keine bewusste Erinnerung daran hast, was du vor diesem Leben erfahren hast. Und genau das ermöglicht es dir, dich ganz auf dieses Leben zu konzentrieren und auf das, was du dir dafür vorgenommen hast.

Du bist ein physisches Wesen in der materiellen Dimension des Planeten Erde, weil du es so wolltest. Und während du die Erfahrungen dieses Lebens machst, erfüllst du ein Versprechen, das du dir selbst vor deiner jetzigen Geburt gegeben hast. Der Teil von dir, der vor deiner Geburt die Entscheidung traf, sich zu verkörpern, ist immer noch ein Teil von dir. Wir nennen ihn »das innere Wesen«, denn es gibt keine Worte, die diesen Teil von dir angemessen beschreiben würden. Das innere Wesen ist ein umfassenderes, weiseres, auf jeden Fall viel älteres Du. Es ist der Teil, der Geburt und Tod deines Körpers transzendiert. Es ist der Teil von dir, der sich aller Erfahrungen gewahr ist, die du jemals gemacht hast und zwar sowohl auf materieller wie auch auf geistiger Ebene.

Ein Grund für dieses Buch ist, dass wir dir helfen möchten zu erkennen, dass dein inneres Wesen tatsächlich existiert. Und dass du, auch wenn du dich auf die materielle Dimension konzentrierst, Zugang zu dem Wissen finden kannst, dass dein inneres Wesen hat – wenn du es nur zulässt.

Gesundheit ist dein natürlicher Zustand.

Kapitel 2

Absichtlich oder unabsichtlich erschaffen

Weder das Leben noch dein Wachstum haben jemals ein Ende. Leben und Wachstum sind ewig und unvergänglich. Zwar hat das physische Leben einen Anfang und ein Ende, aber das bloße Ende der physischen Erfahrungen bedeutet nicht auch das Ende des Lebens oder des Wachstums.

Jedes Leben ist ein Wachstumsprozess, aber das physische Leben ermöglicht eine bestimmte Art von Wachstum, das nur in der materiellen Dimension möglich ist. Und aus diesem Grund hast du dich mit voller Absicht dafür entschieden, an dieser materiellen Lebenserfahrung teilzuhaben. Als du die Entscheidung getroffen hast, hier auf diesem Planeten zu sein und diese Erfahrungen zu machen, hast du damit beabsichtigt, den schöpferischen Prozess besser zu verstehen und bewusst das zu erschaffen, was du in diesem materiellen Leben erfahren willst. Das ist deine Primärintention für dein jetziges Leben.

Und weil dir diese Intention so wichtig ist, sind wir aus der geistigen Dimension gekommen, um dein Denken anzuregen und dir zu helfen, den bewussten schöpferischen Prozess besser zu verstehen und anzuwenden. Du bist der Schöpfer all dessen, was sich in deinem Leben ereignet. Du erschaffst deine Erfahrungen durch deine Gedanken. Jeder Gedanke, den du denkst, erschafft etwas. Die Gedanken, die du in Bezug auf das denkst, was du möchtest, setzen einen Prozess in Gang, der zur Erschaffung dessen führt, was du möchtest. Gleichermaßen setzen die Gedanken, die du in Bezug auf das denkst, was du *nicht* möchtest, einen Prozess in Gang, der zur Erschaffung dessen führt, was du *nicht* möchtest.

Jeder Gedanke hat ein schöpferisches Potenzial, und zwar unabhängig davon, ob er auf das ausgerichtet ist, was du möchtest oder auf das, was du *nicht* möchtest. Wenn du dir dein Leben unter diesem Gesichtspunkt anschaust, wirst du vermutlich sofort erkennen, dass du genau die Erfahrungen gemacht hast und machst, die du durch deine Gedanken in dein Leben gebracht hast. Jeder Gedanke hat Macht und jeder Gedanke, der oft gedacht wird – selbst ohne große Gefühlsbeteiligung – wird irgendwann zu materieller Realität werden. Aber nicht jeder Gedanke hat dasselbe Schöpfungspotenzial oder verwirklicht sich gleich schnell. Gedanken, die mit starken Gefühlen einhergehen, besitzen das größte Machtpotenzial, und zwar unabhängig davon, ob sie positiv ausgerichtet sind (auf das, was du möchtest) oder negativ (auf das, was du nicht möchtest). Starke Gefühle, die einen Gedanken begleiten, sind immer ein Indikator dafür, dass sich das, was gedacht wird, schnell verwirklichen wird.

Du solltest also verstehen, dass alle deine Gedanken etwas erschaffen. Und je mehr Gefühle daran beteiligt sind, desto schneller geht der Schöpfungsprozess vonstatten. Aber jeder Gedanke, der häufig gedacht wird und nicht durch gegenteilige Gedanken beeinträchtigt wird, wird auch ohne große Gefühlsbeteiligung letzten Endes verwirklicht.

Wenn du wirklich verstehst, was du gerade gelesen hast, wird dir klar werden, dass du deine jetzigen Lebensumstände selbst geschaffen hast. Wenn du dir deine Vergangenheit anschaust und dich daran erinnerst, was du geschaffen hast, wirst du erkennen, dass ausnahmslos alles durch deine Gedanken entstanden ist. Wenn du bewusst entscheidest, dass du etwas möchtest und deine Gedanken bewusst in diese Richtung lenkst, dann ist das absichtsvolles Erschaffen, wie es sein sollte. Aber wenn du an das denkst, was du nicht möchtest und es dadurch erschaffst, dann ist das unbeabsichtigtes Erschaffen.

Wir haben bemerkt, dass die meisten Menschen, die zur Zeit auf der Erde leben, mehr unbeabsichtigt erschaffen als bewusst und absichtsvoll. Unser Wunsch ist es, dein Denken so anzuregen, dass du verstehst, wie die Schöpfung funktioniert. Wenn du diesen Prozess nämlich verstehst, dann hast du mehr bewusste Kontrolle über deine Lebensumstände.

Wir wollen das Gesetz der Schöpfung vereinfacht so formulieren: »Du möchtest etwas, du lässt zu, dass es wird… und es ist.« Ein besseres Wort für »möchten« ist wohl »beabsichtigen«, denn darin ist sowohl der Wunsch enthalten als auch die Erwartung, dass er wahr wird. Also formulieren wir das Gesetz der Schöpfung so um: »Du beabsichtigst etwas, du lässt zu, dass es wird… und es ist.«

Uns ist aufgefallen, dass es das Zulassen ist, das bei den meisten von euch nicht funktioniert. Viele von euch haben lange Wunschlisten und obwohl es immer hilfreich ist, sich genau darüber im Klaren zu sein, was man eigentlich möchte, so wird absichtsvolles Erschaffen doch erst dann möglich sein, wenn mehr von euch auch zulassen, dass ihre Wünsche wahr werden. Zufriedenheit stellt sich erst dann ein, wenn du dir über deine Intentionen klar bist, wenn du die Erfüllung deiner Wünsche zulässt und das Gewünschte annimmst.

Viele von euch sabotieren die Möglichkeit der Wunscherfüllung schon beim Formulieren des ursprünglichen Gedankens. Zum Beispiel: »Ich wünsche mir ein neues Auto, *aber* es ist ja viel zu teuer.« Kaum hast du das neue Auto geistig erschaffen, da sabotierst du im selben Atemzug schon die Möglichkeit, dass du es auch bekommst. Und so wird viel von dem, was du erschaffen könntest, gleich wieder zunichte gemacht.

Die Aussage »Ich wünsche mir ein neues Auto« ist nur die Hälfte des Schöpfungsprozesses, der Teil des Wünschens oder der Intention. Aber bereits der Zusatz »aber es ist ja viel zu teuer« verhindert das Zulassen. Du musst nichts weiter tun als zu formulieren, dass du ein neues Auto möchtest und es dabei belassen. Vermeide einfach jedes gegenteilige Erschaffen, jedes Anti-Erschaffen, jedes Nicht-Erschaffen und jedes zerstörerische Erschaffen. Formuliere nur solche Gedanken und Worte, die in die Richtung dessen gehen, was du willst.

Du bist gegenwärtig ein verkörpertes Wesen und wir sind es nicht, aber unsere Erfahrungen sind sich nicht so unähnlich wie du vielleicht vermutest. Die Gesetze, die dein materielles Leben bestimmen, gelten nämlich auch für unser geistiges Leben. Obwohl es natürlich viele spezifisch irdische Regeln gibt, denen du im Gegensatz zu uns unterliegst, so behalten doch die universellen Gesetze unabhängig von der Dimension, in der man sich gerade aufhält, ihre Gültigkeit. Das Gesetz der Schöpfung oder des Erschaffens ist ein solches Gesetz.

Das Interessanteste an einem solchen Gesetz ist vielleicht, dass es immer Gültigkeit hat, ob du dir dessen nun bewusst bist oder nicht. Es wirkt sich auch dann auf dich aus, wenn du nicht einmal weißt, dass es überhaupt existiert. Du setzt durch deine Gedanken immer einen Schöpfungsprozess in Gang, ob du dir dessen nun bewusst bist oder nicht. Aus diesem Grund haben wir dieses Buch ja geschrieben. Wir möchten, dass du das Gesetz der Schöpfung verstehst und es bewusst auf dein Leben anwendest, statt ihm unbewusst unterworfen zu sein, nur weil du es nicht verstehst.

Was bedeutet »unabsichtlich erschaffen«? Es bedeutet, dass du den Schöpfungsprozess in Richtung auf etwas, das du nicht möchtest, in Gang setzt, indem du deine Aufmerksamkeit und deinen geistigen Fokus darauf richtest, bis es erschaffen ist. Fällt nicht viel von dem, was dein Leben ausmacht, in diese Kategorie? Wenn jemand zum ersten Mal hört, dass er der Schöpfer seines eigenen Lebens und all dessen ist, was ihm widerfährt, besteht seine Reaktion meistens darin zu sagen: »Unmöglich! Ich würde doch nicht etwas erschaffen, was ich nicht will.«

Wir stimmen dem insofern zu, dass ihr natürlich nicht absichtlich etwas erschafft, das ihr nicht wollt, aber wir stimmen nicht zu, dass ihr es nicht trotzdem erschaffen habt. Es gibt außer dir selbst niemanden, der in *deiner* Lebenssphäre irgendetwas erschaffen kann. Es ist nicht möglich, innerhalb der Lebenssphäre anderer Menschen irgendetwas zu erschaffen. Du kannst nichts in ihrer erschaffen und sie nichts in deiner. Daher wird alles, was dir widerfährt, von dir selbst gestaltet oder besser gesagt, es wird durch deine eigenen schöpferischen Gedanken erschaffen.

Während du in einem Körper bist und alles durch deine physischen Augen siehst, ist es oftmals schwierig zu verstehen, dass der Schöpfungsprozess nicht in deiner materiellen

Welt stattfindet. Du glaubst, dass du etwas erschaffst, indem du wie irre in der Welt herumrennst und machst und tust, aber die schöpferische Tätigkeit spielt sich ausnahmslos in deinem schöpferischen Geist ab. Und dort bist du der Einzige, es sei denn, du gestattest einem anderen dort den Zutritt und lädst ihn durch deine Gedanken dorthin ein.

Du hast jetzt wahrscheinlich schon verstanden, dass es – da du alles durch deine Gedanken erschaffst – von äußerster Wichtigkeit ist, die Gedanken zu kontrollieren, damit du das erschaffen kannst, was du wirklich willst. Nachfolgend geben wir dir eine Übung, die dir dabei helfen wird.

Eine Übung in absichtsvollem Erschaffen

Am Anfang ist es am besten, nur drei oder vier deiner wichtigsten Wünsche zu formulieren. Mit einiger Übung wirst du später in der Lage sein, in viele verschiedene Richtungen gleichzeitig zu erschaffen.

Wähle die Wünsche oder Intentionen aus, die dir zur Zeit am wichtigsten sind und schreibe jeden oben auf ein separates Blatt Papier. Etwa so: »Ich beabsichtige, … (füge hier deinen Wunsch ein).« Zum Beispiel: »Ich beabsichtige, eine neue Stelle zu bekommen.«

Unter jede deiner Absichtserklärungen schreibe dann: »Aus folgenden Gründen, beabsichtige ich … (füge hier wieder deinen Wunsch ein).« Dann schreibe alle Gründe auf, warum du es haben möchtest. Zum Beispiel: »Ich beabsichtige aus den folgenden Gründen, eine neue Stelle zu bekommen: Ich möchte mehr Geld verdienen. Ich möchte einen interessanteren Job.«

Wenn du etwas aufschreibst, hast du den stärksten geistigen Fokus, den du überhaupt bewusst erreichen kannst.

Schreibe alles auf, was aus dir herauswill. Schreibe nur das auf, was dir selbst wirklich wichtig ist. Schreib, solange es etwas zu schreiben gibt, aber zwing dich nicht dazu.

Drehe dann das Blatt um und schreibe auf die andere Seite: »Aus den folgenden Gründen weiß ich, dass es so ist.« (Oder wenn dir diese Formulierung etwas zu weit hergeholt erscheint, schreib: »..., dass es so sein wird.«) Also: »Aus den folgenden Gründen weiß ich, dass ich eine neue Stelle bekomme.« Oder »..., dass ich eine neue Stelle bekommen werde.«

Schreibe dann alle Gründe auf, aus denen du weißt, warum sich deine Intention verwirklicht oder verwirklichen wird. Schreibe alles auf, was dir spontan dazu einfällt. Zum Beispiel: »Ich weiß es, weil ich gut bin und mehr Geld verdient habe.« »Ich weiß es, weil ich sehr kreativ bin und mich auf größere Herausforderungen freue.«

Wenn du diese Absichtserklärungen aufgeschrieben hast, falte das Blatt und stecke es in deine Jacken- oder Handtasche oder an einen anderen Ort, wo du es jederzeit wieder hervorziehen und lesen kannst. Damit ist deine Arbeit getan. Es ist vollbracht! Du hast die Verwirklichung deiner schriftlich festgehaltenen Intention in Gang gesetzt.

Auf der Vorderseite des Blattes hast du deine Intention formuliert und anschließend verstärkt. Auf der Rückseite hast du das Zulassen verstärkt. Damit ist der Prozess abgeschlossen. Du musst nun nichts mehr tun, um das zu erschaffen, was du dir gewünscht hast. Du musst dir nur selbst nicht im Weg stehen. Das heißt, solange du nichts Gegenteiliges erschaffst oder Gedanken denkst, die nur Angst, Zweifel oder Sorge säen – »Warum passiert bloß nichts?« –, wird deine Schöpfung Wirklichkeit werden.

Wenn du deinen Fokus darauf ausrichtest, dass das Gewünschte noch nicht eingetreten ist, schenkst du dem Mangel Aufmerksamkeit. Und alles, worauf du deine Aufmerksamkeit richtest, das erschaffst du auch. Wenn du also deinen geistigen Fokus darauf richtest, dass etwas *noch nicht* eingetreten ist, erschaffst du, dass es *noch länger* nicht eintreten wird. Deine Konzentration auf den Mangel erzeugt mehr Mangel.

Je stärker das Gefühl ist, das deinen Wunsch begleitet, desto schneller wirst du seine Erfüllung erleben. Denke immer nur in die Richtung dessen, was du willst, und nicht in die Richtung dessen, was du nicht willst. In Richtung Bekommen, nicht in Richtung Angst, du könntest es nicht bekommen. In Richtung freudiger Erwartung, nicht in Richtung Enttäuschung, dass es noch nicht da ist.

Es ist nicht nötig, dass du deine Gedanken nur auf drei oder vier Dinge beschränkst, denn es gibt vieles in deinem Leben, das deiner Aufmerksamkeit bedarf. Wenn du dich stets ganz auf das konzentrierst, was zur Zeit ansteht, dann wirst du nichts Falsches erschaffen und auch nichts sabotieren, was du absichtlich in Gang gesetzt hast.

Das Falsche wird üblicherweise immer dann erschaffen, wenn dein Geist wandert – was besonders in Situationen der Fall ist, die keine bewusste Konzentration erfordern, wie zum Beispiel Autofahren, baden, Zähne putzen, kämmen oder anziehen. Daher ist es von großer Bedeutung, ständig die geistige Konzentration aufrechtzuerhalten, da das wunderbare Instrument deines Geistes nicht damit zufrieden ist, untätig zu sein. Wenn du ihm daher nicht absichtlich etwas gibst, worüber er nachdenken oder worauf er sich konzentrieren kann, wird er sich Anregungen von Gedanken, Worten oder Handlungen aus deiner Umgebung holen.

Deine Welt ist voll von dem,
was du für gut erachtest, und du hast
jederzeit Zugang zu diesem Überfluss.

Kapitel 3

Kommunikation mit der inneren Welt

Jedes Wesen, das gegenwärtig physische Form angenommen hat, empfängt Botschaften aus einer anderen Dimension, die von seinem inneren Wesen stammen. Natürlich gibt es Menschen, die sich dieser Kommunikation bewusster sind als andere, und die Botschaften werden auf unterschiedliche Weise empfangen, aber jedes Wesen empfängt Botschaften von seinem inneren Wesen in der Form von Gefühlen.

Deine Gefühle haben ihren Ursprung nicht in deiner materiellen Welt. Sie stammen aus der inneren Welt und stellen eine direkte Form der Kommunikation mit deinem inneren Wesen dar.

Dein inneres Wesen hat einen weitaus größeren geistigen Horizont, denn es verfügt über die Wahrnehmungen und das Wissen aus allen Leben – sowohl den physischen als auch den geistigen –, während deine materielle Wahrnehmung nur auf dieses eine Leben beschränkt ist. Deshalb ist es von so großer Bedeutung, dass du dir der Botschaften deines inneren Wesens bewusst wirst.

Wenn du positive Gefühle wie Liebe, Heiterkeit, inneren Frieden, Glück, Freude oder Vorfreude verspürst, dann teilt dir dein inneres Wesen in diesem Augenblick mit, dass sich deine Gedanken in Harmonie mit deinen Intentionen befinden. Wenn du negative Gefühle wie Angst, Zweifel, Wut, Hass, Eifersucht, Schuld oder Scham verspürst, dann teilt dir dein inneres Wesen in diesem Augenblick mit, dass sich deine Gedanken nicht in Harmonie mit deinen Intentionen befinden.

Wenn es dir gelingt, negative Gefühle bereits im Ansatz wahrzunehmen, wirst du nicht nur in der Lage sein, die Entstehung des negativen Gefühls zu verhindern, sondern auch die Erschaffung dessen, was du nicht willst, aufzuhalten. Alles, was du beabsichtigst, willst oder möchtest, ist positiv, während alles, was du nicht beabsichtigst, willst oder möchtest, negativ ist. Erinnere dich an das Gesetz der Schöpfung: »Was du beabsichtigst und zulässt, das ist.«

Wenn du etwas möchtest und einen positiven Gedanken in diese Richtung aussendest und dabei gleichzeitig ein positives Gefühl verspürst, dann befindest du dich in diesem Augenblick in der perfekten Position, das, woran du denkst, zu empfangen oder bewusst zu erschaffen. Und je stärker das Gefühl ist, desto schneller wird das Erschaffen vor sich gehen. Wenn du an etwas denkst, das du nicht möchtest, und dabei Angst, Zweifel oder ein anderes negatives Gefühl verspürst, bist du in dem Augenblick in der perfekten Position, genau das zu erschaffen, was du *nicht* möchtest.

Kurz gesagt: Du bekommst immer das, woran du denkst, ob du es nun haben möchtest oder nicht.

Um etwas zu erschaffen, das du möchtest, willst oder beabsichtigst, musst du nur eine klare, eindeutige Intention haben und dann zulassen, dass sie sich verwirklicht. Wenn du deine Wünsche bewusst unterdrückst, weil du dir schon so lange etwas gewünscht hast, es aber nie bekommen und daraufhin aufgegeben hast, dir überhaupt etwas zu wünschen, dann liegt das Problem nicht im Bereich des Wünschens, sondern anderswo.

Du lässt nicht zu, dass es wahr wird, weil du nicht daran glaubst. Der Glaube an die Verwirklichung dessen, was du dir wünschst, ist extrem wichtig, denn du kannst nur innerhalb deines Glaubenssystems und im Rahmen deiner Überzeugungen etwas zulassen. Deshalb muss dein Glaubenssystem geändert werden, um mit deinen Intentionen übereinzustimmen.

Verstehe bitte, dass deine Überzeugungen durch deine Erfahrungen und durch den Einfluss anderer Menschen erschaffen wurden. Deshalb sind sie auch nicht unveränderlich, sondern form- und veränderbar. Du veränderst dein Glaubenssystem, indem du ihm so lange neue Gedanken und Informationen hinzufügst, bis es dem entspricht, wie du es im Augenblick haben willst.

Es gibt unzählige Überzeugungen, die in deinem Normalbewusstsein gespeichert sind. Die meisten von ihnen sind nur latent vorhanden und werden dies auch bleiben, aber immer wenn du eine Intention formulierst, kommen die dazu passenden Überzeugungen sofort an die Oberfläche.

Eine Überzeugung oder ein Glaubenssatz ist nichts weiter als ein Gedanke, den du bereits gedacht hast und den du weiterhin denkst. Sobald einer dieser Glaubenssätze auftaucht, wird er andere Glaubenssätze anziehen, die ihm gleichen. Das nennen wir das Gesetz der Anziehung.

Es ist wichtig, das Gesetz der Anziehung zu verstehen. Es ist weder dein Freund, noch dein Feind. Es ist einfach, was es ist. Es wird mehr von dem anziehen, an das du gerade denkst. Wenn du in Richtung dessen denkst, was du willst, dann werden aufgrund des Gesetzes der Anziehung andere positive Gedanken angezogen, die mit dem ursprünglichen Gedanken harmonieren. Wenn du aber an das denkst, was du nicht willst, so werden aufgrund desselben Gesetzes andere negative Gedanken angezogen, die den ursprünglichen Gedanken noch verstärken. Gleiches zieht eben Gleiches an.

Die meisten Gedanken – besonders die, die nicht mit starken Gefühlen einhergehen –, sind nicht machtvoll genug, um sich sofort oder in kurzer Zeit als materielle Realität zu manifestieren. Wenn aber ein ursprünglich schwacher Gedanke über einen längeren Zeitraum viele gleiche Gedanken anzieht, wird er irgendwann machtvoll genug sein, um sich materiell zu manifestieren. Es ist daher von Vorteil, wenn du deine Gedanken auf das konzentrierst, was du willst, und gar nicht oder so wenig wie möglich an das denkst, was du nicht willst.

Ein flüchtiger negativer Gedanke wird dir keinen Schaden zufügen, aber wenn du dich ausführlich mit ihm beschäftigst, wird er irgendwann genau das erschaffen, was du eigentlich vermeiden wolltest. Solange du nicht das, was du nicht willst, in dein Leben einlädst, indem du daran denkst, wirst du keine unerwünschten Erfahrungen machen.

Wenn du dir die innere Führung – in Form von Gefühlen – durch dein inneres Wesen zu Nutze machst, dann wirst du immer genau das erschaffen können, was du möchtest, und bewusst vermeiden können, etwas zu erschaffen, das du nicht willst. Wenn du dir deiner Gefühle stets bewusst bist, weißt du immer, ob du etwas erschaffst, das du willst, oder etwas, das du nicht willst. Vertraue deiner inneren Führung, denn sie stammt von dem größeren, weiseren Teil deines Selbst, das über ein Wissen verfügt, das während tausender Leben in materiellen und geistigen Dimensionen erlangt wurde.

Eine Übung im Ändern von Glaubenssätzen

Nachfolgend stellen wir eine Methode kontinuierlichen, bewussten, positiven Erschaffens vor.

Werde dir im Laufe des Tages bei allen Aktivitäten immer wieder deiner Gefühle bewusst. Solange du positive Gefühle verspürst, weißt du, dass du das erschaffst, was du möchtest. Aber wenn du negative Gefühle verspürst, halte sofort inne, und frage dich, welcher Gedanke, welches Wort oder welche Handlung dieses Gefühl ausgelöst hat. Wenn du dies gleich in dem Augenblick machst, in dem du das Gefühl verspürst, wirst du die Ursache schnell identifizieren können, denn wenn du daran denkst, wird sich das negative Gefühl noch verstärken.

Sobald du den Gedanken, das Wort oder die Handlung identifiziert hast, die das negative Gefühl ausgelöst haben, frage dich, was du wirklich willst. Formuliere eine positive Aussage bezüglich dessen, was du möchtest. Unterstütze dies mit weiteren positiven Aussagen, die dich von den negativen Gedanken und Gefühlen weg und zu einem positiven Gefühl hinbringen. Das nennen wir »eine Brücke« von dem, wo du bist, zu dem, wo du sein möchtest, zu bauen.

Der geistige Sprung sollte aber nicht zu groß und die Brücke nicht zu lang sein, denn dagegen wird sich dein Verstand wehren. Er hat genug Lebenserfahrung, um zu erkennen, wann etwas zu weit hergeholt ist, aber wenn du kleine Schritte machst, wirst du auch zu einer positiven Aussage kommen und damit zum positiven Gefühl.

Wenn du die Umwandlung der negativen Gedanken und Gefühle zu positiven geschafft hast, dann erschaffst du wieder in Richtung dessen, was du möchtest.

Hier ein Beispiel: Du hast den Tag begonnen, indem du deine Intentionen aufgeschrieben hast. Nehmen wir einmal an, eine davon ist: »Ich wünsche mir ein neues Auto.« Du hast ganz spezifische Vorstellungen von deinem neuen Auto; du hast aufgeschrieben, warum du es willst und warum du es bekommen wirst; du hast dich schon selbst als Besitzer eines neuen Autos gesehen und dabei positive Gefühle verspürt. Und während du deinen täglichen Geschäften nachgehst und an alles Mögliche denkst, ist das Auto bereits auf dem Weg zu dir, denn du hast den Prozess in Gang gesetzt, und nichts getan, was ihn aufhalten könnte.

Während du nun dein altes Auto fährst und an nichts Besonderes denkst, siehst du ein Auto, das dem ähnelt, das du haben möchtest. Wenn du es ansiehst und dich dabei vor lauter Vorfreude glücklich und aufgeregt fühlst, dann sind diese positiven Gefühle ein Zeichen dafür, dass sich deine Gedanken in Harmonie mit deinem Wunsch befinden. Wenn du aber das andere Auto siehst und dich unglücklich fühlst oder dir Sorgen machst, weil du deins noch nicht bekommen hast oder weil du neidisch auf den anderen Fahrer bist, dann sind diese negativen Gefühle ein sicheres Zeichen dafür, dass du gegen deinen Wunsch arbeitest und dass du, während du diese negativen Gefühle spürst, das neue Auto abwehrst, statt es anzuziehen.

Aber weil du nun auf deine Gefühle achtest, bist du dir bewusst, dass du das neue Auto auf diese Weise von dir fernhältst. Also hörst du sofort damit auf, neidisch zu sein und verwandelst deine negativen Gedanken und Gefühle in positive. Das könnte sich etwa so anhören: »Ich wünsche mir ein neues Auto wie das da. Und mit dieser Absichtserklärung setze ich den Prozess in Gang. Nun muss ich es nur noch zulassen, damit es sein kann. Meine innere Führung hat mich darauf aufmerksam gemacht, dass ich das neue Auto von mir ferngehalten habe, statt es anzuziehen, aber ich höre jetzt damit auf. Ich bekräftige meinen Wunsch und ziehe es wieder an. Was für ein schönes Auto! Ich bin ganz aufgeregt, wenn ich nur daran denke, wie schön es sein wird, es zu fahren. Keine äußeren Ereignisse können verhindern, dass ich das neue Auto bekomme. Nur meine eigenen Gedanken können das. Aber meine Gedanken ziehen das neue Auto nun wieder an. Ich weiß das, weil ich positive Gefühle wie Glück und Vorfreude verspüre.«

Wenn du diese Technik einige Zeit übst, wirst du sehr gut darin werden. Du wirst frühzeitig auf das negative Warnsignal reagieren, bevor sich andere negative Gedanken hinzugesellen können. Wenn du diesen Prozess erst einmal verstehst, wirst du weit weniger negative Erlebnisse haben, denn die meisten von ihnen fangen mit einem ganz kleinen negativen Gedanken und einem ganz subtilen negativen Gefühl an und wachsen erst dann aufgrund des Gesetzes der Anziehung zu etwas viel Größerem und Schmerzhafterem heran.

Wenn es dir gelingt, frühzeitig zu erkennen, dass du den falschen Weg eingeschlagen hast, kannst du umkehren und stattdessen das erschaffen, was du eigentlich willst. Negative Gefühle sind deshalb so wertvoll, weil sie dich vor negativen Schöpfungen warnen. Wird aber das negative Gefühl nicht beachtet und aufgrund des Gesetzes der Anziehung noch verstärkt, wird dein Körper dadurch geschädigt und das, was du eigentlich willst, wird in unerreichbare Ferne gerückt.

Sehr viele von euch, die unter körperlichen Verfallserscheinungen oder Krankheiten leiden, haben die Warnsignale der negativen Gefühle ignoriert.

Du bist nicht auf der Welt,
um irgendjemandem irgendetwas zu beweisen.

Kapitel 4

Hindernisse auf dem Weg

Ein besseres Verständnis des schöpferischen Prozesses ist für dich von großem Vorteil, wenn du die Kontrolle über dein Leben erlangen möchtest. Dein inneres Wesen weiß, dass jedes Wesen, das sich gegenwärtig verkörpert hat, die Kontrolle über seine Erfahrungen erlangen möchte. Wir werden deshalb jetzt über die beiden Haupthindernisse auf dem Weg zur bewussten Kontrolle sprechen.

Das größte Hindernis im Prozess des bewussten Erschaffens ist der Einfluss anderer Menschen. Wenn du durch die Gedanken anderer stimuliert wirst, fängst du an, über deren Gedanken nachzudenken und beginnst damit, in Richtung ihrer Gedanken zu erschaffen. Aufgrund des Gesetzes der Anziehung wirst du Gedanken denken, die sich mit denen der anderen im Einklang befinden. Wenn dir nicht in jedem Augenblick ganz klar ist, was deine Absichten sind und was du willst, wirst du durch die Gedanken, Worte oder Handlungen anderer Menschen dahingehend beeinflusst werden, etwas zu erschaffen, was du gar nicht willst.

Das zweite Hindernis ist der Einfluss deiner eigenen Gewohnheiten, die zu einer Zeit geformt wurden, als deine Intentionen andere waren als es deine heutigen sind. Wenn du aus Gewohnheit reagierst, statt aufgrund einer bewussten, auf die gegenwärtige Situation zugeschnittenen Entscheidung, kann es sein, dass du in eine andere – womöglich sogar die entgegengesetzte – Richtung erschaffst, als die, die du eigentlich wolltest.

Deine Gedanken sind machtvolle Schöpfer und deine Worte haben noch mehr Macht als deine Gedanken. Aber machtvoller als Worte und Gedanken sind deine Taten. Jeder Gedanke fängt klein an, aber je mehr Aufmerksamkeit du ihm schenkst, desto größer wird er. Und irgendwann wirst du ihn aussprechen. Und ein Gedanke, der ausgesprochen wurde, führt irgendwann zu einer Handlung.

Da deine Handlungen immer durch deine dominanten Intentionen bestimmt werden, ist es äußerst wichtig, dass du dir in jedem Augenblick darüber im Klaren bist, welche Intentionen du zur Zeit hast. Wenn du dir nicht die Zeit nimmst, deine dominanten Intentionen zu identifizieren und zu formulieren, dann kann dein Schöpfungsprozess leicht durch andere Menschen oder durch deine alten Angewohnheiten beeinflusst werden.

Eine Übung in schöpferischer Kontrolle

Werde dir der verschiedenen Abschnitte bewusst, in die sich dein Tagesablauf auf ganz natürliche Weise unterteilt. Da es nicht zwei Menschen gibt, die exakt dieselbe Unterteilung und denselben Tagesablauf haben, wollen wir dir hier ein Beispiel geben.

Die Zeit, die du morgens nach dem Aufwachen noch im

warmen Bett verbringst, ist ein solcher Abschnitt. Einen weiteren Abschnitt bildet die Zeitspanne, die du nach dem Aufstehen noch zu Hause verbringst, bevor du zur Arbeit gehst oder mit deinen sonstigen Aktivitäten beginnst. Die Fahrt zum Arbeitsplatz ist ein weiterer Abschnitt. Wenn du den Telefonhörer abnimmst, um dich mit jemandem zu unterhalten, oder wenn jemand in dein Büro kommt, der etwas von dir will, beginnt jeweils ein neuer Tagesabschnitt.

Es wird dir leichter gelingen, die bewusste Kontrolle über dein Leben zu erlangen, wenn du dir klar machst, wann jeweils ein neuer Abschnitt beginnt, und wenn du einen Augenblick darüber nachdenkst, was deine Intention für diesen speziellen Zeitabschnitt ist – also was du während dieser Zeit vor allem erreichen, haben oder tun möchtest.

Du bist ein Wesen mit vielen unterschiedlichen Intentionen und keine davon gilt für dein ganzes Leben. Einige mögen in bestimmten Situationen angemessener sein und manche in anderen. Es ist daher notwendig, dass du herausfindest, welche Intentionen dir im Augenblick am wichtigsten sind, damit du die Kontrolle über deine Lebensumstände erlangst.

Wenn du ins Auto steigst und dich anschnallst, dann denke an Sicherheit, Konzentrationsvermögen und die Fähigkeit, die Absichten anderer Fahrer frühzeitig zu erkennen. Offensichtlich ist es angemessener, beim Einsteigen ins Auto an Sicherheit zu denken, als wenn du zu Hause ein Buch liest.

Bevor du das Telefon zur Hand nimmst und jemanden anrufst, denke einen Augenblick darüber nach, was dir in der Kommunikation mit dieser Person am wichtigsten ist. Denke an klare Gedanken, passende Worte und klaren Ausdruck. Denke wenn nötig daran, die Unterhaltung kurz zu halten. Denke daran, den Anrufer aufzumuntern. Offensichtlich ist es angebrachter, an klaren Ausdruck zu denken, wenn du ein Telefongespräch führst, als wenn du allein im Swimmingpool schwimmst.

Die meisten von euch nehmen sich nicht die paar Sekunden Zeit, die es braucht, um sich darüber klar zu werden, was sie überhaupt wollen, und schon gar nicht, was sie in einer speziellen Situation wollen. Aber nur wenn du jeden Abschnitt und jede Intention klar identifizierst und formulierst, wirst du die bewusste Kontrolle über dein Leben erlangen.

Nun wirst du sagen, es sei sehr umständlich und unpraktisch, jeden Augenblick innezuhalten, um herauszufinden, was dir im Moment am wichtigsten ist, aber es ist wohl nicht so unpraktisch, den Tag in Abschnitte einzuteilen und dir zu Beginn des jeweiligen Abschnitts ein paar Sekunden lang zu überlegen, was du erreichen, haben oder tun möchtest.

Schon bald wirst du es leicht finden, den Anfang eines jeden neuen Abschnitts zu erkennen, und die paar Sekunden, die du brauchst, um zu formulieren, was du möchtest, werden dein Leben sogar effizienter gestalten, weil du nun mehr Zeit hast, genau die Dinge zu tun, die du wirklich tun willst. Und du wirst am Ende eines jeden Tages erfüllter und zufriedener sein, weil du das empfangen hast, was du auch beabsichtigt hast.

Du befindest dich in einem Prozess ständigen Wachstums und der Ort, an dem du dich zur Zeit befindest, bietet die perfekten Bedingungen dafür.

Kapitel 5

Dein Leben Abschnitt für Abschnitt gestalten

Die materielle Welt, in der du gegenwärtig lebst, hat sich zu einem technisch komplexen und äußerst komplizierten Gebilde entwickelt. Weil ihr heute weltweit kommunizieren und Informationen aus allen Erdteilen erhalten könnt, werdet ihr auch von allem, das irgendwo auf der Erde geschieht, beeinflusst. Die heutige Technologie bringt euch viele Vorteile, aber sie bringt auch Verwirrung und geistige Überforderung, denn ihr lebt tatsächlich im Zeitalter der Überinformation.

Das wunderbare Instrument deines Verstandes will nichts weiter als immerzu denken und Informationen verarbeiten und greift daher jede Stimulation begierig auf. Und in diesem technologischen Zeitalter empfängst du jeden Tag ungeheure Mengen an geistiger Stimulation, die sortiert, verarbeitet und ausgewertet werden müssen.

Da sich die meisten Menschen nie bewusst entscheiden, was für sie wirklich wichtig ist, befassen sie sich mehr mit dem, was gerade da ist, weil es ihnen vorgesetzt wird, als mit dem, was wirklich wichtig und für ihr Leben relevant ist. Statt dich um deine wahren Interessen zu kümmern, richtest du deine Aufmerksamkeit wahllos auf das, was gerade da ist und auf dich einstürzt. Und aufgrund eurer technologischen Entwicklung ist alles, was irgendwo auf der Erde geschieht, »gerade da«. Heute ist es wichtiger denn je, dass du dir jeden Tag die Zeit nimmst, herauszufinden und klar zu formulieren, was dir am wichtigsten ist, sonst wirst du deine Aufmerksamkeit immer nur dem schenken, was dir gerade vorgesetzt wird.

Wir sehen auf eurer Erde viele Wesen, die nur den äußeren Anschein des Lebens erwecken, die all das machen, was sie für Leben halten und die ihre Erfahrungen durch ihre Gedanken erschaffen – aber nicht absichtlich. Kurz gesagt: Wir sehen Menschen, die völlig unbewusst leben.

Wir möchten dich anregen, eine völlig neue Form der Aufmerksamkeit zu entwickeln. Wir möchten, dass du erkennst, dass du der Schöpfer deiner Lebensumstände bist, und wir möchten in dir den Wunsch entfachen, die bewusste Kontrolle über dein Leben zu erlangen. Solange du nicht eine bewusste Entscheidung getroffen hast, was dir wirklich wichtig ist, wird alles deine Aufmerksamkeit erregen, was deinen Verstand in irgendeiner Weise stimuliert. Und immer wenn du deine Aufmerksamkeit auf etwas richtest, fängst du an, in dieser Richtung schöpferisch tätig zu werden. Aus diesem Grund ist es so wichtig, deinen Tag in Abschnitte zu unterteilen und dir darüber klar zu werden, was dir jeweils am wichtigsten ist.

Wenn du damit anfängst, den Tag in überschaubare Abschnitte zu unterteilen, wirst du – Abschnitt für Abschnitt – die bewusste Kontrolle über dein ganzes Leben erlangen. Die Verwirrung, die du gegenwärtig erlebst, wird augenblicklich nachlassen und statt dich verwirrt und überfordert zu fühlen (was nichts weiter als ein negatives Gefühl oder Warnsignal ist) werden dich von nun an Begeisterung und Enthusiasmus erfüllen.

Wenn du eine Entscheidung triffst – also bewusst an das denkst, was du willst –, wirst du in die Lage versetzt, auszuwählen, welche Erfahrungen du machen willst. Das ganze Universum wird dann darauf hinarbeiten, deinen Wunsch zu manifestieren. Wenn du nicht entscheidest, was dir wichtig ist, wählst du nicht aus, sondern empfängst wahllos einfach alles. Und genau das ist der Grund für deine Verwirrung. Je mehr Entscheidungen du während des Tages triffst, desto mehr wählst du aus, was du erleben willst, und desto erfüllter wirst du sein.

Jedes Wesen, das gegenwärtig auf deinem Planeten verkörpert ist, hat sich vor seiner Geburt dafür entschieden, physische Form anzunehmen und durch die Macht seiner Gedanken sein Leben zu erschaffen.

Im Verlauf des Evolutionsprozesses auf der Erde hat es viele erstaunliche Neuschöpfungen und Erfindungen gegeben und jede eurer Schöpfungen hat euch eine neue Perspektive ermöglicht, aufgrund derer ihr wieder in die Lage versetzt wurdet, neue Erfindungen zu machen. Das ist Entwicklung, wie sie sein sollte: Du willst etwas aufgrund deiner gegenwärtigen Sicht, lässt seine Entstehung zu und empfängst es, und das Empfangen des Gewünschten erlaubt es dir, die Dinge mit neuen Augen zu sehen und eine neue Perspektive zu gewinnen, aufgrund derer du neue Intentionen und Wünsche formulierst. Aber obwohl ihr euch als Menschheit insgesamt ungeheuer weit entwickelt habt, so hat doch die Mehrzahl der Menschen kaum jemals etwas bewusst und absichtsvoll erschaffen.

Unsere Intention ist es daher, mehr von euch dazu anzuregen, bewusst und absichtsvoll zu erschaffen, und euch zu helfen zu erkennen, dass ihr ständig erschafft und dass ihr euch dafür entscheiden könnt, dies ganz bewusst statt unbeabsichtigt und »zufällig« zu tun.

Wir sehen, dass die Beeinflussung durch andere Menschen ein gewaltiges Hindernis für dein eigenes kreatives Denken darstellt. Es scheint uns, dass du die Kreativität anderer Menschen höher bewertest als deine eigene. Das liegt teilweise daran, dass ihr so effiziente Kommunikationssysteme wie Fernsehen, Radio und andere Massenmedien habt. Ein sehr kleiner Teil der Bevölkerung trifft die Entscheidung, was durch diese Medien vermittelt wird, und die überwältigende Mehrheit der Menschen konsumiert einfach. Viele werden also von wenigen beeinflusst.

Jeder Mensch, der etwas empfängt oder annimmt, tut dies aufgrund seiner eigenen Entscheidung. Die Informationen, die man dir vorsetzt, werden dir nicht aufgezwungen. Du selbst triffst die Entscheidung, ob du sie annimmst oder nicht. Da die meisten von euch nicht auswählen, was wirklich wichtig ist, empfangen sie einfach etwas von allem, was gerade angeboten wird. Und weil euch so viel geboten wird und weil ihr keine bewusste Entscheidung trefft, was ihr annehmen wollt, fühlt ihr euch größtenteils überfordert.

Nehmen wir als Beispiel eine Stunde Fernsehen. Ist es nicht erstaunlich, wie viele Informationen, wie viel Stimulation und wie viel Beeinflussung euch in einer so kurzen Zeitspanne geboten werden? Wir sehen, wie sich das auf euch auswirkt. Statt stark, begeistert und mit klaren Absichten durchs Leben zu gehen, fühlt ihr euch ständig überfordert. Statt euch bewusst zu entscheiden, was ihr wirklich wollt, damit ihr nur das empfangt, was euch weiterbringt und glücklich macht, konsumiert ihr einfach alles. Ihr werdet mit so vielen Informationen zu allen möglichen Themen bombardiert, dass ihr euch innerlich abschottet und abstumpft. Natürlich weckt manchmal etwas Ungewöhnliches euer Interesse, aber größtenteils seid ihr dem Leben gegenüber vollkommen abgestumpft, weil so viele Informationen auf euch einstürzen, dass ihr euch aus reinem Selbsterhaltungstrieb dem Leben gegenüber verschließt.

Wenn du dich jeden Tag immer öfter entscheidest, was du wirklich willst, wirst du dir automatisch aus all den Informationen, die von allen Seiten auf dich eindringen, diejenigen aussuchen, die für dich wirklich von Interesse sind. Du wirst nur noch das empfangen, was dein Leben bereichert, und alles, was nichts mit dir zu tun hat, nicht mehr empfangen. Statt überwältigt zu sein, wirst du dich frisch und erquickt fühlen. Statt das Gefühl zu haben, du würdest bombardiert, wirst du dich positiv stimuliert fühlen. Und statt dich dem Leben zu verschließen, wirst du dich ihm öffnen.

Du hörst niemals auf zu wachsen.

Kapitel 6

Der Einfluss alter Gewohnheiten

Es ist unsere Absicht, dir zu helfen, den schöpferischen Prozess besser zu verstehen, damit du durch deine Gedanken bewusst die Dinge in Gang setzen kannst, die du willst. Es ist wichtig, dass du verstehst, wie du die Dinge erschaffst, die du nicht willst, denn du erschaffst weit mehr von deinen Lebensumständen aus »Versehen« und unbeabsichtigt als bewusst und absichtlich.

Wenn du dich bewusst entscheidest, was du willst, wird dir das ganze Universum bei der Verwirklichung deiner Entscheidung helfen. Natürlich gibt es viele Faktoren, die das Tempo der Umsetzung beeinflussen. Alles hängt davon ab, wie sehr du dich auf deine Intention konzentrierst, wie stark die korrespondierenden Gefühle sind und an welche Dinge du sonst noch denkst.

Wenn du den Schöpfungsprozess einmal in Gang gesetzt hast, wird das Gewünschte Wirklichkeit werden – es sei denn, du denkst andere Gedanken, die deiner ursprünglichen Intention entgegenstehen. Diese anderen Gedanken können aus vielen Quellen stammen. Manche von ihnen sind aufgrund eigener früherer Erfahrungen entstanden, aber viele übernimmst du von anderen Menschen in deiner Umgebung.

Wenn du dir während eines jeden Tagesabschnitts absolut im Klaren darüber bist, was du willst, wirst du nur jene Gedanken empfangen, die das verstärken, was du willst, aber nicht jene, die dem entgegengesetzt sind. Es ist sehr wichtig, dass du es so weit wie möglich vermeidest, dich den negativen Einflüssen der Menschen in deiner Umgebung auszusetzen.

Wenn dir klar ist, was du willst, wenn du einem anderen Menschen begegnest und wenn dieser während eurer Unterhaltung negativ über etwas spricht, das du willst, dann wirst du starke negative Gefühle verspüren. Dein inneres Wesen will dich damit wissen lassen, dass sich die Worte, die du hörst, nicht in Übereinstimmung mit deiner ursprünglichen Intention befinden. Wenn du dir aber nicht die Zeit genommen hast, dir vorher über deine Intentionen klar zu werden, dann wirst du viel leichter durch die negative Unterhaltung beeinflusst werden, denn die Alarmsignale werden nicht so stark sein und du wirst nicht so empfänglich für sie sein.

Es ist besonders wichtig, dass du in dem Augenblick, in dem du die Warnsignale wahrnimmst, deine Gedanken sofort wieder auf das ausrichtest, was du willst, da du sonst in der Zeit, in der du die negativen Gefühle hast, dabei bist, das zu erschaffen, was du nicht willst.

Durch den Einfluss anderer Menschen werden deine Gedanken angeregt, sich in eine Richtung zu bewegen, die du nicht willst, und etwas zu erschaffen, das du nicht willst. Natürlich kannst du dich dem negativen Einfluss anderer Menschen am leichtesten entziehen, indem du dich einfach räumlich von ihnen entfernst, wenn deine Warnsignale ertönen, aber das ist nicht immer möglich. Daher ist es wichtig, dass du lernst, dich mental und emotional von ihnen zu entfernen und deine Gedanken bewusst auf das zu richten, was du willst.

Andere Menschen mögen dich für unhöflich oder desinteressiert halten, wenn sie spüren, wie du dich innerlich zurückziehst, aber das liegt nur daran, dass sie nicht verstehen, wie wichtig es ist, die eigenen Gedanken zu kontrollieren. Wenn du dich aus Rücksicht auf sie nicht zurückziehst, weil du sie nicht enttäuschen willst, dann wirst du unbeabsichtigt etwas erschaffen, was du gar nicht willst.

Die meisten Menschen haben keine bewusste Kontrolle über ihre Lebensumstände, denn sie unterliegen den Einflüssen ihrer Umgebung, und sie sind – zumindest im jetzigen Augenblick – nicht bereit, sich diesen Einflüssen zu entziehen und bewusst das zu erschaffen, was sie wirklich wollen.

Wenn du am Anfang eines jeden neuen Abschnitts nicht die bewusste Entscheidung getroffen hast, was du willst, wirst du leicht durch den Einfluss und die Verwirrung anderer Menschen in Mitleidenschaft gezogen werden. Wenn du in dein Auto steigst und bewusst an Sicherheit denkst, wirst du dadurch vor den negativen Absichten anderer Autofahrer oder – was wahrscheinlicher ist – vor ihrer Unkonzentriertheit geschützt sein. Wenn du das Gesetz der Anziehung verstanden hast, dann weißt du, warum du andere Menschen in dein Leben ziehst. Dann weißt du, warum sich zwei Menschen, die beide unkonzentriert sind, bei einem Unfall begegnen werden. Dann weißt du, warum sich zwei Menschen, deren Gedanken nicht auf ihre Gesundheit ausgerichtet sind, zueinander hingezogen fühlen und endlos über Krankheiten reden – und sie dadurch erschaffen.

Wenn du das Gesetz der Anziehung verstehst, dann weißt du auch, durch welchen Mechanismus ein Dieb zu seinem

Opfer hingezogen wird. Das ist nicht das Spiel des Zufalls, sondern das Gesetz der Anziehung in Aktion. Jemand, der Angst hat, zieht das an, wovor er Angst hat. Jemand, der etwas will, zieht das an, was er will. Jemand, der über etwas nachdenkt, zieht die Essenz dessen an, über das er nachdenkt.

Deshalb solltest du dich vor jedem neuen Tagesabschnitt immer entscheiden, was du erleben möchtest, damit du aufgrund der Gesetze der Anziehung und des Schöpfungsprozesses auch wirklich das erlebst, was du willst, und nicht länger die Erfahrungen anziehst, die du eigentlich vermeiden möchtest.

Du erschaffst zum größten Teil unabsichtlich, weil du den schöpferischen Prozess nicht wirklich verstehst. Aber selbst wenn du dies tust, wirst du aufgrund deiner alten Angewohnheiten häufig immer wieder in die Richtung dessen denken oder sprechen, was du nicht willst. Es ist nicht möglich, aus Gewohnheit in Richtung deiner gegenwärtigen Intentionen zu erschaffen, denn deine Angewohnheiten wurden zu einer Zeit entwickelt, als deine Absichten noch andere waren.

Viele deiner Angewohnheiten sind eng mit den anderen Menschen in deinem Leben verbunden. Oft unterhältst du dich mit anderen, die Ansichten vertreten, die deinen heutigen Intentionen nicht mehr entsprechen, obwohl du sehr wohl weißt, welche Macht diese Worte haben. Und statt dich zurückzuziehen, bleibst du, weil du ihre Gefühle nicht verletzen oder als Außenseiter erscheinen möchtest.

Wenn du nach Hause kommst, stellst du häufig aus reiner Gewohnheit den Fernseher an, nur um mal zu schauen, was es denn so gibt. Und jedes Mal, wenn du Worte hörst und Bilder siehst, die nicht das unterstützen, was du willst, und sie in dich aufnimmst, indem du über sie nachdenkst, setzt du dadurch einen Prozess in Gang, der etwas erschafft, was du nicht willst.

Es gibt jeden Tag hunderte oder tausende Male die Gelegenheit, unabsichtlich etwas zu erschaffen, und wenn du nicht ganz bewusst deine Aufmerksamkeit nur auf die Dinge richtest, die du wirklich willst, wirst du im Lauf eines einzigen Tages viele Male genau das erschaffen, was du nicht willst. Der Schöpfungsprozess hängt vollkommen von den Absichten des Schöpfers ab. Damit eine Schöpfung verwirklicht werden kann, müssen daher deine verschiedenen Intentionen miteinander harmonieren, auch wenn sie sich natürlich voneinander unterscheiden.

Du wirst zu jedem beliebigen Zeitpunkt deines Lebens viele verschiedene Absichten haben. Solange sie miteinander harmonieren, bewegst du dich vorwärts, aber wenn sie dies nicht tun, dann kommst du – je nach dem Ausmaß der Disharmonie – langsamer voran oder stagnierst gar. Deine Gedanken werden immer von der dominanten Absicht angezogen und wenn du dich ganz auf diese Absicht konzentrierst, dann erschaffst du auf positive Weise.

Wenn du deine dominante Absicht nicht identifiziert hast, wirst du deine schöpferischen Kräfte verzetteln, weil du in viele verschiedene Richtungen, die sich oft sogar diametral entgegengesetzt sind, gleichzeitig erschaffst. Daher stammt das Gefühl, sich nicht vom Fleck zu bewegen und nie voranzukommen. Aber wenn du herausfindest, was deine dominante Absicht ist, dann werden sich deine Gedanken und deine Aufmerksamkeit ganz natürlich darauf ausrichten.

Kurz gesagt: Weil du keine bewusste Entscheidung triffst, was dir im Augenblick am wichtigsten ist, treibst du ziellos umher, lässt dich in negative Gespräche hineinziehen und reagierst aufgrund alter Angewohnheiten und Muster. Aber sobald du herausgefunden hast, was dir im Moment am wichtigsten ist, wird der schöpferische Prozess für dich arbeiten und die Verwirrung wird aus deinem Leben verschwinden.

Dein inneres Wesen versteht das Gesetz der Anziehung und den schöpferischen Prozess sehr genau und es kennt auch den Prozess der Harmonisierung deiner Absichten. Zwar verstehst du diese Vorgänge im Augenblick wahrscheinlich noch nicht, aber du solltest darauf vertrauen, dass es dein inneres Wesen tut. Daher kannst du den Gefühlen vertrauen, die hochkommen, wenn du etwas Bestimmtes denkst. Deine Gefühle sind Warnsignale, die dir von deinem inneren Wesen übermittelt werden, um dir zu helfen, wenn du wieder einmal dem Einfluss anderer Menschen oder deiner alten Angewohnheiten ausgesetzt bist.

Du bist vollkommen frei. Alles, was du erlebst, erlebst du, weil du es angezogen hast. Deine Freiheit geht so weit, dass du dich sogar für die Sklaverei entscheiden kannst.

Kapitel 7

Den Sinn des Lebens entdecken

Es gibt außer dir selbst niemanden, der innerhalb deiner Lebenssphäre irgendetwas erschafft. Und auch du kannst nichts innerhalb der Lebenssphäre eines anderen Menschen erschaffen. Jedes Wesen, das physische Form angenommen hat, ist ein unabhängiger, selbstständiger Schöpfer.

Wenn du anfängst, dich auf umfassendere Weise wahrzunehmen und dein Gesamtwesen zu erkennen, statt nur dein physisches Wesen, dann wirst du verstehen, dass du die Erfahrungen deines Lebens selbst gewählt hast. Dann wirst du auch verstehen, dass du bereits vor deiner Geburt Entscheidungen in Bezug auf das getroffen hast, was du in diesem Leben erfahren und erreichen wolltest.

Viele von euch suchen nach dem Sinn ihres Lebens. Ihr wollt wissen, warum ihr hier seid und welchen Sinn die materielle Existenz für euch hat, aber ihr seid noch nicht bereit, dies von einer umfassenderen Perspektive aus zu tun. Solange ihr nur aus der materiellen Perspektive sucht, werdet ihr die Antworten nicht finden.

Du bist hier in diesem materiellen Leben, weil du es so gewollt hast. Wir raten dir nicht, dass du deine physische Wahrnehmung und den materiellen Kontakt mit der Erde aufgibst, um Kontakt zu anderen Dimensionen aufzunehmen. Wir ermutigen dich aber, das eine mit dem anderen zu verbinden. Wir ermutigen dich, dir deines inneren Wesens bewusst zu werden und aktiv den Kontakt mit ihm zu suchen, denn die Vereinigung mit dem inneren Wesen wird alle Aspekte deines materiellen Lebens ungeheuer bereichern.

Eine Übung, um den Kontakt mit der inneren Welt herzustellen

Um die innere Welt zu spüren, musst du zuerst die Sinne zur Ruhe bringen und deine Aufmerksamkeit von der äußeren Welt abziehen. Diesem Vorgang sind viele Namen gegeben worden, einer davon ist Meditation.

Setz dich an einen ruhigen Ort, mach es dir bequem, schließ die Augen – und sei einfach. Stelle vorher sicher, dass du nicht gestört werden kannst. Wenn du bequem sitzt, fange an, deinen Verstand zur Ruhe zu bringen. Das ist am Anfang nicht leicht, da dein Verstand es gewohnt ist, unablässig zu arbeiten. Nimm dir für diese Meditation täglich 15 bis 20 Minuten Zeit. Die Tageszeit ist nicht wichtig, es muss auch nicht immer zur selben Zeit sein, wichtig ist nur, dass du dir jeden Tag Zeit dafür nimmst.

Wenn du deinen Verstand zum Verstummen gebracht hast, indem du dich etwa auf deine Atmung konzentrierst, und wenn du die äußere Welt nicht mehr wahrnimmst, dann wirst du die innere Welt erfahren können. Da dies für jeden Menschen anders ist, solltest du deine Erfahrungen nicht mit denen anderer Menschen vergleichen. Die Absicht eines Vergleichs besteht darin, herauszufinden, wer besser ist, und darum geht es hier nicht.

Warum sollte man sich überhaupt der inneren Welt gewahr werden? Wenn du verstehst, dass du ein viel umfassenderes, weitaus erfahreneres, älteres Wesen bist, als du bisher angenommen hast, dann wirst du sofort erkennen, welche Vorteile es hat, mit diesem Wesen in Kontakt zu kommen und mit ihm zu kommunizieren. Jeder Mensch empfängt bereits Botschaften von seinem inneren Wesen in Form von Gefühlen, aber du kannst noch viel mehr Informationen und Hilfe bekommen, wenn du dies wünschst. Wenn du die äußere Welt vorübergehend ausschließt und die innere Welt spürst, öffnest du einen Kommunikationskanal zwischen der materiellen und der inneren Dimension. Dann kann dich dein inneres Wesen leichter führen und du kannst ihm besser mitteilen, welche Intentionen du zur Zeit hast.

Die Kommunikation geht eben nicht nur in eine Richtung von innen nach außen, sondern auch von außen nach innen. Durch diesen Kommunikationskanal kannst du deinem inneren Wesen deine Absichten mitteilen. Und wenn dieser Kanal einmal funktioniert und die Verbindung hergestellt ist, wirst du ungeheuren Nutzen aus der Kommunikation mit deinem inneren Wesen ziehen.

Sobald du beschlossen hast, den Kanal zwischen der materiellen und der geistigen Dimension zu öffnen, musst du es nur noch zulassen, damit es Realität wird. Daher ist es auch so wichtig, vor jeder Meditation eine Intention zu formulieren. Wenn es deine Absicht ist, den Kanal zwischen den Dimensionen zu etablieren, damit du klare Botschaften empfangen kannst, dann formuliere das so. Wenn es lediglich deine Absicht ist, dich eine Weile von der äußeren Welt zurückzuziehen, um dich zu entspannen und zu erholen, dann formuliere das. Du selbst bist der Schöpfer dessen, was du in der Meditation erleben wirst.

Wenn du denkst, dann fühlst du. Und wenn du fühlst, strahlst du etwas aus. Und von deiner Ausstrahlung wird Alles-Was-Ist beeinflusst – auf materieller wie auf geistiger Ebene. So groß ist dein Einfluss.

Kapitel 8

Deine Verbindung zu deinen Mitmenschen und zu Allem-Was-Ist

Du bist ein physisches Wesen, das in der materiellen Dimension verwurzelt ist, und normalerweise willst du für alle Behauptungen materielle Beweise sehen. Aber da wir hier von Prinzipien und Prozessen sprechen, die du nicht sehen kannst, können wir dir diese Beweise nicht liefern. Aber wenn du einmal annehmen würdest, dass unsere Worte in Bezug auf den schöpferischen Prozess wahr sind, wirst du in deinem eigenen Leben genug handfeste Indizien finden können, die unsere Behauptungen unterstützen.

Wenn du dieses Buch liest und dir dein vergangenes und gegenwärtiges Leben anschaust, dann wirst du eine exakte Übereinstimmung zwischen unseren Worten und den Beweisen, die du selbst täglich produzierst, feststellen können. Wenn du in die materielle Existenzebene hineingeboren wirst, bist du von Wesen umgeben, die sich bereits Meinungen und Überzeugungen gebildet haben. Sie sind aufgrund ihrer eigenen Lebenserfahrung oder aufgrund dessen, was sie von anderen gehört haben, zu bestimmten Schlüssen gekommen. Wenn du dir die Ansichten anderer zu Eigen machst, dann ziehst du exakt die Erfahrungen an, die »beweisen«, dass die Dinge genau so sind, wie sie sagen. Denn so wie du glaubst, so ist es. Aus diesem Grund verändern sich Überzeugungen und Glaubenssysteme nur sehr langsam.

Statt einfach die Überzeugungen anderer Menschen anzunehmen, wollen wir dich ermutigen, sie gegen die Gefühle, die aus deinem Inneren kommen, abzuwägen. Ist das Gefühl positiv, denke weiter in diese Richtung. Ist das Gefühl aber negativ, verwirf den Gedanken auf der Stelle. Wenn du zulässt, dass dir dein inneres Wesen hilft, und du aufhörst, auf die Meinungen, Ansichten und Überzeugungen anderer zu hören, dann wird sich dein Wachstum enorm beschleunigen.

Ein Mensch, der den schöpferischen Prozess nicht versteht, aber von irgendetwas wahrhaft begeistert ist, wird es auch erschaffen. Es ist nicht notwendig, dass du den Prozess verstehst, um ein Schöpfer zu sein, denn du erschaffst ständig. Aber es ist von Vorteil, den schöpferischen Prozess zu verstehen, wenn du die Kontrolle über das erlangen möchtest, was du erschaffst.

Wenn du dir einmal anschaust, was alles zu deinem Leben gehört, dann solltest du begreifen, dass alles deine eigene Schöpfung ist. Ausnahmslos jeder Aspekt deines Lebens ist in deine Sphäre eingetreten, weil du ihn durch die Macht deiner Gedanken angezogen hast. Du bist eben weit mehr als das, was du mit deinen Sinnen wahrnehmen und im Spiegel sehen kannst.

Jeder von euch ist einer anderen Dimension entsprungen und Teil eines größeren, weiseren Wesens. Und dieses Wesen – wir nennen es das »innere Wesen« – ist eng mit einer Gruppe von Wesen verbunden, die aus einer anderen Gruppe von

Wesen geboren wurden und so weiter. Du, der du hier auf dem Planeten Erde dein materielles Leben in einem physischen Körper lebst, bist in gewissem Sinn der Repräsentant von mehr als nur einem Wesen.

Deine Erfahrungen hier auf der Erde wirken sich nicht nur auf dein materielles Wesen aus, sondern auf alle Wesen in allen Dimensionen, die mit dir verbunden sind. Ihr alle, die ihr in materieller Form existiert, seid mit uns allen, die in geistiger Form existieren, verbunden, und wir alle sind mit Allem-Was-Ist verbunden. Wenn du also einen Gedanken gebierst, arbeitet im wahrsten Sinne des Wortes das ganze Universum daran, diesen Gedanken materielle Realität werden zu lassen.

Der schöpferische Prozess, der in Gang gesetzt wird, wenn du einen Gedanken denkst, beurteilt nicht, ob dieser Gedanke richtig oder falsch, positiv oder negativ, gut oder schlecht ist, sondern fängt sofort damit an, ihn umzusetzen und zu verwirklichen. Das Universum geht immer davon aus, dass du das, was du gedacht hast, auch anziehen und empfangen möchtest.

Deine schöpferischen Fähigkeiten funktionieren immer und unter allen Umständen. Du kannst sie nicht abstellen. Deshalb ist es so wichtig, dass du deine Gefühle wahrnimmst, weil du nur so mit Sicherheit erkennen kannst, in welche Richtung deine schöpferischen Fähigkeiten gerichtet sind. Dein inneres Wesen unterscheidet nämlich sehr wohl zwischen dem, was deiner Entwicklung förderlich und dem, was deiner Entwicklung abträglich ist, weil es weiß, welche Absichten du verfolgst. Daher erkennt dein inneres Wesen sofort, wenn ein Gedanke geboren wurde, der gegen das gerichtet ist, was du eigentlich willst. Dann »läutet« es sofort die »Alarmglocken« – in Form von Gefühlen. Wenn du positive Gefühle verspürst, dann ist das eine Botschaft deines inneren Wesens, das dir mitteilt, dass du das erschaffst, was du möchtest. Wenn du aber negative Gefühle verspürst, dann ist das eine Botschaft deines inneren Wesens, das dir mitteilen will, dass du etwas erschaffst, was du nicht möchtest.

Wenn du verstehst, wie untrennbar eng Alles-Was-Ist miteinander verbunden ist, dann wird es dich nicht mehr überraschen, dass das zu deiner Realität wird, was du dir wünschst oder an das du denkst. Und je besser du diesen Prozess verstehst, desto häufiger und effektiver wirst du bewusst erschaffen können.

Ihr alle seid auf allen Ebenen eurer Existenz Wesen, die nach Glück streben. Ihr wolltet, als ihr auf die materielle Ebene gekommen seid, Glück und Freude erfahren und anderen Wesen Glück und Freude schenken. Ihr seid hier zusammengekommen, weil ihr das Glück, das ihr euch selbst erschaffen habt, mit anderen teilen wollt. Als ihr euch dafür entschieden habt, euch zu verkörpern, ward ihr euch nur zu bewusst, dass ihr die alleinigen Schöpfer eurer Erfahrungen seid, und dass jedes Wesen, dem ihr begegnen würdet, ebenfalls der Schöpfer seiner eigenen Erfahrungen sein würde. Aber ihr seid auf den Planeten Erde gekommen, weil ihr um den Wert des gemeinsamen Seins wusstet. Durch dein Sein beeinflusst du die Gedanken anderer. Daher hast du dich verkörpert, um zu werden, was du sein wolltest, damit du auch andere dazu anregen kannst, dieselbe Erfüllung zu suchen. Aus der Perspektive deines inneren Wesens hast du dich bewusst und freudig für dieses Leben entschieden.

Wenn du wissen möchtest, ob sich die anderen Menschen in deiner Umgebung auf dem von ihnen beabsichtigten Weg befinden, solltest du auf die Gefühle achten, die sie aussenden, da sich diese nicht verbergen lassen. Jeder kann sehen, ob du von Glück und Freude erfüllt bist oder nicht. Und die,

die nach Glück streben, werden sich immer von dem angezogen fühlen, der dieses Glück erlebt. Dafür sorgt das Gesetz der Anziehung. Wenn du von glücklichen Menschen umgeben bist, ist das ein Hinweis darauf, dass du selbst glücklich bist. Wenn du von unglücklichen Menschen umgeben bist, ist das ein Zeichen dafür, dass du selbst das bist, was du angezogen hast.

Wenn du anderen Menschen Glück und Freude schenken möchtest, musst du zuerst selbst glücklich sein. Wenn du andere gesund machen möchtest, musst du zuerst selbst gesund sein. Wenn du dies anstrebst und zulässt, dass es auch eintritt, dann wird es Realität und du wirst erfüllt sein. Und wenn du erfüllt bist, werden sich viele um dich scharen, weil sie deinem Beispiel folgen wollen und herausfinden möchten, auf welche Weise du das erreicht hast.

Das, was du bisher in diesem Leben erlebt hast, muss das, was du noch erleben wirst, nicht notwendigerweise beeinflussen, weil du dich in diesem Augenblick vollkommen neu entscheiden kannst. Wenn du weißt, was du ab heute wirklich willst, dann wirst du in dieser neuen Richtung etwas Neues erschaffen. Du musst nicht weiterhin ein Leben voller Leid haben, wenn du dich jetzt für ein Leben in Freude entscheidest. Aber für die meisten von euch wird sich wenig ändern, weil ihr immer dieselben Gedanken denkt, mit denselben Leuten verkehrt und dieselben Erfahrungen sucht, die euch an diesen Punkt gebracht haben. Und wenn ihr weiterhin dieselben Dinge denkt und tut, werdet ihr auch weiterhin mehr von dem bereits Bekannten erschaffen.

Es ist nicht unsere Absicht, dich zu irgendetwas zu verleiten oder dich von irgendetwas abzuhalten. Wir wollen dir nur aufgrund unserer umfassenderen Perspektive und von unserem gegenwärtigen Wissensstand aus die universellen Gesetze aufzeigen, die deine Erfahrungen bestimmen. Wir wollen dir den schöpferischen Prozess erklären, damit du wieder die bewusste Kontrolle über dein Leben erlangen kannst, denn das war deine Absicht, als du dich für das Leben in der materiellen Dimension entschieden hast.

Ihr alle seid Individuen und jeder von euch erschafft für sich allein. Und auch wenn du noch so viel für andere tust und dich noch so sehr für sie verantwortlich fühlst, so tust du doch dem anderen Menschen keinen Gefallen, wenn du ihm die Verantwortung wegnimmst, die er selbst übernehmen wollte.

Es wurde für dich kein Weg ausgelegt, den du nun finden und gehen musst, um deine wahre Bestimmung zu erfüllen. Deine Absicht war es, dich auf dieser Ebene zu verkörpern, und dir durch klare Entscheidungen das Leben zu erschaffen, das du führen willst. Aber als du in dieses Leben kamst, warst du umgeben von der Verwirrung und den Glaubenssystemen der Welt, in die du hineingeboren wurdest, und die klaren Absichten, die du einmal hattest, verblassten immer mehr und sind heute überwiegend vergessen.

Der Drang, sich immer wieder die Fragen »Warum bin ich hier?« und »Was ist der Sinn meines Lebens?« zu stellen, hat seinen Ursprung in deinem inneren Wesen. In dieser materiellen Dimension, in der du nur mit den physischen Sinnesorganen wahrnehmen kannst, ist es schwierig, die Totalität deines Wesens zu erkennen, aber wenn du einmal verstehst, wie groß und umfassend dein wahres Wesen eigentlich ist, dann wirst du auch den Grund für dein jetziges Leben erkennen können.

Wenn du verstehst, dass du immer untrennbar mit Allem-Was-Ist verbunden bist, dann wirst du auch begreifen, warum dein Dasein auf Erden so wichtig ist. Die Erfahrungen, die du im Laufe deines Lebens machst, sind ja nicht nur auf dich beschränkt, sondern strahlen auf andere Menschen aus, die dich umgeben und die mit dir interagieren. Aber sie strahlen darüber hinaus auch auf die Wesen aus, von denen diese Menschen abstammen. Und da alles mit allem verbunden ist, profitieren alle und alles von den Erfahrungen, die du anziehst. Die Evolution der Menschheit ist viel umfassender, als du ahnst, und geht weit über die rein materielle Entwicklung hinaus.

Als du dich für das physische Leben entschieden hast, sahst du ein Leben der Freude und des Glückes vor dir, denn du wusstest um die wunderbare Natur des Materiellen. Und obwohl jedes Leben – ob nun materiell oder geistig – potenziell freudvoll sein kann, so besitzt doch das materielle Leben in dieser Beziehung eine einzigartige Qualität.

Wir möchten, dass du begreifst, dass du der Schöpfer deiner Erfahrungen bist – was allein schon durch die Tatsache, dass du auf der materiellen Ebene lebst, bewiesen wird. Wenn du verstehst, dass der Wunsch oder die Absicht der Beginn jeder Schöpfung ist, und wenn du dir klar darüber wirst, was du dir vor allem anderen wünschst, dann wirst du den Schöpfungsprozess bewusst und absichtsvoll fortsetzen, den du mit deiner Geburt in Gang gesetzt hast.

Als du dich auf der materiellen Ebene verkörpert hast, war es vor allem deine Absicht, dich weiterzuentwickeln. Du hast vorgehabt, mit anderen zu interagieren, damit du von dem, was du wahrnimmst, lernen kannst, und damit du andere durch den klaren Ausdruck deines Wesens erheben und ihnen Freude schenken kannst. Die »Anderen« sind aber nicht nur jene, die an deinem materiellen Leben teilnehmen, sondern auch all jene, die mit dir verbunden sind und dich von der geistigen Ebene aus beobachten.

Du hast vorgehabt, das zu sein, was du bist – ein perfektes, wunderbares, sich stetig wandelndes und sich immer weiter entwickelndes Geschöpf. Ein Wesen, das sich dem Neuen öffnet, weil es weiß, dass in neuen Erfahrungen immer die Möglichkeit des Wachstums steckt. Du bist ein Wesen voller Liebe und in deiner reinsten Form bist du Liebe.

Du bist ein Wesen, das sich vor seinem Eintritt in die materielle Dimension bewusst war, welchen Wert es hat, genau so zu sein, wie du bist, und auch alle anderen Wesen so sein zu lassen, wie sie sind. Du wusstest, dass einige nun so sein würden, wie du es einmal warst, und dass andere so sind, wie du es einmal sein wirst.

Wir sagen dir, mit welchen Absichten du in dieses Leben gekommen bist, damit du dich daran erinnerst, denn wenn du dir deiner ursprünglichen Absichten wieder bewusst wirst, dann wird dies deine Begeisterung für die Teilnahme am materiellen Leben sicherlich erneuern.

Du bist der Schöpfer all deiner Erfahrungen. Wir sagen dir das noch einmal, damit du verstehst, dass du selbst es bist, der alle Erfahrungen anzieht beziehungsweise erschafft. Viele von euch ahnen, dass ihr Dasein irgendeinen größeren Sinn haben muss und suchen nach ihrer Bestimmung. Aber viele von euch missverstehen dies auch und glauben, es gäbe einen Plan, den jemand anderes oder sie selbst in einer anderen Zeit festgelegt haben und dass sie nun ihr Leben damit verbringen müssten, diesen Plan irgendwie zu ergründen.

Es stimmt zwar, dass du mit einer ganz bestimmten Absicht in dieses materielle Leben gekommen bist, aber was heute wirklich zählt, sind deine jetzigen Absichten. Durch deine Gedanken erschaffst du dir hier und jetzt die Erfahrungen, die dein Leben ausmachen. Wir möchten dir helfen zu verstehen, wie sich die Intentionen, die du vor deiner Geburt in eine materielle Form hattest, mit denen, die du jetzt hast, vermischen.

Um diesen Prozess zu verstehen, musst du einen Schritt

zurücktreten und dich selbst von einer höheren Warte aus betrachten. Du musst dich selbst als ein Wesen sehen, das tausende materieller und geistiger Leben gelebt hat und durch all diese Erfahrungen ein gewaltiges Wissen erworben hat. Vielleicht kannst du dich als ein sehr, sehr weises Wesen sehen. Und wenn du dich mit dem Gedanken an ein größeres, weiseres und ganz gewiss viel älteres Wesen anfreunden kannst, dann wirst du auch Zugang zu seiner Weisheit und seinem Wissen finden.

Beobachte bei all deinen täglichen Aktivitäten, wie du dich fühlst, denn deine Gefühle – die Botschaften deines inneren Wesens – werden dir zeigen, ob sich deine jetzigen Absichten mit denen decken, die du vor deiner Geburt hattest, oder nicht. Dein inneres Wesen wird dich immer sanft in die Richtung deiner ursprünglichen Intentionen drängen. Das spüren viele von euch als eine Art inneren Drang. Durch unsere Worte wollen wir die Vereinigung des inneren Wesens und der inneren Welt mit dir und der materiellen Welt beschleunigen.

Wenn du dir stets deiner Gefühle bewusst bist, dann wirst du die größtmögliche Führung von innen erhalten. Den größten Nutzen aus dieser Führung wirst du ziehen, wenn du bewusst Entscheidungen triffst und dir dabei stets der sie begleitenden Gefühle gewahr bist. Je mehr bewusste Entscheidungen du triffst, desto besser wird dich dein inneres Wesen unterstützen und dir zeigen, ob du dich auf dem richtigen Pfad befindest oder nicht.

Den größten Einfluss hast du natürlich auf deine eigenen Erfahrungen.

Kapitel 9

Zeit des Erwachens

Jeder, der physische Gestalt angenommen hat, besitzt die Fähigkeit, alles zu erschaffen, was er sich vorzustellen in der Lage ist. Und weil ihr dieses materielle Leben miteinander teilt, bereichert ihr euch gegenseitig.

Manchmal mag es so scheinen, als ob es besser und einfacher wäre, wenn jeder von euch allein auf dieser Welt wäre, da ihr dann viel leichter verstehen könntet, dass jeder Einzelne tatsächlich der alleinige Schöpfer seiner Wirklichkeit ist. Gäbe es keine anderen Menschen, dann könntet ihr niemand anderem die Schuld an irgendetwas geben. Aber ihr habt euch nicht dafür entschieden, allein zu leben, sondern in der Gesellschaft vieler anderer, weil ihr wusstet, dass ein solches Leben ungleich befriedigender ist.

Die meisten von euch haben sich vorgenommen, nicht nur Freude und Glück für sich selbst zu erschaffen, sondern auch andere Menschen dabei zu unterstützen, Freude und Glück in ihr Leben zu bringen. Denn das Glück eines anderen Menschen macht immer auch euch selbst glücklich.

Die größte Quelle eurer eigenen Erfüllung ist die Freude anderer. Als Teil einer Gruppe von Wesen, die sich entwickeln und nach Glück streben, seid ihr automatisch auch Teil einer Gruppe von Wesen, die das Glück finden werden. Denn um etwas finden zu können, muss man danach suchen, und wer nicht sucht, der wird niemals etwas finden.

Jeder Einzelne von euch hat sich ganz bewusst für die gegenwärtige Zeitperiode in der Geschichte der Menschheit entschieden. Bevor ihr physische Gestalt angenommen habt, wusstest ihr genau, dass dies eine Zeit sein würde, in der mehr Menschen glücklich sein können als in jeder Zeitepoche zuvor. Die Evolution der Menschheit ist bisher nur sehr langsam und gemächlich vorangeschritten und auch wenn es bereits Epochen gegeben hat, in denen sich die Entwicklung vorübergehend beschleunigt hat, so hat es doch noch nie eine Zeit so schneller Entwicklung gegeben wie dies gegenwärtig der Fall ist.

Du hast dich dafür entschieden, die Erfahrungen dieser Epoche mit anderen Menschen zu teilen. Nicht weil du sie brauchst, um effektiver zu erschaffen, sondern weil die gemeinsame Erfahrung dein Leben bereichert. Jeder von euch hat die Fähigkeit, alles zu erschaffen, was er sich vorstellen kann, aber ihr alle könnt vom Beispiel jedes anderen profitieren. Je nach deinen augenblicklichen Intentionen ziehst du andere Menschen an und wirst von anderen Menschen angezogen.

Es ist dir sicher schon einmal passiert, dass du eine sofortige Verbindung zu jemandem gespürt hast, den du gar nicht kanntest. Höchstwahrscheinlich liegt das daran, dass ihr alte Freunde seid, die schon viele Leben miteinander geteilt haben und sich vor eurer Geburt in die materielle Dimension vorgenommen hatten, einander wieder zu begegnen.

Viele von euch finden zur Zeit solche alten Freunde wieder. Ihr begegnet euch in diesem Leben, weil euer inneres Wesen es so vereinbart hatte.

Aber obwohl ihr derartige Absprachen getroffen hattet, werdet ihr in diesem Leben doch nur jene Wesen anziehen, die sich mit euren jetzigen Denkmustern im Einklang befinden. Deine gegenwärtigen Gedanken sind immer dominant und haben absolute Priorität. Ganz gleich, was du dir vor deiner Geburt vorgenommen haben magst, du wirst nur das anziehen, worauf du jetzt deine Aufmerksamkeit richtest. Du musst aber nur die bewusste Entscheidung treffen, jetzt jenen Wesen zu begegnen, denen du begegnen wolltest, damit es auch so sein wird.

Dieses Leben wird wie eine Art Klassentreffen sein, auf dem all jene Wesen zusammenkommen, die sich ihres Potenzials und ihrer Möglichkeiten bewusst sind. Wenn du dir deiner eigentlichen Größe und der jener Menschen, die mit dir diese Erde teilen, bewusst bist, und erkannt hast, dass ihr alle von Wesen abstammt, die sich in derselben Weise entwickelt haben, dann kannst du die materiellen Repräsentanten dieser Wesen bewusst anziehen, damit euer aller Erfahrung bereichert wird.

Im Lauf der Geschichte haben immer einige Wenige die intime Verbundenheit aller Menschen erkannt, aber in dieser Zeit werden viele von euch diese Verbundenheit bemerken. Dies ist tatsächlich eine Zeit des Erwachens. Dies ist eine Zeit, in der mehr von euch euer wahres Wesen erkennen werden. Und euer Erwachen wird von einer großen Freude und ungeheurem Glück begleitet sein.

Wir wollen dir helfen, dieses Erwachen bewusst mitzuerleben, damit auch du Freude und Erfüllung finden kannst. Denn wenn die von euch, die sich dieser Möglichkeit bewusst sind, mit anderen darüber sprechen und diese wiederum mit anderen Menschen reden, dann werden viele von euch daran teilhaben können.

Wir wollen nichts für dich tun, was du für dich selbst tun wolltest und willst. Wir wollen dir keine Informationen geben, bevor du sie nicht auch aufnehmen und verarbeiten kannst. Und wir wollen nichts für dich entdecken, was du selbst entdecken wolltest. Wir kommen zu dir als Freunde aus deiner inneren Welt, die bereit sind, an deinem Leben teilzuhaben, damit so viele Menschen wie möglich am Prozess des Erwachens, der sich gegenwärtig auf der Erde abspielt, teilhaben können.

Die Menschen haben seit jeher versucht, das Mysterium ihrer Existenz zu ergründen. Aber solange der Mensch dies nur mit seinen physischen Sinnesorganen und von der materiellen Perspektive aus tut, wird er immer auf die Entdeckung jener Dinge beschränkt sein, die Teil seiner materiellen Dimension sind. Solange du nur mit Hilfe der Sinnesorgane suchst, wirst du nie finden, was du suchst, denn sie können es nicht entdecken.

Ihr müsst lernen zu verstehen, wer und was ihr eigentlich seid. Ihr braucht eine umfassendere Perspektive. Um erkennen zu können, was sich außerhalb der materiellen Dimension befindet, musst du deine gewohnte Sichtweise aufgeben. Die vorher beschriebene Übung, die dir helfen sollte, die Sinne zu beruhigen und die äußere Welt auszuschalten, wird es dir ermöglichen, deine innere Welt stärker wahrzunehmen.

Immer mehr Menschen gelingt es, die Sinne zur Ruhe zu bringen, wodurch die Vereinigung des Normalbewusstseins mit dem des inneren Wesens zu Stande kommen kann. Jeder von euch wusste damals, als er die Entscheidung traf, sich zu verkörpern, dass dies eine Zeit sein würde, in der mehr und mehr Menschen sich ihrer wahren Natur bewusst werden würden. Und weil ihr Teil des großen Erwachens sein wolltet, habt ihr euch so begeistert für die Verkörperung in dieser Zeit entschieden. Ihr wolltet die Vereinigung der physischen Form mit der inneren Welt erleben.

Eure Sinnesorgane ermöglichen euch ganz wunderbare Erfahrungen, aber wenn ihr das Physische mit der inneren Welt verbindet, wird das Leben insgesamt bereichert. Viele von euch spüren, dass die Zeit der Bewusstseinserweiterung naht. Die gegenwärtige Epoche ist nicht nur von vielen Menschen auf der Erde herbeigesehnt worden, sondern auch von Allem-Was-Ist. Je mehr Menschen zulassen, dass sie das wahrnehmen, was jenseits des Materiellen liegt, desto mehr nimmt die schöpferische Schwingung zu, die euren Planeten und Alles-Was-Ist belebt. Und dadurch wird sich das gesamte materielle Leben verändern.

Wir sprechen von einer Zeit des Erwachens, obwohl ihr natürlich nicht im üblichen Sinne schlaft, sondern nur einen wichtigen Teil von euch selbst unterdrückt habt. In den vor euch liegenden Jahren werden sich viele Menschen dieses verborgenen Teils bewusst werden und sich daher selbst umfassender wahrnehmen können. Statt euch lediglich als materielle Wesen zu sehen, die denken und handeln, werdet ihr erkennen, dass ihr unsterbliche, sich ständig weiter entwickelnde Wesen seid, die sich gegenwärtig für eine zwar kurze, aber dennoch wichtige Zeit in physischer Gestalt verkörpert haben.

Diejenigen unter euch, die bereits spüren, dass sie mehr sind als gemeinhin angenommen wird, werden sich von diesen Worten tief berührt fühlen, da diese ein tief verborgenes Wissen in ihnen anrühren. Die Zeit ist gekommen, sich bewusst mit diesem Wissen zu verbinden.

Wenn das, was du hier liest, an dein innerstes Wesen rührt, dann findet in diesem Augenblick die Vereinigung zwischen deinem physischen und deinem inneren Wesen statt. Vertraue auf die Bestätigung, die in Form von Gefühlen hochkommt, dann wirst du die Absichten, mit denen du in dieses Leben gekommen bist, schneller verwirklichen können.

Wie oft hören wir die Frage: »Was ist der Sinn meines Lebens? Warum bin ich hier auf Erden?« Aber wenn ihr dann als Antwort etwas hört, was sich von dem unterscheidet, was ihr bereits wisst, dann verschließt ihr Augen und Ohren davor. Ihr widersetzt euch den Antworten, noch während ihr die Fragen stellt. Sobald ihr wirklich bereit seid, die Wahrheit zu erfahren, werden von überallher Antworten kommen und euer wunderbares inneres Wesen wird sie euch bestätigen.

Die meisten Menschen sind nicht auf der Suche. Sie geben sich mit dem zufrieden, was ihnen seit ihrer Geburt eingebläut wurde. Sie haben nie wirklich gesucht oder selbständig gedacht. Und weil sie nichts suchen, sollte es nicht überraschen, dass sie auch nichts finden.

Die einzige Meinung im ganzen Universum, die für dich wirklich von Bedeutung ist, ist deine eigene. Und deine eigene Meinung von dir selbst wirkt sich auf das ganze Universum aus.

Kapitel 10

Der Wert von Kommunikation und Interaktion

Es gibt nicht zwei Wesen – gleichgültig ob materiell oder geistig – die genau dieselbe Sicht der Dinge haben. Das gilt sowohl für euch, die ihr gegenwärtig einen Körper habt, als auch für uns, die wir gegenwärtig keinen Körper haben.

Wir diktieren dieses Buch nicht in der Hoffnung, du mögest dir unsere Sichtweise zu Eigen machen, denn wir wissen, dass das unmöglich ist. Wir möchten deine Perspektive nicht ändern, sondern nur erweitern. Wir möchten, dass du erkennst, dass du bereits eine größere Perspektive hättest, wenn du nicht den Teil von dir unterdrücken würdest, der sich nicht deiner physischen Sinne bedient.

Wenn du nur zulassen würdest, dass sich dein Normalbewusstsein und dein inneres Wesen verbinden, dann hättest du den Vorteil, all das zu wissen, was du im Lauf unzähliger materieller und geistiger Leben gelernt hast. So aber musst du dich mit dem Wissen aus deinem jetzigen Leben zufrieden geben.

Du kommunizierst mit vielen anderen Menschen, denn

du möchtest deinen Einfluss geltend machen. Du möchtest auch anderen helfen, ihre Perspektive zu erweitern. Zwar beeinflussen deine Worte und Handlungen andere bis zu einem gewissen Grad, aber den größten Einfluss hast du immer dann, wenn du dein inneres Wissen authentisch zum Ausdruck bringst. Nicht durch eure intellektuellen Fähigkeiten beeinflusst ihr einander, sondern durch die innere Überzeugungskraft eurer Gefühle.

Ihr seid Wesen auf der Suche nach Glück und wenn du Zugang zu deinem inneren Wissen gefunden hast, wird sich dein Glück vervielfachen. Ihr seid geboren, um Freude zu schenken, und obwohl du es genießt, selbst glücklich zu sein, so bringt dir doch die Freude der anderen ein noch größeres Glück. Du hast unzählige Leben gelebt und aufgrund des Wissens, das dir diese vielen Erfahrungen gebracht haben, weißt du, wie großartig dein jetziges Leben wirklich ist. Deshalb hast du dich auch mit einer solchen Begeisterung für dieses Leben entschieden.

Wir verfolgen mit dem Diktieren dieses Buches vor allem zwei Absichten. Zum einen möchten wir dir helfen, den schöpferischen Prozess zu verstehen, damit du die bewusste Kontrolle über deine Erfahrungen erlangen kannst. Zum anderen möchten wir dir helfen, ein größeres Verständnis deines eigenen Selbst zu gewinnen, weil dadurch alle Aspekte deines gegenwärtigen Lebens bereichert werden.

Es ist nicht immer leicht zu verstehen, dass du allein deine Wirklichkeit erschaffst, weil du von so vielen anderen umgeben bist. Wenn du merkst, dass die Wünsche anderer Menschen nicht mit deinen übereinstimmen, ziehst du dich oft zurück, weil du nicht ihrem negativen Einfluss ausgesetzt sein möchtest. Wenn du wirklich begreifst, dass du nichts erleben wirst, was du nicht durch die Macht deiner Gedanken angezogen hast, und wenn du wirklich verstehst, dass niemand außer dir selbst irgendetwas in deiner Wirklichkeit erschaffen kann, dann wirst du die Angst davor verlieren, dass Menschen, mit denen du dich nicht im Einklang befindest, in dein Leben eindringen könnten.

Wenn ihr nur verstehen würdet, dass ihr die Fähigkeit besitzt, alles zu erschaffen, was ihr wollt, und dass die Wünsche anderer Menschen keinerlei Macht über euch haben – da jeder von euch seine eigene Wirklichkeit durch seine Gedanken erschafft –, dann gäbe es auch keine Notwendigkeit für Ab- und Ausgrenzung mehr und Angst und Hass, Krieg und Gewalt würden für immer der Vergangenheit angehören.

Du hast nur deshalb Angst, in negative Situationen hineingezogen zu werden, weil du den Schöpfungsprozess nicht verstehst. Alles, was du erlebst, hast du gewählt. Sobald du deine Aufmerksamkeit auf etwas richtest, hast du es gewählt – zumindest so lange, wie du daran denkst.

Wenn du wirklich verstehst, dass du nichts in dein Leben einlädst, über das du nicht nachgedacht hast, und dass deine Gefühle dir immer zeigen, in welche Richtung deine Gedanken gehen, dann wirst du auch erkennen, dass niemand außer dir in deiner Wirklichkeit irgendetwas erschaffen kann. Und sobald dir das klar ist, wird die Angst vor dem Einfluss anderer Menschen verschwinden. Du besitzt immer die Fähigkeit, das in dein Leben zu bringen oder von ihm fernzuhalten, was du willst, und du brauchst dich nicht durch das bedroht zu fühlen, was andere denken, sagen, wollen oder tun.

Durch die Wahl deiner Gedanken erlangst du die Macht, deine Wirklichkeit zu kontrollieren. Wenn du andere Menschen nicht mehr fürchtest oder ihnen böse bist, dann kannst du sie viel eher so sein lassen wie sie sind. Es ist wichtig, dass du ihr Recht, das zu erschaffen, was sie wollen, ebenso respektierst wie dein eigenes. Wenn du nicht in einer Welt mit vielen anderen Menschen leben würdest, könntest du diesen wichtigen Punkt nicht verstehen. Aber wenn du mit anderen Menschen kommunizierst und interagierst und dabei die Prinzipien des schöpferischen Prozesses anwendest, wirst du deine Freiheit, das zu erschaffen, was du willst, weitaus mehr genießen können. Und du wirst den anderen freudig das Recht zugestehen, dasselbe auch für sich zu tun.

Wenn du herausgefunden hast, was du in jedem Abschnitt deines Lebens am meisten möchtest, und wenn du die Gedanken denkst, die positive Gefühle erzeugen, wirst du niemanden anziehen, der nicht mit deinen Absichten harmonisiert. Und jene, die nicht in die Richtung dessen denken, was du willst, werden dich nicht in ihr Leben ziehen, denn zwei Wesen ziehen sich ja durch die Macht ihrer Gedanken gegenseitig an.

Weil die meisten von euch sich nicht die Zeit nehmen herauszufinden, was sie wirklich wollen, und weil eure Gedanken von einem Thema zum nächsten springen und ihr die Bedeutung negativer Gefühle nicht versteht, werdet ihr häufig in negative Situationen hineingezogen. Aber wenn du den Schöpfungsprozess verstehst und seine Prinzipien richtig anwendest, dann wirst du frei von allen Erfahrungen sein, die du nicht machen willst.

Ihr alle seid individuelle Schöpfer und interagiert mit anderen Menschen, die ihr durch eure Gedanken angezogen habt und mit denen ihr Abmachungen trefft, wie sich eure individuellen Absichten am besten miteinander verbinden lassen. Dafür ist es aber unerlässlich, dass ihr lernt, effektiv miteinander zu kommunizieren und den anderen klar und deutlich mitzuteilen, was ihr wollt oder erwartet, sonst wird die Chance sehr gering sein, dass sich eure Erwartungen erfüllen.

Jedes bewusste Erschaffen beginnt damit, dass du herausfindest, was du eigentlich willst. Wenn du dabei allein bist, dann formuliere deine jeweilige Absicht für dich selbst. Aber wenn andere Menschen daran beteiligt sind, dann musst du ihnen deutlich mitteilen, was du willst.

Leider kommuniziert ihr meistens nicht sehr effektiv. Ihr scheint davon auszugehen, dass die anderen schon wüssten oder es doch zumindest erraten müssten, was ihr wollt, aber ohne effektive Kommunikation kann es keine Aussicht auf Harmonie geben. Sobald die Absichten identifiziert und den anderen Beteiligten mitgeteilt sind, beginnt der positive Schöpfungsprozess. Wenn du formuliert hast, was du willst, musst du es nur noch zulassen, indem du es nicht mit negativen Gedanken blockierst, dann wird es sein. Und du musst auch im Zusammensein mit anderen einfach nur darauf achten, wie du dich fühlst, um zu wissen, wann du deine eigenen Absichten blockierst und gegen dich selbst arbeitest.

Wenn du im Umgang mit anderen Menschen Wut oder Ärger verspürst, dann sind diese Gefühle Warnsignale, die dir zeigen sollen, dass deine Gedanken in diesem Augenblick nicht mit dem übereinstimmen, was du erreichen möchtest. Es ist wichtig, dass ihr euch – Stück für Stück – gegenseitig mitteilt, was ihr voneinander wollt, denn die meisten eurer Streitigkeiten entstehen nicht aus böser Absicht, sondern versehentlich, weil ihr nicht versteht, was der andere eigentlich will.

In den meisten Fällen gibt es viel mehr Übereinstimmungen als Nichtübereinstimmungen, aber wenn ihr nicht effektiv miteinander kommuniziert, wird sich eure Aufmerksamkeit auf die wenigen Bereiche richten, in denen keine Übereinstimmung herrscht. Sobald deine inneren Warnsignale ertönen, frage dich: »Welcher Gedanke, welches Wort oder welche Handlung hat dieses Warnsignal ausgelöst?« Und dann formuliere ganz klar, was du wirklich möchtest – und teile dies den anderen Beteiligten auch mit.

Wenn du nicht verstehst, dass negative Gefühle nichts weiter als Warnsignale sind, konzentrierst du dich auf das negative Gefühl und erzeugst so noch mehr davon. Als Folge steigt die Anspannung, die Wut nimmt zu und aufgrund des Gesetzes der Anziehung denkst du immer mehr negative Gedanken, so dass aus einem kleinen Missverständnis plötzlich ein ausgewachsener Streit wird.

Wenn du aber gleich am Anfang erkennst, dass sich etwas nicht gut anfühlt, und dies dem anderen mitteilst – und noch einmal klar formulierst, was du willst –, dann wird das negative Gefühl nicht stärker werden. Es wird sich auflösen und an seine Stelle werden Harmonie und Zufriedenheit treten.

Da du dies nur in der Praxis wirklich verstehen kannst, ermutigen wir dich, die Übungen, die wir dir bisher vorgestellt haben, sofort auszuprobieren. Teile deinen Tag in Abschnitte ein und formuliere am Anfang eines jeden Abschnitts deine jeweilige Intention. Das allein wird bereits einen Großteil deiner Verwirrung beenden, so dass du mehr von dem erschaffen kannst, was du wirklich willst. Du wirst entdecken, dass deine Beziehungen viel erfüllter und befriedigender werden, wenn du deinen Gefühlen gegenüber aufmerksamer bist und deinem Gegenüber deine Intentionen und Wünsche mitteilst.

Wenn du das hier Geschriebene praktisch umsetzt, wirst du nicht länger Menschen anziehen, die mit deinen Bedürfnissen nicht harmonisieren, und die Gesellschaft der Menschen genießen können, die sich mit dir im Einklang befinden. Wenn du erkennst, dass du ganz allein der Schöpfer deiner Erfahrungen bist und dass du alle Lebensumstände anziehen oder von dir fernhalten kannst, dann wirst du endlich frei von der Angst sein, dass jemand anderes über dein Leben bestimmen könnte.

Verstehe, dass du der Schöpfer deiner Wirklichkeit bist, und vertraue darauf, dass du die Fähigkeit besitzt, genau das zu erschaffen, was deinem Wesen entspricht. Wenn du das verstehst, dann wirst du alle anderen Wesen auf deinem Planeten so sein lassen können, wie sie sind. Von deiner umfassenderen inneren Perspektive aus hast du dir genau dies vorgenommen und wenn du es jetzt in deinem materiellen Leben praktizierst, dann wirst du vollkommene Freiheit erlangen.

Worte können nicht lehren. Du lernst nur durch Erfahrung und genau aus diesem Grund wolltest du dich ja auch verkörpern. Du wolltest etwas erfahren, das über deine damalige Sichtweise hinausging und auf diese Weise dein Wissen vergrößern und deine Perspektive erweitern. Dein inneres Wesen weiß vieles, an das du dich heute nicht erinnern kannst. Du hast dir vorgenommen, dieses größere Wissen anzuzapfen und es auf der materiellen Ebene umzusetzen. Darüber hinaus wolltest du durch das materielle Leben aber auch in der Totalität deines Wesens wachsen und Wissen erlangen, das dir bisher versagt geblieben war.

Du wolltest herausfinden, wie genau du das erschaffen kannst, was du willst, während du den vielen Einflüssen anderer Wesen ausgesetzt bist, die andere Intentionen haben. Du wolltest herausfinden, wie du dich auf andere einlassen kannst, ohne dadurch in ihre Schöpfungen hineingezogen zu werden. Du wolltest zweifelsfrei erkennen, dass du der einzige Schöpfer deines Lebens bist. Ist es nicht wundervoll, dass es so viele andere Wesen gibt, die dieses Leben mit dir teilen? Auch sie wollen verstehen, wie sie unabhängig von dir erschaffen können.

Noch einmal: Außer dir selbst kann niemand sonst irgendetwas innerhalb deiner Wirklichkeit erschaffen. Du bist der alleinige Schöpfer deiner Erfahrungen und wenn du den schöpferischen Prozess verstehst, wirst du nicht nur völlig frei sein, sondern auch die Ekstase dieser Freiheit erleben. Du wirst im Laufe deines materiellen Lebens verstehen lernen, dass dich niemand ohne deine Zustimmung kontrollieren oder beeinflussen, dir Schaden zufügen oder dich an sich binden kann. Du bist der Einzige, der deine Wirklichkeit erschafft, und wenn du die in diesem Buch beschriebenen Übungen und Prinzipien umsetzt, wirst du das auch tief verstehen.

Dein Selbstwertgefühl wird sich ungeheuer steigern, wenn du dein materielles Leben in diesen größeren Zusammenhang stellst. Indem du den Wert deiner Entscheidungen hier auf Erden begreifst und das Denken anderer Menschen dadurch stimulierst, dass du ihnen ein leuchtendes Beispiel bist, profitieren nicht nur die physischen Wesen, mit denen du die Erde teilst, sondern alle Wesen in allen Dimensionen davon.

Statt dich angesichts der Größe des Universums unbedeutender zu fühlen, wirst du dich wichtiger fühlen, weil du nun verstehst, welche Bedeutung dein Leben wirklich hat. Wenn du erkennst, dass die Erfahrungen, die du in deinem Leben machst, sich nicht nur auf dich, sondern auch auf viele andere auswirken, dann wird dir klar werden, welche Bedeutung jeder deiner Gedanken, jedes deiner Worte und jede deiner Handlungen hat.

Ihr alle seid ganz wunderbare, schöpferische, nach Glück strebende Wesen und ihr seid gekommen, um dies in eurem materiellen Leben auf der Erde zu erkennen. Als du geboren wurdest, warst du umgeben von anderen, die vor dir gekommen waren, und diese wiederum waren umgeben von anderen, die noch früher gekommen waren und so weiter. Jeder von euch wurde in ein Glaubenssystem hineingeboren, das von den Lebenserfahrungen jener erschaffen wurde, die vor euch gekommen waren. Ihr wurdet alle von diesen Überzeugungen beeinflusst und erschafft sie in eurem eigenen Leben stets von Neuem. Aber das war nicht eure ursprüngliche Absicht, als ihr die Entscheidung getroffen habt, euch auf dieser Ebene zu verkörpern.

Ihr alle wolltet Erfahrungen machen, die euer Wissen vergrößern und euren Erkenntnisstand erweitern würden. Ihr wolltet gemeinsam an der Evolution des Denkens auf der Erde teilnehmen und euch nicht die alten Gedanken vergangener Zeiten zu Eigen machen. Natürlich ist es bequemer, die gewohnten alten Gedanken wieder und wieder zu denken, aber ist es auch befriedigender?

Du bist ein Wesen, das sucht; ein Wesen, das sich dem Leben öffnet und seine Erfahrungen anhand seiner Gefühle überprüft; du bist ein Wesen, das weit über sich hinaus wachsen will. Und du hast dir diese Zeit für deine Verkörperung auf Erden ausgesucht, weil du wusstest, wie groß das Potenzial für Wachstum und Glück gerade jetzt ist. Von der umfassenderen Perspektive deines inneren Wesens aus weißt du, dass Wachstum nur durch neue Gedanken entsteht und durch die Bereitschaft, neue Erfahrungen zu machen, aber du weißt auch, dass du dazu neigst, es dir bequem zu machen und *nicht* nach neuen Erfahrungen zu streben.

Als du dich für die gegenwärtige Zeitepoche entschieden hast, wusstest du, dass es dramatische Veränderungen geben würde – sowohl materieller als auch geistiger Natur –, und dass diese Veränderungen der Katalysator für noch größeres Wachstum sein würden. Obwohl du schon einige glückliche Leben gelebt hast, wusstest du, als du dich für dieses entschieden hast, dass kein anderes diesem gleichkommen würde und dass du wie nie zuvor wachsen und Freude und Glückseligkeit erfahren würdest.

Was du heute erlebst, ist das Ergebnis deiner vergangenen Gedanken und Gefühle. Deine Zukunft entsteht aus dem, was du heute denkst und fühlst.

Kapitel 11

Die Vereinigung zweier Perspektiven

Wir ermutigen dich, dir die umfassendere Sichtweise deines inneren Wesens anzueignen, da dir dadurch der Zugang zu einem größeren Wissen ermöglicht wird, als du während dieses einen Lebens jemals erlangen könntest. Dein inneres Wesen erinnert sich an *alle* Erfahrungen *aller* Leben – gleich ob diese nun auf der materiellen oder der geistigen Ebene stattgefunden haben.

Die Vereinigung deines normalen Bewusstseins mit dem deines inneren Wesens wird dein physisches Leben ungeheuer bereichern. Diese Vereinigung wird dadurch erreicht, dass du erstens anerkennst, dass es tatsächlich ein größeres »Du« gibt, dass du zweitens die Vereinigung willst und dass du diese drittens schließlich zulässt. Das Zulassen erreichst du einfach dadurch, dass du dir jeden Tag die Zeit nimmst, die materielle Welt auszublenden, damit du deine innere Welt wahrnehmen kannst.

Dieser Prozess wird unter anderem als »Meditation« oder »Stille des Geistes« bezeichnet und aus den verschiedensten

Gründen ausgeführt. Manche Menschen meditieren und schließen die äußere Welt aus, weil sie Erholung und Freiheit vom Stress und den weltlichen Pflichten suchen. Andere meditieren, um die innere Welt, die weitaus größer ist als die äußere, spüren zu können. Aus unserer Sicht ist der wichtigste Aspekt der Meditation die Öffnung eines Verbindungskanals zwischen den Dimensionen. Sobald dieser erst einmal geöffnet ist, können zwischen den Dimensionen Botschaften gesendet und empfangen werden. Aus deiner Sicht hat dies den Vorteil, dass du Zugang zu einem größerem Wissen bekommst und Rat und Führung von einer übergeordneten Perspektive aus erhältst.

Ist der Kanal zwischen den Dimensionen erst einmal geöffnet, wird jede deiner Entscheidungen der jeweiligen Situation perfekt angepasst sein, denn deine Sichtweise wird klarer und umfassender sein. Wenn du entscheidest, was du willst, wird diese Entscheidung durch den Kanal deinem inneren Wesen übermittelt werden, und sich effizienter und schneller in deiner Realität verwirklichen.

Natürlich erhältst du auch jetzt bereits ständig Botschaften von deinem inneren Wesen in Form von Gefühlen, aber wenn der Kanal einmal offen ist, wird die Übertragung von Gefühlen erleichtert und das Potenzial für ununterbrochenes, freudvolles Erschaffen dadurch erhöht, dass du dir deiner Gefühle schneller und stärker bewusst wirst und sofort damit aufhören kannst, etwas zu erschaffen, was du gar nicht willst.

Wir haben nicht die Absicht, dich von deinem materiellen Leben abzulenken, denn wir respektieren, dass du dich für diese Verkörperung entschieden hast, aber wir wollen dich ermutigen, die beiden Perspektiven miteinander zu vereinigen. Dadurch wird das materielle Leben, für das du dich entschieden hast, ungeheuer bereichert werden. Ist nicht vielen Menschen die Begeisterung für das Leben, die Neugier auf Erfahrungen und die Freude am Sein verloren gegangen? Wir möchten dir helfen, diese Begeisterung zurückzugewinnen, damit du dir genau das Leben erschaffen kannst, das du wirklich willst.

Wenn du dich heute entscheidest, was du erleben möchtest und welcher Art deine Erfahrungen sein sollen, dann fängst du an, deine Zukunft bewusst zu gestalten. Du bist der Einzige, der deine zukünftigen Erfahrungen formt und gestaltet. Vereinige dein inneres Wesen mit deinem Normalbewusstsein, dann wirst du mehr Begeisterung für das Leben und für deine Entscheidungen haben. Zielgerichtete Gedanken verbunden mit starken Gefühlen, die ihren Ursprung in deinem inneren Wesen haben, sind die perfekte Voraussetzung dafür, dass du genau das erschaffst, was du wirklich willst.

Je spezifischer du bei der Formulierung deiner Wünsche bist, desto spezifischer wird die Erfüllung deiner Wünsche sein. Bist du hingegen schon bei der Formulierung vage, werden sich deine Wünsche auch nur ganz vage erfüllen. Es gibt Menschen, die glauben, wenn sie zu spezifisch sind, schränken sie ihre Möglichkeiten ein. Sie verstehen nicht, dass sie alles empfangen werden, was sie sich vorstellen können.

Bitte sei, wenn du an die Zukunft denkst – gleich ob die Zukunft in einer Sekunde oder in einem Jahr –, so spezifisch wie möglich. Formuliere deine Absichten so präzise wie möglich. Nimm dir jeden Tag die Zeit, deine dominante Absicht immer wieder neu zu identifizieren, denn deine Intentionen werden sich verändern, je mehr Erfahrungen du machst. Schon allein durch das Lesen dieses Buches wird sich deine Sichtweise ändern und wenn du aufnimmst, was hier geschrieben steht, und dein inneres Wesen mit deinem

Normalbewusstsein vereinigst, wird sich deine Sichtweise wieder ändern. Erkenne jeden Tag, wie sich deine Perspektive verändert hat, und formuliere erneut, was dir von deinem neuen Standpunkt aus am wichtigsten ist.

Sobald du einmal deine jeweilige Intention formuliert und sie in dem Bewusstsein, dass sie wahr werden wird, an das Universum übergeben hast, sollte es eigentlich nicht nötig sein, diesen Vorgang zu wiederholen. Aufgrund der Gesetze des Universums und des Schöpfungsprozesses wird sich Alles-Was-Ist sofort daran machen, das zu verwirklichen, was du durch deine Absicht in Gang gesetzt hast. So lautet das Gesetz. Dennoch ist es angebracht, immer wieder zu bestätigen, was du willst, weil sich deine Perspektive und damit auch deine Wünsche fortwährend ändern.

Es ist wichtig, dass du deine Intentionen immer wieder formulierst, um so negativen Einflüssen entgegenzuwirken. Wenn du dir Gesundheit wünschst, solltest du dies eigentlich nicht ständig wiederholen müssen, um gesund zu sein, aber weil in deiner Gesellschaft Krankheiten und Leiden so viel Aufmerksamkeit geschenkt wird, ist es nötig, diesem negativen Einfluss ständig entgegenzuwirken, indem du deine Intention wiederholst, vollkommen gesund zu sein. Jede Schöpfung, die du in Gang setzt, wird verwirklicht werden – es sei denn, du denkst Gedanken, die ihr entgegenwirken.

In deiner vielschichtigen, komplizierten Welt mit ihren hochentwickelten Kommunikationssystemen bist du extrem vielen äußeren Reizen ausgesetzt, die meistens dem, was du willst, entgegenwirken. Deshalb solltest du deine Wünsche täglich bekräftigen.

Von deinem neuen Standpunkt, den dir das Lesen dieses Buches beschert hat, aus gesehen, wirst du große Veränderungen bemerken. Die meisten von euch haben schon lange keine großen Veränderungen mehr erlebt und schon gar kein Wachstum. Aber nun, da du die Intentionen deines inneren Wesens mit denen deines Normalbewusstseins verbunden hast, wird der Wunsch nach Wachstum dir viele neue Erfahrungen bescheren.

Wenn du sagst: »Ich wünsche mir, mich weiterzuentwickeln«, so ist das zwar ein guter Vorsatz, aber wenn du deinen Wunsch so formulieren würdest: »Ich wünsche mir, mich auf freudvolle Art weiterzuentwickeln«, so gibt dir dieser Vorsatz mehr Kontrolle über dein Erleben. Angesichts der bevorstehenden großen Veränderungen auf der Welt, könntest du wohl sagen: »Ich möchte diese schwierigen Zeiten überleben«, aber besser wäre es, deine Intentionen genauer zu formulieren. Schließlich möchtest du nicht nur überleben, du möchtest vor allem glücklich sein. Wir empfehlen, dass du dir – selbst in der vor euch liegenden schwierigen Zeit – ganz wundervolle Wachstumserfahrungen wünschst.

Wenn du dein materielles Leben auf der Erde fortführen möchtest, dann werden dir dein inneres Wesen und das ganze Universum, ja Alles-Was-Ist diesen Wunsch erfüllen. Denke an ein glückliches Überleben und erlaube dir nicht, auch nur einen Gedanken ans Nichtüberleben zu verschwenden, dann wirst du auch überleben. Visualisiere, dass du die kommenden Veränderungen geborgen und sicher, glücklich und begeistert überleben wirst, dann wirst du genau diese Erfahrungen anziehen.

Wir sind uns darüber im Klaren, dass es für viele von euch schwierig sein wird, sich den immer neu veränderten Gegebenheiten anzupassen, denn die meisten Menschen haben Angst vor Veränderungen. Wenn du aber die in diesem Buch enthaltenen Übungen praktizierst, wirst du die dahinterstehenden Prinzipien verstehen und dir deine Wünsche erfüllen können. Die praktische Umsetzung der hier vorgestellten Prinzipien und die vor euch liegenden schwierigen Zeiten stellen eine ganz wunderbare Kombination für großes Wachstum dar. Du wusstest, dass dies eine gute Zeit sein würde, um sich zu verkörpern – und du hattest Recht.

Die universelle Lebenskraft durchströmt dich und verbindet dich mit Allem-Was-Ist. Indem du deine Aufmerksamkeit auf bestimmte Dinge richtest, ziehst du diese Dinge an.

Kapitel 12

Die soziale Umsetzung der Prinzipien des Schöpfungsprozesses

Die Zeit, die vor dir liegt, verspricht eine Zeit tiefer Erfüllung, umfassenden Friedens und großer Freude zu sein, denn es wird eine Zeit sein, in der immer mehr Menschen den Schöpfungsprozess verstehen, seine Prinzipien bewusst umsetzen und erkennen, dass sie vollkommen frei sind.

Wenn du verstehst, dass niemand außer dir irgendetwas in deiner Wirklichkeit erschaffen kann und dass andere Menschen nicht Teil deiner Wirklichkeit sein können, wenn du sie nicht durch deine Gedanken dazu einlädst, dann bist du wahrhaft frei. Da du deine Freiheit mit anderen freien Wesen teilen möchtest, hast du dich für ein materielles Leben entschieden, in dem du von so vielen anderen Menschen umgeben bist. Die Kommunikation und Zusammenarbeit mit anderen bereichert stets deine Wirklichkeit.

Du ziehst durch die Macht deiner Gedanken und deiner Intentionen genau die Menschen an, die sich in Harmonie mit dir und deinen Absichten befinden. Und du stößt diejenigen ab, die sich *nicht* in Harmonie mit dir und deinen Absichten befinden. Wenn aber deine Intentionen nicht klar sind, dann ziehst du nichts als Verwirrung an. Indem du jeden Tag ganz klar formulierst, was du willst, wirst du immer öfter genau die Menschen anziehen, die dich bei der Erfüllung deiner Wünsche unterstützen.

Wenn du Menschen anziehst, deren Intentionen mit den deinen übereinstimmen, wirst du glückliche Beziehungen haben. Und wenn ihr erkennt, dass diejenigen, die andere Intentionen haben, euer Leben nicht beeinflussen müssen, dann werdet ihr keine Armeen mehr brauchen, um euch zu schützen, und keine Grenzmauern mehr errichten müssen, um andere von euch fernzuhalten. Dank der Macht eurer Gedanken ladet ihr sie einfach nicht mehr in euer Leben ein. Sobald du wirklich verstehst, welche Macht deine Gedanken tatsächlich haben, wirst du dich deiner Freiheit erfreuen können, so zu sein und zu handeln, wie es deinem Wesen entspricht. Gleichzeitig wirst du auch anderen Menschen freudig dieselbe Freiheit zugestehen. Wenn mehr von euch diesen Seinszustand erreicht haben, wird eine Zeit des Friedens, der Erfüllung und des Glücks auf eurem Planeten anbrechen.

Nun wirst du vielleicht sagen: »Das klingt ja alles ganz schön und gut, aber wie soll ich die Worte, die ich hier lese, in meinem Leben umsetzen?« Verstehe zunächst einmal, dass die Gesetze der Anziehung und der Schöpfung universelle Gültigkeit besitzen. Sie gelten für alle Dimensionen und Wirklichkeiten – materielle wie geistige. So wie sie für dein individuelles Erschaffen – also für Schöpfungen, an denen keine anderen Menschen beteiligt sind, wie beispielsweise perfekte Gesundheit – gelten, so gelten sie auch für das, was du – durch gegenseitige Übereinkunft – gemeinsam mit deinen Mitmenschen erschaffst.

Damit eine befriedigende Beziehung zu einem anderen Menschen möglich ist, muss sie von beiden Beteiligten gewollt werden, sonst wird sie nicht zu Stande kommen. Da niemand irgendetwas in der Wirklichkeit eines anderen Menschen erschaffen kann, müssen beide Partner eine erfüllte Beziehung wollen und sie aufgrund dieser gemeinsamen Intention erschaffen. Gleich, ob es sich dabei um eine Liebes- oder um eine Geschäftsbeziehung handelt, immer gilt, dass nur die Intentionen der Beteiligten zu einer erfüllten Beziehung führen können. Und wie bei jeder Schöpfung, so muss auch in einer Beziehung der Wunsch nach Fortbestand vorhanden sein, sonst wird sie nicht von Dauer sein. Für alle Schöpfungen gilt dasselbe Prinzip. Sobald du etwas erschaffen hast, musst du es weiterhin wollen, damit es Bestand haben kann. Wenn du deine Aufmerksamkeit oder deinen geistigen Fokus nicht mehr darauf richtest, wird es aus deinem Leben verschwinden.

Nachdem du die Prinzipien des Schöpfungsprozesses auf der individuellen Ebene verstanden hast und den Warnsignalen deiner Gefühle gegenüber feinfühliger geworden bist – damit du sofort damit aufhören kannst, etwas zu erschaffen, was du eigentlich gar nicht willst –, dann kannst du dein neu gewonnenes Wissen auf das gemeinsame Erschaffen mit anderen Menschen anwenden.

Wenn du ein negatives Gefühl verspürst und du erkennst, dass deine Frustration oder deine Wut nichts als Warnsignale sind, die dir zeigen wollen, dass sich deine Gedanken, Worte oder Handlungen im Augenblick nicht in Übereinstimmung mit der Übereinkunft befindet, die du mit den anderen getroffen hast, dann musst du sofort damit aufhören, so zu denken, zu reden oder zu handeln, und dich daran erinnern, was du ursprünglich wolltest. Lässt du zu, dass die Wut oder die Frustration präsent bleiben, dann lässt du auch zu, dass du etwas erschaffst, was du gar nicht willst. Und da deine Schöpfung dieses Mal nicht nur dich betrifft, sondern auch andere, mit denen du eine Übereinkunft getroffen hattest, ist es von größter Wichtigkeit, dass ihr euch gegenseitig mitteilt, was ihr voneinander wollt.

Sobald ihr euch wieder auf das konzentriert, was ihr wollt – auf die Übereinkunft, die ihr getroffen habt –, werden die Gefühle der Wut oder der Frustration nachlassen und das Erschaffen in die falsche Richtung aufhören. Wenn ihr euch beide auf das konzentriert, was ihr wollt, werdet ihr genau das erschaffen. Aber die meisten eurer Übereinkünfte sind nicht befriedigend und die meisten euer Beziehungen dauern nicht. Warum ist das so? Weil ihr den schöpferischen Prozess nicht versteht. Die meisten von euch glauben, dass ein negatives Gefühl dadurch verschwindet, dass ihr das in Ordnung bringt, was es eurer Meinung nach verursacht hat. Ihr glaubt, ihr müsstest über das Problem nachdenken und es von allen Seiten beleuchten, um es irgendwann lösen zu können. Ihr glaubt, wenn ihr das Problem beseitigt, verschwindet auch das negative Gefühl. Aber das stimmt nicht, denn solange ihr euch auf das konzentriert, was das negative Gefühl ausgelöst hat, werdet ihr noch mehr davon erschaffen.

Ein richtiges Verständnis und die Umsetzung der Gesetze der Anziehung und der Schöpfung werden viele Veränderungen in dein Leben bringen. Viele neue Menschen werden zu dir kommen, während andere, die bereits Teil deines Lebens waren, daraus verschwinden werden. Sobald du anfängst herauszufinden, was dir wirklich wichtig ist, wirst du die Menschen anziehen, die dasselbe wollen wie du, und du wirst die loslassen, die etwas anderes wollen. Deshalb wirst du auch immer weniger Konflikte, Konfrontationen und negative Gefühle haben. Mit deiner neu gewonnenen

Sichtweise wirst du die Prinzipien des Schöpfungsprozesses gemeinsam mit jenen Menschen umsetzen können, die gleiche Intentionen wie du haben. Und damit eröffnet sich dir ein ganz wunderbares neues Leben.

Im Umgang mit anderen Menschen sowohl auf privater, sozialer als auch beruflicher Ebene ist es wichtig, dass alle Beteiligten für sich selbst herausfinden, was sie von der Beziehung eigentlich wollen und welche Übereinkünfte sie zu treffen bereit sind. Sobald das geklärt ist, müssen die individuellen Absichten allen an dieser Übereinkunft Beteiligten mitgeteilt werden. Die meisten Übereinkünfte funktionieren nur deshalb nicht, weil es an Kommunikation mangelt. Es scheint, als würdet ihr alle voneinander erwarten, dass der jeweils andere zu wissen hat, was ihr wisst, und so zu sein hat, wie ihr seid. Aber da kein anderer Mensch durch eure eigenen Augen sehen kann, müsst ihr Worte benutzen, um ihnen verständlich zu machen, was ihr wollt.

Es ist aber nicht nur wichtig, dass am Anfang eurer Übereinkunft klar und deutlich kommuniziert wird, was ihr voneinander wollt, sondern auch, dass dieser Dialog unablässig weitergeführt wird. Da ihr alle Wesen seid, die sich ständig verändern, kann sich auch das, was ihr wollt, von Tag zu Tag oder von einem Augenblick zum anderen verändern. In den Beziehungen, die euch am wichtigsten sind, solltet ihr jeden Tag Zeit reservieren, um euch gegenseitig mitzuteilen, was ihr wollt, denn keine Schöpfung ist jemals wirklich abgeschlossen. Eure Schöpfungen sind form- und veränderbar und nicht in Stein gemeißelt. Und das ist auch gut so, da ihr ja alle sich ständig wandelnde Wesen seid. Deine Wünsche verändern sich unablässig und wenn du aufgrund einer neuen Sichtweise neue Gedanken denkst, dann veränderst du die Erschaffung jener Dinge, die du einmal gewollt hast.

Kommunikation ist auch deshalb so wichtig, weil ihr euch nicht gleichzeitig und in gleichem Maß verändert. Denke aber bitte immer daran, dass euch meistens mehr miteinander verbindet als euch voneinander trennt. Wenn ihr zusammensitzt und über eure gemeinsamen Interessen sprecht, dann richtet sich eure Aufmerksamkeit auf das, was ihr wollt, und weg von dem, was ihr nicht wollt. Die meisten Auseinandersetzungen – oder vielleicht sogar alle – entstehen daraus, dass ihr euch auf das konzentriert, was ihr nicht wollt. Es gibt nicht zwei Menschen, die völlig identisch sind. Sollten sie es für einen kurzen Augenblick doch einmal sein, so werden sie es schon im nächsten nicht mehr sein, da ihr euch alle ständig verändert. Daher besteht das Geheimnis harmonischer Beziehungen nicht darin, andere zu finden, die genau so sind wie du selbst, sondern darin, sich auf die Punkte zu konzentrieren, in denen ihr übereinstimmt. Negative Gefühle entstehen nur dann, wenn ihr euch auf das konzentriert, was ihr nicht wollt – und was euch daher trennt.

Auch die Menschheit als Ganzes hat mehr Gemeinsames als Trennendes. Euer wahres Wesen strebt nach Harmonie, nicht nach Disharmonie. Eure Kriege und all eure Auseinandersetzungen entstehen nur dadurch, dass ihr euch auf das konzentriert, was euch trennt, statt auf das, was euch verbindet. Da ihr das, was euch trennt, nicht ändern könnt, weil ihr nicht in der Wirklichkeit eines anderen erschaffen könnt, erzeugt ihr in euch selbst großes Leid. Ihr macht euch selbst völlig unnötig das Leben zur Hölle, wenn ihr euch auf die Dinge konzentriert, die negative Gefühle erzeugen.

Verstehe, dass dein größter Wunsch ein harmonisches Leben und Wachstum ist, und dass dies auch der größte Wunsch aller anderen Menschen ist. Eure Unterschiede sollten euch dazu anregen, euer Wissen zu vermehren und euren Erkenntnisstand zu vergrößern. Kannst du nicht anderen Menschen gestatten, so zu sein, wie sie sind, wo du doch von ihnen erwartest, dass sie dich so akzeptieren, wie du bist? Wenn mehr Menschen diesen Zustand der Akzeptanz erreichen, dann erst werden auf der Erde Frieden und Harmonie herrschen und dann erst werdet ihr alle ein erfülltes, glückliches Leben führen können.

Lerne das Gesetz der Anziehung zu verstehen und ihm zu vertrauen. Wenn du jeden Tag deine Wünsche und Absichten klar und deutlich formulierst, dann wirst du von Menschen umgeben sein, die dieselben Intentionen haben. Vertraue darauf, dass du nur das erleben wirst, was deine Wünsche unterstützt. Dann wirst du wohl auch nicht mehr so leicht nach den »Fehlern« in anderen Menschen suchen. Wenn du erwartest, dass deine Beziehung dich bereichert – und zulässt, dass sie es tut –, dann wird es auch so sein.

Du lebst in einer Gesellschaft, die sich das Kritisieren anderer auf die Fahnen geschrieben hat. Fernsehen, Radio und Zeitungen berichten viel mehr über Disharmonie als über Harmonie. Es gibt viel mehr Kritik als Lob. Wenn du wirklich nach Harmonie strebst, darfst du dich daran nicht länger beteiligen. Die negativen Gefühle, die dich überkommen, wenn du solche Nachrichten siehst, hörst oder liest, sind ein Signal von deinem inneren Wesen, das dir sagen will, dass du in diesem Augenblick in die falsche Richtung erschaffst.

Es mag dir so erscheinen, als ob wir das Leben simplifizieren würden, wenn wir dir diese einfachen Gesetze beschreiben, aber wenn du sie in deinem Alltag anwenden würdest, wirst du schnell merken, wie wertvoll sie für dein ganzes Leben sind. Du wirst selbst spüren, wie sich die Verwirrung, die dich bisher geplagt hat, auflöst. Du wirst selbst sehen, wie sich deine Wünsche in materielle Realität verwandeln. Du wirst selbst erleben, wie sich Menschen um dich scharen, die wie du auch nach Harmonie und Wachstum streben.

Da der Wunsch der Beginn jeder Schöpfung ist, solltest du jeden Tag aus deiner gegenwärtigen Sicht der Dinge heraus feststellen, was du dir zur Zeit wünschst. Du solltest dir deine Welt genauso vorstellen, wie du sie haben möchtest, denn in vielerlei Hinsicht stehst du am Anfang eines völlig neuen Lebens. Viele deiner alten Angewohnheiten und die Einflussnahme durch andere Menschen werden verschwinden, so dass du die Welt mit neuen Augen sehen wirst. Du wirst dir deiner wahren Wünsche bewusster sein als je zuvor in diesem Leben. Und du wirst feststellen, dass die Begeisterung für das Leben zu dir zurückkehren wird und dass Angst und Sorgen aus deinem Leben verschwinden.

Wenn du dir durch die Macht deiner Gedanken ein Bild deiner zukünftigen Erfahrungen schaffst, wirst du andere Menschen anziehen, die sich mit diesen Gedanken in Harmonie befinden. Ihr alle erschafft immer aufgrund eurer gegenwärtigen Sichtweise und diese verändert sich normalerweise sehr langsam. Aber die Ereignisse, die den Planeten Erde bald erschüttern, werden euch alle aufrütteln und euch zwingen, viele Dinge anders zu sehen. Viele der alten Angewohnheiten und Überzeugungen, die euch an die alten Sichtweisen gebunden haben, werden nicht mehr existieren.

Wir wollen dich ermutigen, dir dein zukünftiges Leben so vorzustellen, wie du es haben möchtest, und deine Gefühle aufmerksam wahrzunehmen. Strebe immer danach, positive Gefühle zu spüren, denn das zeigt dir an, dass du bewusst und positiv erschaffst. Wenn du an das denkst, was du willst, werden sich andere Gedanken hinzugesellen, bis das Bild vollständig ist. Und da deine Handlungen immer deinen dominanten Absichten folgen, wirst du dich auf die aufregenden Zeiten, die vor dir liegen, vorbereiten wollen. Solltest du nicht den Drang verspüren, etwas zu tun, oder solltest du verwirrt sein und dich im Kreis drehen, dann sind das Hinweise darauf, dass du noch kein klares Bild davon hast, was du eigentlich willst. Wenn dir wirklich klar ist, was du willst, dann werden die entsprechenden Handlungen wie von selbst geschehen.

Es gibt nicht zwei Menschen, die genau gleich sind, und eure Interessen unterscheiden sich oft voneinander oder sind manchmal sogar diametral entgegengesetzt. Daher gibt es gegenwärtig auf dieser Erde Wesen, deren Interessen den deinen genau entgegengesetzt sind. Wenn du diese Worte liest und sie an andere weitergeben möchtest, dann solltest du daran denken, dass manche Menschen diese Worte hören wollen und andere nicht. Wir als Lehrer haben gelernt, dass unsere Aufgabe nicht darin besteht, andere von irgendetwas zu überzeugen, sondern darin, unser Wissen durch die Kraft unserer Worte und die Klarheit unseres Seins mitzuteilen und so das Denken derjenigen anzuregen, die etwas Ähnliches wollen wie wir.

Bürde dir nicht die Verantwortung dafür auf, irgendjemand von irgendetwas zu überzeugen. Finde stattdessen heraus, was du willst, und erschaffe dir die Lebensumstände deiner Wahl. Erlaube den anderen, dasselbe für sich zu tun.

Ihr alle habt dieselbe Intention: durch die Erfahrungen eures Lebens – sei dieses nun materiell oder geistig – besser zu verstehen, wer ihr seid, und euer Sein auszudrücken und vielleicht andere Menschen durch euer Beispiel anzuregen, dasselbe zu tun. Ihr solltet allen anderen Wesen die Freiheit zugestehen, das zu denken und zu erschaffen, was sie wollen. Ihr solltet verstehen, dass es kein persönlich gemeinter Angriff ist, wenn andere nicht mit euch übereinstimmen, sondern einfach Ausdruck ihres eigenen Lebens. Vielleicht gelingt es euch dann, eure Unterschiede leichter zu akzeptieren.

Sieh dich selbst voll freudiger Erwartung angesichts der bevorstehenden Veränderungen und stelle dir vor, wie viel Erfüllung und Freude sie dir bringen werden. Fange heute damit an, dich jeden Tag bewusst zu entscheiden, was du willst. Erfreue dich an deiner eigenen Begeisterung, wenn du siehst, wie deine Wünsche zu materieller Realität werden.

Wir schenken dir dieses Buch voller Begeisterung und Freude, denn es ist die materielle Manifestation unserer Intentionen. Während wir diese Worte diktieren, stellen wir uns das gedruckte und gebundene Buch vor, das du in den Händen hältst. Wir sehen dich das Buch lesen und dein Denken durch die größere und klarere Perspektive unserer Worte angeregt werden. Wir sehen, wie dein Leben auf wunderbare Weise bereichert wird, wenn sich dein inneres Wesen und dein Normalbewusstsein vereinigen. Wir sehen, wie du liest und positive Gefühle verspürst und wie du dich bewusst dafür entscheidest, dein materielles Leben freudig fortzusetzen. Wir sehen dich Entscheidungen treffen, die deine Erfahrung bereichern, und wir sehen, wie dich wohlige Schauer der Erregung durchlaufen, wenn du diese Worte liest und dabei die Gefühle fühlst, die dein inneres Wesen aussendet und die dir anzeigen, dass du dich in Harmonie mit diesen Worten befindest. Und schließlich sehen wir dich in dieser Zeit des Wandels freudig und mutig vorwärts schreiten. Während wir durch unsere klare und bewusste

Absicht diesen Vorgang initiieren, hegen wir die allergrößte Hoffnung, dass das, was wir dir anbieten, auch von dir angenommen werden wird.

Wenn du dich auf das konzentrierst,
was du für gut hältst, und es dadurch anziehst,
dann wird dein inneres Wesen positive Gefühle
aussenden, die dir bestätigen, dass du dich auf
dem richtigen Weg befindest.

Kapitel 13

Unsere Rolle im gemeinsamen Schöpfungsprozess

Die Menschen sträuben sich oft gegen neue Informationen zu altbekannten Themen. Das liegt zum Teil daran, dass sie glauben, bereits alle Antworten zu kennen, da sie sich die Traditionen und Überzeugungen derer, die vor ihnen da waren, völlig zu Eigen gemacht haben. Folglich können sie nicht akzeptieren, dass es überhaupt Ideen geben könnte, die über das hinausgehen, was gegenwärtig von ihrer Familie, ihrer Religion oder ihrer Gesellschaft akzeptiert wird.

In anderen Fällen lassen sich neue Informationen nur schwer mit alten, lieb gewordenen Überzeugungen und Gewohnheiten vereinbaren. Viele Menschen fühlen sich durch neue Informationen verunsichert und bedroht und klammern sich daraufhin nur noch fester an die alten Überzeugungen und verteidigen sie um jeden Preis. Und manche Menschen wehren sich aus Enttäuschung gegen alles Neue, weil sie sich so oft etwas gewünscht und es nicht bekommen haben, dass sie das Wünschen überhaupt aufgegeben haben. Folglich akzeptieren sie die Dinge lieber wie sie sind, als sich von Neuem der Gefahr auszusetzen, zu hoffen und wieder enttäuscht zu werden.

Wir sind uns nur zu bewusst, dass die Botschaft dieses Buches nicht von allen Menschen angenommen werden wird. Aber jene, die bereits wissen, dass das persönliche Wachstum grenzenlos ist, werden davon profitieren. Jene, die nicht daran glauben, dass sie bereits alle Antworten haben, werden davon profitieren. Etwas größeren Nutzen werden jene weisen Menschen haben, die aufgrund ihrer eigenen Erfahrungen bereits selbst zu dem Schluss gekommen sind, dass ihr Wachstum grenzenlos ist und dass mit jeder Antwort auf eine Frage eine neue, klarer formulierte Frage entsteht, die wiederum zu neuen, klareren Erkenntnissen führt. Aber den größten Nutzen werden jene Leser haben, die verstehen, dass sie nichts erfahren können, was jenseits der Grenzen ihrer gegenwärtigen Überzeugungen liegt. Sie wissen, dass sie ihr Glaubenssystem sorgsam und bewusst verändern und erweitern müssen, um mehr Freude, größere Freiheit und größeres Wachstum zu erlangen. Sie sind mutig genug, um eigenständig zu denken und alle hier vorgestellten Ideen anhand ihrer eigenen Erfahrungen zu überprüfen.

Für alle, die sich darüber im Klaren sind, welche Dinge, Erfahrungen, Umstände, Beziehungen oder Gefühle sie haben möchten, gegenwärtig aber nicht haben, wird dieses Buch sehr nützlich sein. Für alle, die zur Zeit in Schwierigkeiten stecken, unter Problemen, Krankheiten oder negativen Umständen leiden, die sie aus ihrem Leben verbannen möchten, wird dieses Buch ebenfalls sehr nützlich sein. Wir schenken dieses Buch allen Menschen, die die bewusste Kontrolle über ihr Leben erlangen möchten. Es wurde geschrieben, um euch bei der Umsetzung der Entscheidungen zu helfen, die ihr vor eurer Geburt getroffen hattet.

Viele von uns haben sich hier versammelt, um gemeinsam dieses Buch zu schreiben. Die Worte, die du liest, stammen von einer Gruppe von Wesen, die deine materielle Dimension gegenwärtig von einer geistigen Ebene aus beobachtet. Wir sind eine perfekt miteinander verschmolzene Gruppe und existieren in vollkommener Harmonie. Wir sind zusammengekommen, weil wir aufgrund unserer Erfahrungen zu denselben Schlüssen gekommen sind und dieselbe Perspektive haben. Wir sind aber nicht nur zusammengekommen, weil wir die gemeinsame Absicht hatten, dieses Buch zu schreiben, sondern weil uns die Gesetze des Universums zusammengeführt haben.

Diese Gesetze bestimmen nicht nur das Leben in der geistigen Dimension, sondern auch dein Leben in der materiellen. Und so wie wir eine enge Bindung unter uns geistigen Wesen haben, so haben wir auch eine enge Bindung zu unseren materiellen Entsprechungen Esther und Jerry Hicks.

Die Bindung zwischen Abraham einerseits und Esther und Jerry andererseits ist nicht erst in diesem materiellen Hier und Jetzt entstanden, sondern ist das Ergebnis einer langen Bindung zwischen geistigen Freunden. Unsere gemeinsame Arbeit geht weit über dieses eine materielle Leben hinaus, denn wir haben bereits unzählige Leben miteinander geteilt.

Die meisten Menschen sind so in ihrer materiellen Welt verwoben, dass sie die größere Perspektive aus den Augen verloren haben. Aber manchmal ergreift einen von euch eine Ahnung von etwas Größerem und er macht sich auf die Suche danach. Sobald er seine Frage formuliert, sorgen die Gesetze des Universums dafür, dass er auch Antworten erhält.

Unser Freund Jerry spürte schon in seiner Kindheit, dass sein Leben einen größeren Sinn haben müsste, und fing an – kaum, dass er sprechen gelernt hatte – seinen Lehrern Fragen zu stellen, die diese manchmal erfreuten und manchmal zur Weißglut trieben. Er verstand zwar seine Verbindung zur geistigen Welt nicht, war sich aber sicher, dass das Leben weit mehr sein musste als das, was er mit seinen physischen Augen sehen konnte. Folglich verbrachte er sein Leben damit, zu suchen, zu fragen und zu verstehen. Tatsächlich war es Jerrys unbändiger Wunsch zu verstehen, der bis an die Grenzen des Universums drang und die geistige Energie von Abraham herbeirief.

Die geistige Energie Abrahams war sich des materiellen Jerry seit seiner Geburt bewusst, aber erst als sich das Wollen Jerrys mit dem Zulassen Esthers vereinigte, konnten wir die bewusste Verbindung herstellen. Auch Esther spürte, dass das Universum größer und umfassender sein müsste. Und wie Jerry wollte auch sie in diesem materiellen Raum und zu dieser materiellen Zeit einen Beitrag zur Evolution des Bewusstseins leisten. Was sie zu dieser einzigartigen Mischung aus materiellen und geistigen Energien beitrug, war ihr absolutes Vertrauen und ihre unbedingte Bereitschaft zuzulassen.

Esther ließ zu, dass sich ihre materielle Energie mit unserer geistigen Energie verband, was die Basis unserer Kommunikation mit dir bildet. Sie empfängt Blöcke reiner, nonverbaler Gedankenenergie von uns, die sie auf unbewusster Ebene in Worte übersetzt. Jedes Wort, das du hier liest, ist von Esther übersetzt worden. Wenn wir ihr die Gedankenblöcke übertragen, so sind wir uns stets der gegenwärtigen Sichtweise derjenigen bewusst, die diese Worte hören und lesen werden.

Wir haben auf der vorigen Seite geschrieben »Viele von uns haben sich hier versammelt«, obwohl das Wort »hier« in Bezug auf die geistige Dimension, in der wir existieren, eigentlich keinen Sinn macht. »Hier« bezeichnet einen Ort und Orte gibt es nur in der materiellen Dimension. Wir aber leben nicht in einer materiellen Dimension. Aber weil wir euch helfen wollen, müssen wir materielle Begriffe benutzen, die ihr versteht, denn da ihr in einer materiellen Welt lebt, ist eure ganze Sicht selbstverständlich materiell.

Deshalb suchen wir ständig nach Gedanken- und Wortbrücken, durch die wir unser Wissen unverfälscht ausdrücken können. Wir bemühen uns Worte zu benutzen, die sich auf deine materielle Realität beziehen, ohne zu fantastisch zu klingen. Wenn wir sagen »Viele von uns haben sich hier versammelt«, sind wir uns bewusst, welches Bild dabei in deinem Kopf entsteht, denn du kannst dich nicht von deiner materiellen Perspektive lösen, selbst wenn du versuchst, dir eine geistige Realität vorzustellen.

»Viele von uns haben sich hier (in dieser geistigen Dimension) versammelt« lässt sich nicht angemessen auf deine materielle Realität übertragen, weil wir uns von dir unterscheiden. Wir haben keine Körper und wir sind nicht in unserer Bewegungsfreiheit eingeschränkt. »Hier versammelt« heißt nicht, dass wir in einem gemütlichen Zimmer herumsitzen und uns über unsere materiellen Freunde auf der Erde unterhalten. Wir sind tatsächlich eins, so wie viele kleine Lichter sich zu einem hellen Lichtstrahl vereinigen.

Kurz nachdem Esther anfing, für Abraham zu sprechen, sagte sie: »Abraham, ich möchte euch sehen!« Sie hatte Berichte von anderen Menschen gelesen, die das Sprachrohr für andere geistige Wesen waren und detailliert über ihre Begegnungen mit ihnen geschrieben hatten. Wir antworteten ihr: »Esther, wir haben gesehen, wie du nachts mit geschlossenen Augen im Haus herumläufst, weil du Angst hast, du könntest uns plötzlich sehen.«

Sie lachte und versuchte uns davon zu überzeugen, dass sie seitdem viel mutiger geworden sei und uns jetzt wirklich sehen wollte. Also sagten wir eines Nachts, als sie neben Jerry in der Dunkelheit ihres Schlafzimmers lag: »Öffne deine Augen und sieh!«

Und als Esther die Augen öffnete, sah sie etwas, was sie später als Glühwürmchen beschrieb. Tausende von Glühwürmchen! Kleine Lichtpunkte flitzten durch das Zimmer. Und dann vereinigten sich all diese vielen kleine Lichtpunkte in einer Ecke und wurden zu einem Lichtstrahl, der zu hell für ihre Augen war. Daraufhin teilte sich der Strahl in sieben nicht ganz so helle Strahlen und etwas später wieder in tausende von kleinen Lichtpunkten. Esthers visuelles Erlebnis ermöglichte ihr ein besseres Bild von unserer geistigen Existenz. »Ihr seid Energie«, sagte sie, denn sie sah uns als Licht. »Ihr seid äußerst beweglich, flexibel und vollkommen frei«, sagte sie, denn sie sah unsere Fähigkeit, miteinander zu verschmelzen und uns wieder zu trennen.

Wenn Esther Gedankenblöcke von Abraham empfängt, nimmt sie uns als eins wahr, als *einen* machtvollen Gedanken, der zielgerichtet in ihrem Geist auftaucht. Die Worte, die du gerade liest, stammen von Wesen, die gegenwärtig in einer geistigen Dimension leben. Dir zu erklären, »woher« wir kommen oder »wo« wir sind, wäre sinnlos. Wir denken nicht über die Vergangenheit nach, um dir zu erklären, wo wir jetzt sind. Das Einzige was für uns zählt ist die Gegenwart, denn nur in der Gegenwart haben wir die Macht, etwas zu erschaffen.

Also wollen wir versuchen, dir aus unserer gegenwärtigen Sicht, aus unserem gegenwärtigen Sein heraus unseren gegenwärtigen Erkenntnisstand zu vermitteln. Wir sind frei, wir wachsen und wir sind voller Freude. Am wichtigsten ist »frei«, denn weil wir die Freiheit haben zu sein, können wir uns für Wachstum und Freude entscheiden. In unserer Freiheit unterscheiden wir uns nicht von dir oder von irgendeinem anderen Wesen im Universum, denn wir alle sind vollkommen frei. Aber da die meisten Wesen nicht verstehen, dass sie frei sind, leben sie auch nicht dementsprechend. Freiheit kann nicht erworben oder geschenkt werden, Freiheit muss nur anerkannt werden.

Durch unsere sowohl individuell als auch kollektiv gemachten Erfahrungen sind wir zu bestimmten Schlüssen gekommen. Wir ziehen Freude nicht nur dem Leiden vor, sondern auch der Abwesenheit der Freude. Wir ziehen Wachstum der Stagnation vor. Wir ziehen Freiheit dem Gefangensein, der Manipulation oder Missbilligung vor. Wir haben aufgrund unserer großen Erfahrung unser wahres Wesen erkannt und verstanden, dass das, was wir sind, Alles-Was-Ist unermesslich bereichert.

Wir wissen, dass das Wachstum auf ewig unbegrenzt ist, und dass wir alle in einem ewigen Jetzt existieren. Freude oder Leid, Wachstum oder Stagnation, Freiheit oder Unfreiheit, die wir in diesem Moment spüren mögen, sind einzig und allein unsere individuelle Entscheidung. Welch eine Freude ist es, dies erkannt zu haben! Aufgrund dieses Wissens entscheiden wir uns als Abraham fortwährend für Freiheit, Wachstum und Freude.

Aufgrund unserer Erfahrung und aus dem Zustand der Freiheit, des Wachstums und der Freude heraus, richten wir unsere Energie oder Aufmerksamkeit auf eure materielle Dimension. Obwohl wir die materiellen Umstände eures Lebens sehr wohl wahrnehmen können, ziehen wir es vor, unsere Aufmerksamkeit auf euren Seinszustand zu richten, denn dieser ist für uns weitaus aufschlussreicher als all euer äußeres Drum und Dran. Natürlich gibt es viele wunderbare Dinge in der materiellen Welt, die du erforschen und an denen du dich erfreuen kannst, aber alle materiellen Erscheinungen deiner Welt existieren nur aus einem einzigen Grund: um dein Sein zu bereichern.

Als Lehrer, die nach Wachstum und Freude streben, fühlen wir uns zu jenen Wesen hingezogen, die dasselbe suchen. Du bist wie ein starker Magnet, der immer genau das anzieht, wonach du suchst oder was du denkst. Wir können dich nicht erwählen und uns dir zeigen, wenn du nicht das suchst, was wir verkörpern. Das Gesetz der Anziehung besagt, dass Gleiches nur Gleiches anziehen kann, und so wie sich Öl und Wasser nicht vermischen, so vermischen sich auch verschiedene Absichten, Sichtweisen und Glaubenssysteme nicht.

Als materielles Wesen richtest du deine Aufmerksamkeit immer auf die Beschränkungen und Grenzen deiner materiellen Welt, aber von unserer Perspektive aus gesehen, existieren weder Beschränkungen noch Grenzen. Es gibt keinen Wächter, der den Zugang zu unserem Sein bewacht und entscheidet, wer zu uns kommen darf und wer nicht. Hier wie überall gilt: Gleiches zieht Gleiches an. Jene, die gegenwärtig nicht nach dem streben, was wir verkörpern, existieren einfach in einem anderen Seinszustand.

Die materielle und die geistige Dimension sind untrennbar miteinander verbunden. Das materielle Leben, das du kennst, könnte ohne die Energie, die Unterstützung und das Wissen der geistigen Welt nicht existieren. Die materielle Erde ist ein Produkt der Aufmerksamkeit und des Wissens der geistigen Dimension.

Die Menschen haben von Anbeginn an mit der geistigen Welt kommuniziert. Allerdings unterscheiden sich eure Erfahrungen mit ihr deshalb so dramatisch, weil sich eure Sichtweisen und Erwartungen ständig verändern. Dass der Kontakt zwischen dem Materiellen und dem Geistigen nicht neu ist, belegen unzählige Berichte über Begegnungen mit Geistern, über unerklärliche Begebenheiten oder göttliche Offenbarungen. Die Menschheit empfängt seit langem ihre Inspiration, ihre Intuition und ihre wichtigsten Botschaften aus einer Quelle, die sie als getrennt von ihrer eigenen materiellen Welt sieht.

Würde man nur die materiellen Realitäten auf eurem Planeten betrachten, wäre es nicht möglich, die gemeinsamen Erfahrungen in verschiedenen Teilen der Welt zu erklären. Es existieren unzählige Berichte über viele Erfahrungen mit der geistigen Dimension und angesichts der Vielzahl von Büchern und Meinungen zu diesem Thema herrscht große Verwirrung und Skepsis. Die Verwirrung entsteht größtenteils daraus, dass die einander widersprechenden Einzelheiten miteinander verglichen werden und in ein einziges Schema gepresst werden sollen. Als materielle Wesen, die fast völlig von materiellen Beweisen abhängig sind, um ihre Überzeugungen zu stützen, seid ihr aber nicht in der Lage, die geistige Welt, in der es keine materiellen Beweise gibt, zu erforschen und zu verstehen.

Statt die Erfahrungen anderer verstehen zu wollen, statt den niemals versiegenden Strom von Erfahrungen aufgrund der Perspektive anderer Menschen entschlüsseln zu wollen, solltest du deine Aufmerksamkeit auf deine eigenen persönlichen Erfahrungen richten, denn dann wirst du den roten Faden finden, der sich durch dein Leben zieht.

Indem du dein eigenes Leben erforschst, wirst du die allgemein gültigen Gesetze des Universums verstehen lernen. Du kannst nicht durch die Augen eines anderen Menschen sehen, ganz gleich wie sehr du dich auch anstrengen magst. Daher kannst du auch aus den Erfahrungen anderer Menschen keine für dich gültigen Schlüsse ziehen. Aber wenn du dein eigenes Leben beobachtest und herausfindest, was dich tief im Innern berührt, dann wirst du Einsichten in das Wesen des Universums gewinnen, die für dich von Bedeutung sind.

Obwohl wir dieses Buch von unserer gegenwärtig geistigen Perspektive aus schreiben, unterscheiden wir uns nicht besonders von dir, der du dieses Buch aus deiner materiellen Perspektive liest, denn ganz gleich, ob nun materiell oder geistig, wir alle sind am Leben. Unabhängig davon, ob unser Fokus nun auf die materielle oder die geistige Welt ausgerichtet ist, so streben wir doch alle nach Erfahrungen, Stimulation und Wachstum. Wir aber können unseren Fokus aus unserer Perspektive leicht auf deine lenken, während es für dich weitaus schwieriger ist, dein Bewusstsein auf unsere Erfahrungswelt auszudehnen. Man könnte sagen: Wir haben einfach einen größeren geistigen Horizont. Oder: Wir sehen die Dinge von einer höheren Warte aus. Und aus unserer umfassenderen Perspektive heraus können wir klarer erkennen als du selbst, wer du bist und warum du dich gegenwärtig in der materiellen Dimension verkörpert hast.

Wir beobachten auch weiterhin das Leben der Menschen und bemühen uns um einen immer klareren Ausdruck, um dir dabei zu helfen, umfassender zu verstehen, wer du bist. Aber es gibt gewisse Schwierigkeiten in unserer Kommunikation, die besonders dann auftreten, wenn es darum geht, dir verständlich zu machen, auf welche Weise wir existieren. Es sind viele Parabeln erzählt worden, um dem Menschen einen Einblick in die geistige Welt zu gewähren und ihm zu helfen, sich selbst besser zu verstehen. Warum? Weil der Mensch aus der geistigen Welt hervorgegangen ist. Nicht nur eure Wurzeln sind hier, der Kern eures gegenwärtigen physischen Wesens existiert hier in der Welt des Geistigen.

Wir können dir nicht erklären, wie wir auf der geistigen Ebene existieren, da du diese mit deinen physischen Augen nicht wahrnehmen kannst. Es ist für dich nützlicher, dass wir dir bestimmte Prinzipien und Gesetze erklären, die du selbst in deinem Leben umsetzen kannst. Wir sind bereit, über alles zu sprechen, aber unserer Erfahrung nach können wir euch materiellen Wesen die geistige Welt nicht befriedigend erklären. Wir können allerdings Klarheit in all jene Dinge bringen, die deine materielle Existenz betreffen.

Wir möchten dir helfen, die ewigen Gesetze, die in allen Dimensionen gelten, zu verstehen und zu erkennen, warum du gegenwärtig in der materiellen Dimension bist und wie du das erreichen kannst, was du dir vorgenommen hast. Wir möchten dir helfen, dir der Macht der Gegenwart bewusst zu werden. Wir möchten dir helfen, dich so zu sehen, wie wir dich sehen: als ein Wesen, das am Beginn einer wunderbaren Zukunft steht. Wir möchten den Abenteuergeist in dir wachrufen, mit dem du in diesen wunderbaren Körper gekommen bist. Denn als du geboren wurdest, war dir ganz gewiss klar, dass dies der Beginn eines fantastischen Abenteuers sein würde.

Wenn du dich auf das konzentrierst, was du für nicht gut hältst, und es dadurch anziehst, dann wird dein inneres Wesen negative Gefühle aussenden, die dir bestätigen, dass du dich auf dem falschen Weg befindest.

Kapitel 14

Deine Rolle im gemeinsamen Schöpfungsprozess

Jeder Teil eurer materiellen Welt wird seit jeher vom Geistigen durchdrungen und getragen. Die Energie, die eure materielle Existenz erschaffen hat und heute fortbestehen lässt, stammt aus der geistigen Welt. Eure Körper sind aus der Materie eurer materiellen Welt aufgebaut, aber die Energie, die euch Leben gibt und am Leben erhält, stammt aus der geistigen Dimension. Es ist unmöglich, eure Welt oder eure Körper von der geistigen Welt zu trennen, da die beiden Dimensionen auf ewig miteinander verbunden sind.

Seit es Menschen auf eurem Planeten gibt, war euer Verständnis und eure bewusste Kommunikation mit der geistigen Welt enormen Schwankungen und gewaltigen Veränderungen unterworfen. Um die vielen unterschiedlichen Glaubensvorstellungen der Menschen in Bezug auf die geistige Welt auch nur ansatzweise wiederzugeben, würden viele Bände nötig sein. Daher wollen wir uns hier vor allem auf eure gegenwärtigen Vorstellungen beschränken.

Wir wollen euch helfen, die geistige Dimension besser zu

verstehen, weil wir überzeugt sind, dass ein besseres Verständnis der Beziehung zwischen den beiden Welten eure materielle Existenz ungeheuer bereichern wird. Solange das Geistige »irgendwo dort draußen« angesiedelt ist und etwas Vages, Geheimnisvolles und Missverstandenes bleibt, ist jede sinnvolle Kommunikation mit der geistigen Welt unmöglich. Die meisten Menschen in Vergangenheit und Gegenwart haben ihren Platz im Universum nicht erkannt. Ihr versteht nicht, wer ihr seid oder warum ihr euch gerade jetzt verkörpert habt. Ihr begreift nicht, welches Verhältnis ihr zu eurem Planeten habt oder zu dem, was jenseits eurer materiellen Welt liegt. Ihr wisst nicht, wie und warum ihr existiert, oder was ihr nun, da ihr schon einmal da seid, hier auf Erden tun sollt. In ihrer Verwirrung tun die meisten von euch kaum jemals etwas Sinnvolles. Die meisten Menschen ähneln Korkstückchen, die verloren auf dem Meer treiben, sich von der jeweils stärksten Strömung mitreißen und von größeren Wellen untertauchen lassen, um später wieder aufzutauchen und ängstlich nach der nächsten großen Welle Ausschau zu halten. Und das nicht etwa klüger, sondern lediglich vorsichtiger.

Obwohl viele Menschen daran glauben, dass sie vor ihrer jetzigen Geburt bereits in irgendeiner Form existiert haben, und auch daran glauben – oder es zumindest hoffen –, dass dieser materiellen Existenz irgendetwas folgen wird, so haben die meisten doch – wenn überhaupt – nur bruchstückhafte Informationen zu diesem Thema. Die meisten Missverständnisse entstehen aus eurer zwanghaften Beschäftigung mit dem Tod. Ihr denkt so viel über Tod und Leben nach, dass euch die einfache Wahrheit völlig entgeht: Es gibt keinen Tod! Es gibt nur ewiges, immer währendes Leben!

Manche von euch sprechen über vergangene Leben und erzählen in allen Einzelheiten, wer sie letztes oder vorletztes oder das Mal davor gewesen sind. Sie zählen ihre vergangenen Leben ganz ordentlich in chronologischer Reihenfolge auf. Viele dieser Informationen treffen tatsächlich zu, aber es gibt ein weit verbreitetes Missverständnis, das verhindert, dass ihr erkennen könnt, wer ihr wirklich seid. Dieses Missverständnis drückt sich in der Vorstellung aus, dass ihr euch verkörpert – also in materieller Form existiert –, anschließend sterbt – also in geistiger Form existiert –, um danach wiedergeboren zu werden – also wieder materielle Form annehmt. Ihr denkt, dass ihr auf ewig zwischen dem Materiellen und dem Geistigen hin und her pendelt. Aber das entspricht nicht der Wahrheit.

Jetzt in genau diesem Augenblick, in dem du eine materielle Existenz führst und einen physischen Körper hast, existiert ein anderer Teil von dir gleichzeitig in der geistigen Dimension. Dieser andere Teil ist deine geistige Entsprechung, die älter und weiser ist und einen weitaus größeren geistigen Horizont hat als du in materieller Form jemals haben könntest. Um dieses geistige Du zu beschreiben, sind Worte wie »Seele« oder »Höheres Selbst« gebraucht worden. Wir nennen es einfach das »innere Wesen«.

Dein inneres Wesen existiert als Kulminationspunkt aller Leben und Erfahrungen, die du sowohl in materieller als auch in geistiger Form gemacht hast. Es entwickelt sich durch die Erfahrungen, die du hier in dieser materiellen Raumzeit machst, ständig weiter. Der Gedanke, zugleich auf materieller wie auf geistiger Ebene zu existieren, ist nicht leicht zu verstehen. Daher ist es nicht ungewöhnlich, dass uns Leute fragen: »Abraham, habt ihr je materielle Form gehabt?« Oder: »Abraham, warum habt ihr euch dafür entschieden, keinen Körper zu haben?« Diese Fragen zeigen, dass bei euch die Überzeugung vorherrscht, das eine würde notwendigerweise das andere ausschließen.

Wir sind eine Gruppe geistiger Wesen, die aus den geistigen Entsprechungen vieler zur Zeit verkörperter Menschen besteht. Ihr alle, die ihr gegenwärtig physische Körper habt, habt geistige Entsprechungen, die sich eurer ständig bewusst sind.

Viele Menschen fragen sich, warum sie sich nicht an ihre vergangenen Leben erinnern können, obwohl sie doch sicherlich von ihren vergangenen Erfahrungen profitieren könnten, statt immer wieder von vorn anfangen zu müssen. Manche bemühen sich nach Kräften, Zugang zu den alten Erfahrungen zu finden, um sich so verlorenes Wissen wieder anzueignen, das ihr Leben auf magische Weise in etwas Sinnvolleres und Produktiveres verwandeln wird. Aber es ist nicht nötig, sich an vergangene Leben zu erinnern, um von all jenen Erfahrungen zu profitieren, da du niemals von deinem inneren Wesen, das all diese Informationen speichert, getrennt warst, bist oder sein wirst.

Bevor du in deinen jetzigen Körper hineingeboren wurdest, bist du dir bewusst gewesen, dass du dich an keine Einzelheiten aus früheren Leben erinnern würdest. Aus deiner damaligen umfassenderen Perspektive heraus wusstest du, dass dich derartige Einzelheiten nur verwirren würden. Du kanntest die Neigung, Vergangenes endlos wiederzukäuen, nur zu gut. Und so bist du voller Vorfreude und in der klaren Absicht, dich ganz auf diesen Ort und diese Zeit zu konzentrieren, in deinen jetzigen Körper hineingeboren worden. Du hast diese materielle Existenz als Möglichkeit gesehen, neue Orte und andere Zeiten kennen zu lernen und mit Wesen zu kommunizieren, die die unterschiedlichsten Intentionen haben. Für dich war dieses Leben eine wunderbare Gelegenheit, durch neue Gedanken und Erfahrungen stimuliert zu werden und zu wachsen.

Jedes Mal, wenn du etwas mit einem anderen Menschen

machst, bereichert eure Interaktion das Universum auf ganz einzigartige Weise, da jeder von euch ganz unterschiedliche Absichten, Erwartungen und einen anderen Erkenntnisstand hat. Und wenn diese unterschiedlichen Aspekte miteinander kombiniert werden, wird das Universum bereichert. Indem du dieses Buch liest und sowohl intellektuell als auch emotional darauf reagierst, fügst du dem Universum etwas Einzigartiges hinzu, da niemand in derselben Weise auf dieses Buch reagieren wird wie du.

Als du die Entscheidung getroffen hast, dich in materieller Form zu verkörpern, warst du dir völlig bewusst, dass dieses Leben dich in die vorderste Front der Evolution stellen würde. Du hast dich begeistert für dieses Leben entschieden, weil du genau wusstest, wie sehr Alles-Was-Ist von deinen Erfahrungen profitieren würde. Aus deiner vorgeburtlichen Perspektive heraus wusstest du, dass du auf die Erde kommen würdest, nicht um dich irgendwie zu beweisen oder um Belohnungen einzuheimsen, sondern um aufgrund deiner einzigartigen Perspektive etwas zu ihrer Evolution beizutragen und damit dem ganzen Universum mehr Klarheit zu bringen.

Du hast dich darauf gefreut, viele alte Freunde wiederzutreffen, und mit manchen von ihnen euer Wiedersehen genauestens geplant. Du hast dich aber auch darauf gefreut, Wesen kennen zu lernen, die du noch nicht kanntest, denn du wusstest, wie wertvoll jede Interaktion ist.

Manche fragen uns: »Abraham, was für einen Sinn soll es haben, zu leben und zu kämpfen, sich abzumühen und zu lernen, wenn man sich hinterher an nichts erinnern kann? Ist all die Mühe nicht vollkommen sinnlos?« Mach dir keine Sorgen. Deine Erfahrungen, deine Mühen und dein Wachstum sind nicht verschwendet, denn dein inneres Wesen speichert jede Erfahrung, die du je gemacht hast – jetzt oder früher. Und all diese Erfahrungen stehen dir in Form der inneren Führung zur Verfügung. Diese innere Führung, die kostbarer ist als alle Erfahrungen, die du in diesem Leben machen kannst, steht dir immer zur Verfügung.

Es ist nicht nötig, dich an alle Einzelheiten aus früheren Leben zu erinnern, weil du immer Zugang zu den Schlussfolgerungen hast, die aus diesen Erfahrungen gezogen wurden. So wie es wenig Sinn macht, sich an die Zeit als Dreijähriger erinnern zu wollen, so macht es auch keinen Sinn, sich an frühere Leben erinnern zu wollen. Wichtig ist nur, dass du das bist, was du jetzt bist, worin die Erfahrungen eines Dreijährigen mit eingeschlossen sind. Wichtig ist nur, dass du dich von deinem inneren Wesen, das alle Erfahrungen aller vergangener Leben gespeichert hat, in jedem Augenblick deines jetzigen Lebens und bei allen Entscheidungen führen lässt.

Abgesehen von dem Unterhaltungswert, den es hat, wenn man darüber spekuliert, wer oder was man einmal war, macht es wenig Sinn, Zeit darauf zu verschwenden, über frühere Leben nachzudenken. Aber eine starke bewusste Verbindung zu dem Teil von dir, der die Kulmination aller vergangenen Leben ist, ist von unschätzbarem Wert. Durch die Verbindung des materiellen Du, dessen Körper du im Spiegel sehen kannst, und dem größeren, älteren, weiseren Du, das in der geistigen Dimension existiert, werden beide Welten unermesslich bereichert.

Wann immer du ein negatives Gefühl verspürst, bist du in dem Augenblick dabei, Negatives anzuziehen. Und meistens widersetzt du dich in diesem Moment genau dem, das du dir eigentlich wünschst.

Kapitel 15

Das Beste zweier Welten

Jedes wirkliche Verstehen beginnt damit, dass du dir deines inneren Wesens bewusst wirst. Nur wenn du die umfassendere Perspektive, die es bietet, akzeptierst, wirst du das glückliche, auf inneres Wachstum ausgerichtete Leben führen können, das du führen wolltest. Solange du die Existenz deines inneren Wesens nicht akzeptierst und dir sein größeres Wissen nicht zu Nutze machst, wirst du wie die meisten Menschen in der Umsetzung deiner Wünsche extrem begrenzt sein.

Die meisten Menschen in deiner materiellen Welt sind damit beschäftigt, immer irgendetwas zu tun. Da du in eine Welt hineingeboren worden bist, in der Handeln das Wichtigste ist, legst du mehr Wert auf das Tun als auf das Sein. Also rennst du herum, tust hier etwas und da etwas, quetschst so viel wie möglich in die Stunden des Tages hinein – und spürst doch zu deiner Frustration, dass du eigentlich überhaupt nichts erreicht hast.

Lange bevor Esther die Verbindung mit Abraham herstellte, arbeitete sie in einer Einrichtung für jene Menschen, die von euch als geisteskrank bezeichnet werden. Als sie eines Morgens über das Krankenhausgelände ging, sah sie einige Patienten mit einer Planierraupe einen großen Haufen Erde abtragen. Morgens bewegten sie die Erde von einem Ende des Hofes zu einem anderen und am Abend wieder zurück. Esther fragte einen der Pfleger: »Was machen die denn da?«

Der Pfleger antwortete: »Eigentlich nichts. Das ist reine Beschäftigungstherapie, damit sie sich nicht unnütz vorkommen.« Esther stand da, spürte eine große Traurigkeit und sagte: »Ihr Leben muss doch mehr Sinn haben, als nur Erde hin und her zu bewegen.«

Jahre später, als sie uns diese Geschichte erzählte, sagten wir zu ihr: »Esther, wir wollen gewiss nicht deine Gefühle verletzen, aber das ist doch genau, was die meisten Menschen ihr Leben lang machen. Sie bewegen einfach Dinge hin und her. Wenn das keine Beschäftigungstherapie ist!« Weil ihr die Gesetze des Erschaffens und des Wachstums nicht versteht, reden sich die meisten von euch ein, dass sie vorankommen würden, wenn sie nur genug Dinge tun. Oft dienen eure Handlungen und all eure Arbeit nur als Rechtfertigung, überhaupt hier zu sein. Und während ihr arbeitet, tut und macht, erschafft ihr – wie wir es nennen würden – im Rückwärtsgang. Weil ihr daran glaubt, dass nichts geschehen wird, wenn ihr nicht tut und macht und wie irre herumrennt, müsst ihr euch immer zwanghaft beschäftigen.

Ohne die größere Perspektive, die euch die innere Dimension bietet, wird das Leben auf der Erde immer extrem eingeschränkt bleiben. Denn wenn ihr euch allein auf euer Tun verlassen müsst, könnt ihr nur innerhalb eines bestimmten Rahmens etwas erreichen. Aber wenn ihr zulasst, dass die innere mit der materiellen Perspektive verschmilzt, findet ihr Zugang zur Macht des ganzen Universums, die euch bei euren materiellen Schöpfungen helfen wird. Viele von denen, die ihr als Genies bezeichnet und die komponiert, gemalt oder wissenschaftliche Höchstleistungen vollbracht haben, sind Menschen wie du einer bist. Der Unterschied ist einfach der, dass sie sich einem größeren Wissen geöffnet haben. Sie haben einfach die Tür zu ihrem inneren Wissen geöffnet und sich so die unendliche Intelligenz des Universums nutzbar gemacht. Ihr stellt sie auf ein Podest und verehrt sie, obwohl sie doch nicht anders sind als jeder von euch. Das Einzige, was sie von anderen Menschen unterscheidet, ist, dass sie ihre Verbindung zu Allem-Was-Ist erkannt und anerkannt haben.

Wir sehen, dass die meisten von euch geschäftig hin und her eilen. Ihr funktioniert wie Maschinen, aber ihr empfindet wenig Freude dabei. Viele opfern ihr Glück auf dem Altar ihres beruflichen Vorankommens oder irgendeiner anderen Belohnung. Andere sehnen sich nach Freude und möchten das Leben genießen, können sie aber nur in ganz seltenen Momenten erleben. Meistens schaut ihr in die Zukunft und vermutet das große Glück dort. Ihr sehnt euch nach dem nächsten Wochenende, dem nächsten Urlaub oder dem Ruhestand. »Wenn ich nur mehr Geld hätte, dann wäre ich bestimmt glücklich.« »Wenn ich den perfekten Partner gefunden habe, werde ich endlich glücklich sein.« »Wenn ich meinen Traumjob kriege, dann bin ich sicher glücklich.« Die meisten Menschen suchen ihre Erfüllung und ihr Glück in der Zukunft, aber in ihrer Gegenwart erleben sie nur wenig davon. Das Leben aber findet nur in der Gegenwart statt.

Ihr alle seid viel mehr, als ihr aus eurer jetzigen materiellen Perspektive erkennen könnt, denn ihr alle habt schon vor diesem Leben Erfahrungen gemacht, gelernt und erschaffen. Ihr habt euch bewusst für diese Raumzeit entschieden, weil sie euch Möglichkeiten des Wachstums in Hülle und

Fülle bietet. Ihr alle habt viele Ressourcen, vielfältiges Wissen und große Macht zu eurer Verfügung, aber die wenigsten von euch bedienen sich dieser Ressourcen. Nicht weil ihr es nicht wollt, sondern weil ihr entweder nicht wisst, dass ihr sie überhaupt habt, oder weil ihr nicht wisst, wie ihr sie einsetzen sollt.

Als du in deinen physischen Körper und damit in die materielle Dimension eingetreten bist, wurdest du augenblicklich Teil dieser materiellen Welt und warst damit den machtvollen Einflüssen des Materiellen ausgesetzt. Ein Kennzeichen der materiellen Dimension ist es, dass alles abgelehnt wird, was nicht auf materielle Weise erklärt werden kann. Tatsächlich ist es aber so, dass *nichts* in deiner materiellen Umwelt auf materielle Weise *allein* erklärt werden kann. Ihr zwingt alles, was ihr nicht versteht, in eure verdrehte Logik hinein. Kein Wunder, dass ihr die Welt mit völlig falschen Augen seht. Ihr spielt ein Spiel, dessen Regeln ihr nicht versteht, und da ihr nicht wisst, worum es bei diesem Spiel eigentlich geht, kann es euch auch nicht befriedigen.

Hier sind einige der häufigsten Missverständnisse: »Ohne Schweiß kein Preis.« »Im Schweiße deines Angesichts sollst du dein Brot essen.« »Nur durch harte Arbeit und Mühe erreicht man etwas.« »Je mehr ich mich anstrenge, desto mehr werde ich erreichen.« »Dem Tüchtigen gehört die Welt.«

Wenn du diese Aussagen akzeptierst, bist du nicht nur furchtbar eingeschränkt, du wirst auch sehr schnell erschöpft und ausgebrannt sein. Nachdem sie sich jahrelang abgemüht und doch nichts erreicht haben, geben die meisten Menschen auf und finden sich damit ab, dass ihre Körper erschöpft und ihre Träume geplatzt sind. Und alle anderen, denen es ebenso geht, dienen ihnen dann als Beweis dafür, dass es auf der Welt eben so zugeht. Meistens haben nur die Jungen noch Hoffnung, aber diese Hoffnung ist nicht von langer Dauer, weil auch sie dem erdrückenden Einfluss jener ausgesetzt sind, die älter sind als sie.

Wir wiederholen bestimmte Dinge mit Absicht immer und immer wieder, damit du verstehst, wie groß du eigentlich bist und welche Macht du wirklich hast. Wir möchten dir begreiflich machen, dass deine Erfahrungen nicht mit deiner Geburt begonnen haben. Wenn uns das nicht gelingt oder wenn wir nicht wenigstens das Verlangen in dir wecken, diese Aussage zu verstehen, dann wird dir dieses Buch nicht viel nützen.

Die Verbindung zwischen dem materiellen Du und dem weitaus größeren, viel älteren geistigen Du ist das fehlende Glied, das vieles erklären kann, was ihr Menschen euch derzeit nicht erklären könnt. Diese Verbindung ist der Schlüssel, mit dessen Hilfe du das wunderbare, produktive Leben führen kannst, dass du dir vor deiner Geburt vorgestellt hast. Vor der Geburt in deinen jetzigen Körper wusstest du aufgrund deiner vergangenen Leben sehr wohl, welch großen Einfluss die materielle Welt auf dich haben würde, und du hast dich darauf gefreut, in die Welt einzutreten, um diesen Einflüssen entgegenzuwirken.

Auf den folgenden Seiten beschreiben wir dir, wie du die Verbindung zwischen der materiellen und der geistigen Dimension herstellen kannst, damit die Kommunikation zwischen den Dimensionen ermöglicht und erleichtert wird. Wenn die Verbindung erst einmal hergestellt ist, werden beide Dimensionen davon profitieren. Wenn wir dir helfen, die Tür zur geistigen Dimension zu öffnen, wollen wir dich dadurch aber nicht von der Wahrnehmung der materiellen Welt ablenken, sondern Klarheit, Kraft und Sinn in dein Leben bringen. Solange du die Verbindung zwischen deinem Normalbewusstsein und deinem inneren Wesen nicht herstellst, wirst du die Intentionen, die du vor deiner Geburt hattest, nicht umsetzen können.

Natürlich gibt es in deiner materiellen Welt viele aufregende Erfahrungen, aber nichts ist so aufregend und spannend, wie Entscheidungen zu treffen, die mit deinen ursprünglichen Intentionen übereinstimmen. Da deine materielle Existenz von der geistigen getragen wird, kannst du nie getrennt von deinem inneren Wesen sein. Vom Tag deiner Geburt an hast du immer in enger Verbindung mit ihm gestanden. Du kennst nichts anderes. Dein inneres Wesen ist ein so integraler Bestandteil von dir, dass du es nicht einmal bemerkst. Deine innere Welt ist ein so integraler Bestandteil deiner materiellen Welt, dass du sie nicht einmal wahrnimmst.

Wenn du auf materiellen Beweisen bestehst, um die Realität von etwas zu bestätigen, das nicht materiell ist, dann entgeht dir der größere Teil deiner Existenz und du beschränkst dich selbst auf das, was du anhand deiner gewohnten Aktivitäten erklären kannst. Aber wenn du die Existenz der inneren Welt anerkennst und dir deiner Verbindung mit deinem inneren Wesen bewusst wirst, dann kannst du das materielle Leben in seinem vollen Umfang erfahren und genießen.

Vor einiger Zeit stand Esther vor ihrem Haus und wartete auf Jerry. Und als sie so da stand, fiel ihr plötzlich auf, dass der Himmel schöner war, als sie ihn je gesehen hatte, und dass die Farben intensiver und leuchtender waren. Sie konnte Geräusche deutlicher wahrnehmen als je zuvor und Vögel singen hören, die eigentlich viel zu weit weg waren, um gehört zu werden. Sie roch köstliche Düfte und die Luft auf ihrer Haut fühlte sich seidenweich an. Und als sie so da stand und spürte, wie ihr die Tränen über die Wangen liefen, da rief sie aus: »Sicherlich gibt es im ganzen Universum keine intensivere Erfahrung!« Plötzlich dämmerte es ihr und sie rief lachend: »Abraham, ihr seid das, nicht wahr?«

Wir lächelten mit ihren Lippen, denn sie hatte uns erwischt, wie wir durch ihre Augen gesehen, durch ihre Ohren gehört, durch ihre Nase gerochen und durch ihre Haut gefühlt hatten. Wir hatten uns durch Esthers Körper an den Köstlichkeiten der materiellen Welt erfreut.

Wir möchten, dass du verstehst, welchen Wert es hat, sich mit seinem inneren Wesen in Einklang zu bringen und sich bewusst mit ihm zu verbinden. Durch Esthers bewusste Wahl ihrer Gedanken war es ihr gelungen, auf eine höhere Schwingungsebene zu gelangen, auf der sie mit Abraham Kontakt aufnehmen konnte. Sie fing jeden Tag mit einer Absichtserklärung an: »Es ist heute, ganz gleich, wohin ich gehe, was ich tue oder wem ich begegne, meine Intention, nach dem zu streben, was mich glücklich macht.«

Nur wenn du die Kraft und das Wissen deines inneren Wesens anerkennst und fühlst, wirst du die Beschränkungen deiner materiellen Welt hinter dir lassen können. Nur wenn du dich stets an die ewigen Gesetze des Universums erinnerst, wirst du in deiner materiellen Umwelt immer bewusst und absichtsvoll erschaffen können. Und nur wenn es dir gelingt, das materielle Du mit deinem inneren Wesen zu verschmelzen, wirst du dir deiner Totalität bewusst sein und das erreichen, was du dir vor deiner Geburt vorgenommen hattest. Wenn du dich weigerst, dein inneres Wesen anzuerkennen und mit ihm zu verschmelzen, wird dein Leben weniger befriedigend und produktiv sein, als es deiner eigenen Intention nach sein sollte.

Wir wissen, dass Worte weder lehren noch eigene Erfahrungen ersetzen können. Dennoch schenken wir dir diese Worte in der Hoffnung, dass sie frühere Erfahrungen wachrufen und es dir ermöglichen werden, die kommenden Erfahrungen besser zu verstehen. Keine Erklärung kann so wertvoll sein wie die tatsächliche Erfahrung. Deshalb wollen wir dir nun einen Vorgang beschreiben, der dir helfen soll, die Verbindung zwischen deinem materiellen Ich und deinem inneren Wesen herzustellen, damit du selbst diese Erfahrung machen kannst.

Zunächst einmal ist es wichtig, dass du den Wunsch hast, diese Verbindung überhaupt herzustellen. Du musst es wollen. Dann musst du dir nur noch die Zeit dafür nehmen. Sitze 15 bis 20 Minuten täglich mit der Absicht, deinen Verstand zur Ruhe zu bringen. Du musst dies nicht immer zur selben Zeit tun, aber es ist wichtig, dass du es regelmäßig tust und keinen Tag auslässt, da diese Übung einen kumulativen Charakter hat. Den Verstand zur Ruhe zu bringen, bedeutet nichts weiter, als still dazusitzen und an nichts zu denken. Das ist für die meisten von euch nicht leicht, da euer Verstand ununterbrochen tätig ist, aber es ist wichtig, dass du es versuchst.

Manche von euch fragen uns: »Wie kann ich meinen Verstand zur Ruhe bringen, ohne dabei einzuschlafen?« Diese Frage ist wichtig, denn wenn du einschläfst, wirst du die Verbindung nicht herstellen können. Du möchtest einen Zustand erreichen, der zwar so entspannt wie das Schlafen ist, aber dennoch wach bleiben. Es ist hilfreich, sich auf irgendetwas zu konzentrieren, das wenig Gedankentätigkeit erfordert, wie das Ticken einer Uhr, die Flamme einer Kerze oder den eigenen Atem. Um die Verbindung zwischen dem materiellen Ich und dem inneren Wesen herzustellen, musst du deine Gedanken zunächst einmal bewusst von der materiellen Realität zurückziehen und dir selbst gestatten, still dazusitzen und die ewige Verbindung zum Geistigen wahrzunehmen. Nur wenn die äußere Aufmerksamkeit nachlässt, wirst du die subtile innere Welt spüren können. Du solltest aber nicht unbedingt versuchen, die innere Welt zu sehen, zu hören oder zu spüren. Es langt, wenn du einfach die Absicht hast, still dazusitzen und den Verstand zur Ruhe zu bringen.

Wenn es dir auch nur für ein paar Sekunden gelingt, dies zu erreichen, wird sich dein Körper anders anfühlen. Du wirst ihn als taub oder schwer wahrnehmen. Esther sagte uns, sie konnte ihre Nase nicht mehr von ihrem großen Zeh unterscheiden, weil ihr ganzer Körper sich wie eine Einheit anfühlte. Diese Taubheit oder Schwere ist ein sicheres Zeichen dafür, dass du deinen Verstand zur Ruhe gebracht und zugelassen hast, dass sich die beiden Energien vereinigen.

Dein erstes Ziel ist erreicht und nun kann das innere Wesen seine Arbeit tun. Wenn du in diesem Zustand des Zulassens still dasitzt, wird das innere Wesen deine Energien in Einklang bringen und die schnellere, höhere Frequenz der inneren Welt mit der langsameren, niedrigeren Frequenz der materiellen Welt vereinigen. Während dies stattfindet, brauchst du nichts weiter zu tun, als einfach still dazusitzen. Wenn du versuchst, aktiv in diesen Vorgang einzugreifen, wirst du das Gefühl der Taubheit verlieren und das Werk deines inneren Wesens vereiteln.

Wenn du jeden Tag sitzt, deinen Verstand zur Ruhe bringst und zulässt, dass sich die beiden Energien vereinigen, wirst du nach einiger Zeit körperliche Empfindungen wie Muskelzucken oder ein leichtes Kribbeln unter der Haut wahrnehmen. Diese Empfindungen sind lediglich physische Anzeichen dafür, dass sich die Energien vereinigen. Beachte sie nicht weiter, da du sonst das Gefühl der Taubheit verlieren wirst. Sitze einfach weiter still da und konzentriere dich.

Wenn du Bewegungen wahrnimmst, also wenn sich deine Hand oder dein Kopf bewegen, Finger oder Zehen zucken sollten, und du dies nicht absichtlich getan hast, dann wirst du wissen, das sich die Energien so weit im Einklang befinden, dass die Kommunikation nun stattfinden kann. Wenn sich dein Körper bewegt, obwohl du gar nicht die Absicht hattest, ihn zu bewegen, dann wisse, dass der Impuls der Bewegung von deinem inneren Wesen stammt und dass du der Empfänger dieses Impulses bist. Sobald das eintritt, wirst du wissen, dass die Übertragung von Gedankenblöcken erfolgreich abgeschlossen wurde.

Wie lange es dauert, bis dieser Prozess stattfindet, ist von Mensch zu Mensch verschieden. Es hängt von folgenden Faktoren ab:

1) Wie stark du die Vereinigung der Energien willst. Möchtest du wirklich mit deiner geistigen Entsprechung kommunizieren oder sendest du einander widersprechende Botschaften aus? Wenn dein Wunsch stark ist und nicht durch Sorgen, Zweifel oder Ängste sabotiert wird, wird die Verschmelzung schnell vor sich gehen. Je klarer du deine Gefühle wahrnimmst, desto schneller geht er vor sich.

2) Die Absicht hinter deinem Wunsch. Möchtest du die Kommunikation herstellen, weil du es wirklich willst (positive Motivation) oder weil du das Gefühl hast, dir entginge sonst etwas (negative Motivation)? Möchtest du mehr Freiheit, größeres Wachstum und mehr Freude erleben oder möchtest du, dass dein inneres Wesen all das in Ordnung bringt, was du vermasselt hast? Auch hier gilt: Je besser du dich fühlst, desto schneller geht der Prozess vor sich.

3) Deine Bereitschaft, diese Vereinigung zuzulassen. Ist es dir gelungen, deinen Verstand wenigstens für ein paar Minuten am Tag zur Ruhe zu bringen und dich von der materiellen Welt zurückzuziehen? Oder denkst du die ganze Zeit über irgendetwas nach? Wenn du Mühe hast, still zu

werden, übe am frühen Morgen, da du dann noch nicht so vielen Reizen ausgesetzt bist.

Es gibt keinen bestimmten zeitlichen Rahmen, in dem dieser Prozess stattfinden muss. Wenn du es aber willst und mit der Absicht sitzt, es zuzulassen, kann alles sehr schnell gehen. Die Vereinigung der Energien ist ein komplizierter Vorgang und kann von der materiellen Perspektive aus nicht durchgeführt werden. Es wird dir nicht gelingen, alle Energiepunkte deines Körpers herauszufinden, da es Tausende davon gibt. Aber dein inneres Wesen ist sich jedes einzelnen Energiepunktes und der in ihm enthaltenen Schwingungsenergie bewusst. Daher ist dieser Vorgang ausschließlich das Werk des inneren Wesens. Du solltest dich nicht einmischen. Vertraue darauf, dass dein inneres Wesen dazu fähig ist. Deine Arbeit besteht lediglich darin, die eindeutige Intention zu formulieren, dass diese Vereinigung stattfinden möge, und eine Haltung einzunehmen, in der die Vereinigung stattfinden kann.

Eine solche Anpassung der Energien findet fortwährend statt, denn solange du dich in einem materiellen Körper befindest, wird die Vereinigung niemals vollständig sein. Nur wenn du – nach deinem Verständnis – stirbst oder dich – nach unserem Verständnis – aus deinem Körper zurückziehst und ins Geistige zurückkehrst, dann vereinigst du dich völlig mit der geistigen Energie. Eine teilweise Verschmelzung jedoch, die dein materielles Leben bereichert, kann relativ leicht erreicht werden.

Weil du die meisten deiner Gedanken durch entgegengesetzte Gedanken unwirksam machst, glaubst du, dass du keine Macht hast.

Kapitel 16

Kommunikation mit der inneren Welt

Sobald dir bewusst geworden ist, dass dein Körper den Impuls empfangen hat, sich zu bewegen, und dir klar ist, dass dieser Impuls nicht von deinem Normalbewusstsein stammt, kannst du davon ausgehen, dass die Harmonisierung der Energien abgeschlossen ist, und dass du ab jetzt – wenn du es willst und zulässt – jederzeit mit deinem inneren Wesen kommunizieren kannst. Du hast bereits eine erste Botschaft von deinem inneren Wesen erhalten, denn der Bewegungsimpuls ging ja von ihm aus und dein Körper hat darauf reagiert. Also hat eine bestimmte Art der Kommunikation bereits stattgefunden. Aber wenn du willst, kannst du nun anfangen, tiefer mit der inneren Welt zu kommunizieren.

Als du jeden Tag 15 bis 20 Minuten gesessen hast, um die Harmonisierung der materiellen und geistigen Energien zuzulassen, bestand deine einzige Aufgabe darin, deinen Verstand zur Ruhe zu bringen, damit das innere Wesen seine Arbeit tun konnte. Aber jetzt, wo dein Körper einen Bewegungsimpuls erhalten hat, was anzeigt, dass die Energien ausreichend in Übereinstimmung gebracht wurden, hast du eine neue Aufgabe bekommen. Nun geht es nicht mehr darum, den Verstand zur Ruhe zu bringen.

Die Kommunikation mit geistigen Freunden unterscheidet sich eigentlich kaum von der mit deinen physischen Freunden. Es ist nützlich, zumindest eine generelle Idee zu haben, worüber du mit ihnen sprechen möchtest, da du in Kontakt mit einem gewaltigen Potenzial an Gedanken und Wissen kommst. Du würdest ja auch nicht in eine Bibliothek gehen und zur Bibliothekarin sagen: »Guten Tag, ich hätte gerne ein Buch.« Auch in der Kommunikation mit der geistigen Welt ist es hilfreich, das Themengebiet, das dich interessiert, näher einzugrenzen.

Du ziehst deine eigenen Erfahrungen an. Wir haben gelernt, dass es wenig Sinn macht, Informationen zu übermitteln, um die niemand gebeten hat. Aber wenn du uns etwas Bestimmtes fragst, dann wirst du auch offen für die Antworten sein. Denke in Ruhe darüber nach, über was du mit deiner geistigen Entsprechung sprechen möchtest. Stelle deinem inneren Wesen eine konkrete Frage und höre dann mit der Absicht zu, Antworten zu diesem Thema zu erhalten. Je klarer deine Frage ist, desto klarer wird die Antwort ausfallen. Werde innerlich ganz ruhig, aber bleibe wach und aufmerksam, damit du die Botschaften auch empfangen kannst.

Viele Menschen glauben, dass Kommunikation gleichbedeutend mit dem Aussprechen und Hören von Worten ist, aber nur ein sehr kleiner Teil der Kommunikation im Universum findet auf diese Weise statt. Selbst in deiner materiellen Welt findet mehr Kommunikation durch Gedankenübertragung statt als durch Worte. Um die Botschaften aus der inneren Welt zu empfangen, musst du lernen, mit deinem Geist zu hören, statt mit deinen Ohren. Das wird wie bei den meisten neuen Dingen etwas Übung brauchen.

Von unserer geistigen Perspektive aus benutzen wir weder Worte noch Begriffe. Wir sprechen nicht einmal deine Sprache. Wir senden reine, universell gültige Gedankenblöcke, die von allen Wesen, die existieren, verstanden werden können. Ihr Menschen geht fälschlicherweise davon aus, dass gesprochene Worte die Grundlagen der Kommunikation sind. Aber eure Babys, die eure Sprache noch nicht sprechen, empfangen eure Gedanken sehr klar. Wohl verstehen sie nicht hundertprozentig, worum es geht, aber sie nehmen eure Absichten sehr genau wahr. Sie nehmen euer Wesen wahr. Auch Tiere sprechen nicht, aber auch sie empfangen eure Gedanken. Und ihr sendet und empfangt sehr häufig Gedanken voneinander.

Wenn du deinem inneren Wesen eine Frage stellst, wird es darauf mit einem Block reiner Gedankenenergie antworten, den du auf unbewusster Ebene empfängst und in etwas übersetzt, das einen Sinn für dich ergibt. Das mag in der Form plötzlicher Klarheit, eines Impulses oder einer Folge von Wörtern geschehen. Der größte Teil der Arbeit, deine Kommunikationsfähigkeit mit deinem inneren Wesen zu verbessern, wird darin bestehen, die Gedankenblöcke zu entziffern und sie in deine Sprache zu übersetzen.

Zu Beginn unserer Kommunikation mit Esther sendeten wir ihr nur sehr kurze Blöcke reiner Gedankenenergie, die sich vorwiegend in zwei Wörter übersetzen ließen: »Ja« und »Nein«. Jerry stellte sehr klare Fragen, die ihm sehr wichtig waren, und wir antworteten ebenfalls mit sehr kurzen Gedankenblöcken. Mit der Zeit lernte Esther immer größere Gedankenblöcke zu empfangen und zu übersetzen. Heute senden wir Blöcke in Sekundenbruchteilen, für die Esther mehrere Minuten braucht, um sie zu übersetzen.

Anfangs mag die Kommunikation mit deinem inneren Wesen fast kindlich erscheinen, weil das Ungewohnte ungelenk ist und die Botschaften nur aus ein oder zwei Sätzen bestehen mögen. Aber je mehr Zeit du damit zubringst, desto leichter wird dir das Übersetzen fallen. Mach es dir gemütlich und formuliere unmissverständlich deine Absichten. Esther sitzt meistens ein oder zwei Minuten ruhig da und atmet tief ein und aus. Dann sagt sie: »Ich möchte eure Worte klar und deutlich aussprechen.« Sie meint damit, dass sie bereit ist, uns zuzuhören und zuzulassen, dass unsere Gedanken in ihrem Geist übersetzt werden. Sie drückt damit aus, dass sie ihre eigenen Gedanken in dieser Zeit zugunsten unserer zurückstellt. Ihre dominante Absicht ist es also, zurückzutreten und uns durch sie sprechen zu lassen.

Wenn du anfängst, mit deinem inneren Wesen zu kommunizieren, wirst du wahrscheinlich Mühe haben, deine eigenen Gedanken von denen des inneren Wesens zu unterscheiden. Aber mit der Zeit wird der Unterschied offensichtlicher werden. Dir wird auffallen, dass die Gedanken deines inneren Wesens einen bestimmten Rhythmus haben, während deine eigenen eher chaotisch sind. Dein inneres Wesen kann sich besser auf ein Thema konzentrieren, während deine eigenen Gedanken sprunghaft sind und meistens von einem Thema zum anderen schweifen.

Wenn du ernsthaft die Absicht hast, mit deinem inneren Wesen zu kommunizieren, es aber zulässt, dass deine eigenen Gedanken dazwischenkommen und die Übertragung von deinem inneren Wesen übertönen, dann wirst du dich mit dem, was du empfängst, sehr unwohl fühlen. Du wirst von Zweifel, Unruhe oder Irritation erfüllt sein. Kurz gesagt: Es wird äußerst unbefriedigend für dich sein. Aber wenn du deine Absichten eindeutig formuliert hast und die Botschaften deines inneren Wesens klar und deutlich empfängst, dann wirst du nicht den leisesten Hauch eines Zweifels haben, woher diese Botschaften kommen.

Es ist von großer Bedeutung, dass du eine Verbindung zwischen deiner materiellen und der geistigen Welt herstellst, da du dadurch deinen geistigen Horizont unermesslich erweiterst und in jeder Situation geführt werden wirst. So wichtig dein Fokus auf die materielle Welt auch ist, so ist doch die geistige Perspektive ebenfalls wichtig. Das eine muss nicht auf Kosten des anderen gehen. Wenn du erkennst, dass dieses materielle Leben eine Weiterführung deines Gesamtlebens ist und dass alles, was vorher geschehen ist, dich in diese wunderbare Position gebracht hat, dann wirst du eher bereit sein – und es von ganzem Herzen wollen –, die Verbindung zu deinem inneren Wesen wiederherzustellen. Alles, was du durch deine materiellen Sinne wahrnimmst, wird durch diese Verbindung bereichert werden.

Es gibt hinsichtlich der Interaktion zwischen der materiellen und der geistigen Welt einige weit verbreitete Missverständnisse. Der Mensch hält sich aufgrund einer langen religiösen Tradition für wertlos und glaubt, dass er auf Erden sei, um geprüft zu werden und sich des Lohnes, der ihm später gewährt werden soll, würdig zu erweisen. Er glaubt zumeist daran, dass das Geistige würdig, perfekt und in sich vollkommen sein muss, und er arbeitet hart daran, an dieses Ideal heranzukommen. Und kaum stellt der Mensch den Kontakt zum Geistigen her, so nimmt er automatisch die Demutshaltung ein und harrt der Worte der Weisheit, die auf ihn herabregnen werden.

Ihr Menschen glaubt fälschlicherweise, dass alle Wesen der geistigen Dimension zwangsläufig älter und weiser sein müssen als die, die sich gegenwärtig in der materiellen Dimension aufhalten. Das ist aber mit Sicherheit nicht der Fall. Die Wesen, die sich in der geistigen Dimension aufhalten, unterscheiden sich hinsichtlich ihrer Absichten,

Wünsche, Hoffnungen, Erwartungen, Fähigkeiten und Eigenschaften gewaltig voneinander.

Das Wissen, das uns in der geistigen Welt zur Verfügung steht, ist ungeheuer, und das meiste davon kann von denen, die die Welt durch physische Augen sehen, nicht verstanden oder umgesetzt werden. Aber auch ihr, die ihr auf der materiellen Ebene lebt und nach größerer Erkenntnis strebt, habt ungeheuer viel zum Wissen aller Dimensionen beizutragen.

Worte können nicht lehren. Nur durch eigene Lebenserfahrung entsteht wahres Wissen. Dein inneres Wesen kann dir die Führung und die Erkenntnis bieten, die dein materielles Leben bereichern wird. Die Harmonisierung der materiellen und geistigen Energien ermöglicht die Verbindung zwischen den Dimensionen nicht nur, damit Fragen gestellt und Antworten empfangen werden können. Diese Harmonisierung ermöglicht es dir auch, dir deiner wunderbaren inneren Führung bewusst zu werden. Auch wenn es wirklich interessant ist, Fragen von großer Wichtigkeit zu stellen oder auch nur die eigene Neugierde zu befriedigen, so hat doch die Verbindung, die du hergestellt hast, einen weitaus größeren Sinn.

Die Harmonisierung der Energien oder die Öffnung zu einer anderen Dimension wird dich endlich in die Lage versetzen, das zu sein, zu tun und zu haben, was du dir vor deiner Geburt vorgenommen hattest. Du bist endlich auf dem Weg angekommen, den du vor deiner Verkörperung einschlagen wolltest. Du hast gesagt: »Ich werde mich in diese wunderbare materielle Dimension begeben und die besonderen Umstände dieser Raumzeit erforschen. Und dann werde ich zulassen, dass mein ganzes Wesen hell erstrahlt, um Alles-Was-Ist zu bereichern und zu erheben.«

Wenn du aufhörst, deinen Energiefluss durch widersprüchliche Gedanken zu hemmen, wirst du deine wahre Macht erkennen.

Kapitel 17

Deine innere Führung

Dein inneres Wesen wird dir Informationen geben, die dir helfen werden, Lehren aus deiner Vergangenheit zu ziehen, aber den größten Nutzen wirst du aus der Verbindung zu ihm ziehen, wenn du seine Führung in der Gegenwart akzeptierst. Es hat wenig Sinn – und bringt dir nur wenig Freude –, über deine Vergangenheit nachzudenken, aber wenn du jetzt in der Gegenwart klar denkst und deine Erfahrungen bewusst anziehst, wirst du große Macht haben und eine große Freude erleben. Die Harmonisierung der Energien und die bewusste Anerkennung der Existenz deines inneren Wesens öffnen nicht nur einen Kanal, durch den Fragen gestellt und Antworten empfangen werden können. Ab jetzt wirst du in jedem Augenblick deines Lebens geführt werden. Jeder Gedanke, den du denkst, und jede Entscheidung, die du triffst, wird dadurch bereichert werden.

Dein inneres Wesen kommuniziert in Form von Gedankenblöcken mit deinem physischen Körper, die auf verschiedene Weise übersetzt werden können – zum Beispiel als

Handlungs- oder Bewegungsimpulse oder als körperliche Empfindungen. Diese Kommunikation zwischen deinem inneren Wesen und dir hat immer stattgefunden, seit du in diesen Körper hineingeboren wurdest, aber du bist dir ihrer meistens nicht bewusst gewesen. Jedes Gefühl, das du fühlst, ist eine Botschaft von deinem inneren Wesen. Weil dein inneres Wesen Zugang zu allen Energiezentren deines Körpers hat, sind viele Körperempfindungen auf sein Wirken zurückzuführen.

So wie du Nervenenden in den Fingerspitzen hast, die deine Finger vor heißen oder scharfen Gegenständen warnen, so benutzt dein inneres Wesen Gefühle, um dich zu alarmieren und zu führen. Der Schmerz in deinen Fingerspitzen bringt dich dazu, die Finger zurückzuziehen, um größeren Schaden abzuwenden. In derselben Weise dienen negative Gefühle dazu, dich von dem abzubringen, was dir nichts nützt oder dir schadet. Du unterscheidest zwischen vielen verschiedenen Gefühlen, aber eigentlich gibt es nur zwei: gute und schlechte oder angenehme und unangenehme. Diese Gefühle entstehen, weil dein inneres Wesen einen Impuls aussendet, der in deinem Körper eine bestimmte Reaktion auslöst.

Wenn du die Existenz des inneren Wesens anerkennst und dir dessen unbegrenztes Reservoir an Wissen, Macht und Klarheit zu Nutze machst, wird dein Leben unermesslich bereichert werden. Die Gegenwart ist der Schnittpunkt mächtiger Energien, weil sich nur in ihr das Materielle und das Geistige begegnen. Wenn du deine Gedanken bewusst wählst und zulässt, dass sich deine Wünsche erfüllen, wenn du innerlich klar und kraftvoll bist, dann bist du in der besten Lage, dir deine Wirklichkeit bewusst und absichtsvoll zu erschaffen.

Während deines Lebens sammelst du unzählige Informationen, aus denen du vielerlei Schlüsse ziehst: dir wird klar, welche Erfahrungen du anderen vorziehst und was du erreichen möchtest. Dein inneres Wesen ist sich deiner stets bewusst, während du Informationen sammelst, Schlüsse ziehst und Entscheidungen triffst. Es steht bereit, dir bei der Umsetzung deiner Wünsche zu helfen. Dein inneres Wesen ist weitaus effizienter als der hochentwickeltste Computer; es hat Zugang zu allen Bereichen deines Bewusstseins und kann die Objekte deines Wollens ihrer Wichtigkeit nach ordnen. Es weiß stets, welche Wünsche zur Zeit dominant sind und welche Vorrang vor anderen haben. Dein inneres Wesen weiß aber nicht nur um die Wünsche dieses Lebens, sondern erinnert sich auch an die Intentionen, die du bereits vor dem Eintritt in dieses Leben hattest. Es berücksichtigt all diese Faktoren, wenn es dich führt. Dein inneres Wesen ist sich deiner Intentionen also stets voll bewusst und zeigt dir durch Gefühle, ob du dich in Richtung dessen bewegst, was du möchtest, oder in entgegengesetzter Richtung. Wenn du dir aber deines inneren Wesens nicht bewusst bist und nicht auf seine Botschaften hörst – beziehungsweise sie nicht fühlst –, dann wirst du keinen Nutzen aus seiner umfassenderen Perspektive ziehen können.

Wenn der Mensch fragt, erhält er Antworten. Diese Antworten führen zu neuen, tiefer gehenden Fragen. Je mehr ihr beispielsweise über die Erde herausfindet, desto klarer erkennt ihr auch, dass ihr eigentlich nichts versteht. Je mehr ihr euch der Größe des Universums und der Komplexität der materiellen Welt bewusst werdet, desto größer erscheint euch euer Nichtwissen. Nur jene, die sich weigern, selbstständig zu denken, und die sich automatisch gegen alle neuen Ideen wehren, glauben noch ernsthaft daran, dass sie die Geheimnisse der Welt entschlüsselt haben. Die Menschen haben ein gewaltiges Potenzial, um die materiellen Aspekte der Welt zu erforschen, aber ihr inneres Funktionieren können sie von ihrer materiellen Perspektive aus überhaupt nicht verstehen.

Aber so wie du nicht vollständig verstehen musst, wie Elektrizität funktioniert, um Nutzen aus ihr zu ziehen, so ist es auch nicht notwendig, dass du verstehst, wie die Materie entstanden ist, aus der eure materielle Welt besteht. Um dein Leben wirklich zu bereichern, ist es aber unumgänglich, dass du die Existenz der inneren Welt anerkennst und akzeptierst. So wie es für dich wahrscheinlich schwierig ist, dir vorzustellen, dass in deiner modernen Welt irgendjemand freiwillig auf die Segnungen der Elektrizität verzichtet, so ist es für uns schwierig, uns vorzustellen, warum irgendjemand von euch freiwillig auf das ungeheuere Potenzial an Macht, Wissen und Klarheit verzichten möchte, das in euch allen existiert. Und so wie du einem Menschen aus der Steinzeit nicht erklären könntest, woher Elektrizität kommt und wie sie nutzbar gemacht wird, so können wir dir nicht erklären, was das Wesen der geistigen Energie ist oder woher sie kommt, weil du es einfach nicht verstehen könntest.

Wir wollen dich aber ermutigen, mit der geistigen Welt in Kontakt zu treten und deine inneren Ressourcen bewusst und absichtsvoll anzuwenden, damit dein Leben auf der materiellen Ebene davon bereichert werden kann. Sobald du einmal die Existenz deines inneren Wesens anerkennst und begreifst, dass du dich auf einem niemals endenden Wachstumspfad befindest, dann wirst du vielleicht auch das gewaltige Potenzial an Kraft und Wissen erkennen können, das dir jetzt in diesem Augenblick zur Verfügung steht. Der simple Prozess des Anerkennens wird dich auf vielen Gebieten mit Riesenschritten voranbringen, denn wenn du um deine eigene Stärke und Klarheit weißt, brauchst du nur noch zuzulassen, dass sie zum Vorschein kommt, statt dich noch länger damit abzuquälen, sie zu entwickeln. Viele der Talente und Fähigkeiten, die du entwickeln möchtest, besitzt du bereits. Du musst nur zulassen, dass sie sich zeigen. Du brauchst sie nicht zu entwickeln, denn du hattest sie bereits vor deiner Geburt.

Wir möchten auch betonen, dass nicht alle Menschen die Gesetze des Universums verstehen müssen, bevor *du* ein glückliches, produktives Leben führen kannst. Es ist nicht einmal nötig, dass auch nur ein einziger anderer Mensch sie versteht, denn du bist der Einzige, der deine Wirklichkeit erschafft. Du allein.

Du brauchst deine Existenz nicht zu rechtfertigen. Deine Existenz an sich ist Rechtfertigung genug.

Kapitel 18

Selbstachtung und Selbstwertgefühl

Das alles hört sich so einfach an. Warum erkennen dann bloß so wenige Menschen ihr inneres Potenzial? Mangelndes Selbstwertgefühl und fehlende Selbstachtung machen es den meisten Menschen unmöglich, ihr wahres Potenzial zu erkennen und zu verwirklichen. Mangelndes Selbstwertgefühl hindert die meisten Menschen daran, das, was sie wollen, zu bekommen oder zu erreichen. Fehlende Selbstachtung ist dafür verantwortlich, dass so viele unserer materiellen Freunde frustriert sind und auf der Stelle treten, obwohl sie sich so sehr danach sehnen, endlich voranzukommen.

Die meisten Menschen bekommen nicht alles, was sie sich wünschen, aber sie bekommen viel von dem, was sie sich nicht wünschen. Da sie nicht verstehen, auf welche Weise sie ihre Erfahrungen anziehen, suchen sie die Antworten im Außen und finden alle möglichen Objekte, denen sie im Guten wie im Bösen die Verantwortung dafür geben können. Aber je mehr ihr anderen die Schuld zuweist, desto mehr verstärkt ihr eure eigene Machtlosigkeit und damit auch eure Frustration. Und aufgrund eurer Negativität zieht ihr immer mehr von dem an, was ihr für schlecht haltet.

Da der vorherrschende Gefühlszustand der meisten Menschen negativ ist, sind auch die meisten Erfahrungen, die sie anziehen, negativ. Denn Negativität erzeugt mehr Negativität. Natürlich gibt es Ausnahmen, aber auf die große Mehrheit der Menschen trifft diese Aussage absolut zu. Wie konnte es dazu kommen? Hauptsächlich deshalb, weil die meisten Menschen sich selbst nicht schätzen und ein geringes Selbstwertgefühl haben.

Alle materiellen Wesen wissen tief in ihrem Innern, dass das Wachstum unaufhörlich weitergeht, wenn sie sich dessen auch meistens nicht bewusst sind. Ohne diese Erkenntnis wärest du in diesem Augenblick nicht auf Erden. Im Innern verspüren alle Wesen nicht nur eine ewige Sehnsucht nach neuen Erfahrungen und Wachstum, sondern auch ein tiefes Sehnen danach, Gutes zu tun. Aber die meisten Menschen haben vergessen, wie man gut von schlecht, richtig von falsch, positiv von negativ unterscheidet. Weil der Mensch die Existenz seiner inneren Führung vergessen hat, sucht er im Außen nach Antworten und Führung, nach Richtlinien, Gesetzen, Führern oder Gruppen, denen er sich anschließen kann – nach dem Motto: »Wenn so viele daran glauben, dann muss es wohl wahr sein.« Aber wenn er sich umschaut, sieht er die verschiedensten Meinungen, Ansichten und Überzeugungen und ist vollends verwirrt.

Der Mensch versucht, Recht von Unrecht zu unterscheiden, indem er Vergleiche anstellt. Tatsächlich wurdest du in eine Welt des Vergleichens hineingeboren. Kaum warst du geboren, wurdest du schon in Bezug auf dein Gewicht, deine Größe, dein Haar und dein Aussehen mit anderen Babys verglichen. Und vom Tag deiner Geburt bis zum heutigen bist du so oft von anderen mit anderen verglichen worden, dass dir das Vergleichen schließlich zur zweiten Natur geworden ist. Aber aus all diesem Vergleichen und Verglichenwerden kann nichts als Verwirrung entstehen, da es unzählige Auffassungen, Meinungen und Ansichten hinsichtlich des zu Vergleichenden gibt. Tatsächlich ist es unmöglich, in all dieser Verwirrung herauszufinden, was wirklich besser oder was richtig ist, da es so viele verschiedene Gesichtspunkte gibt, die berücksichtigt werden müssen.

Ein Mensch begegnet im Laufe seines Lebens vielen anderen Menschen. Wenn er nicht das Gefühl hat, von innen heraus geführt zu werden, muss er sich auf die Meinungen und Ansichten anderer verlassen. Und er entdeckt schon früh in seinem Leben, dass andere Menschen nur zu gern bereit sind, ihm zu sagen, was sie von ihm halten und was er ihrer Meinung nach tun sollte. Andere nach ihrer Meinung zu fragen ist an sich keine schlechte Sache, da andere Gesichtspunkte durchaus aufschlussreich sein und stimulierend wirken können, aber wenn man anderen Menschen begegnet, die sehr ausgeprägte Vorstellungen von richtig und falsch haben, und wenn man sein eigenes inneres Gefühl dafür verloren hat, dann wird man mehr und mehr verwirrt.

Weil du vergessen hast, dass alle Antworten in dir selbst sind, und weil du gar nicht mehr auf deine innere Stimme hörst, suchst du nicht nur nach äußerer Führung, sondern auch nach Bestätigung durch andere Menschen. Und wenn du erst einmal gemerkt hast, dass du andere mit Gedanken, Worten oder Taten dazu bringen kannst, dir Bestätigung zu geben, wirst du dies immer und immer wieder tun. Viel zu häufig handelt ein Mensch nicht aufgrund seines eigenen Wunsches, der seinem Innern entspringt, sondern wählt die Taten oder Worte, die anderen gefallen. Solange seine Erfahrungswelt noch klein und auf seine unmittelbare Familie beschränkt ist, mag dies noch gut gehen und sein Verhalten wird tatsächlich ihre Zustimmung finden. Aber je größer seine Welt wird, desto unmöglicher wird es, es allen anderen ständig recht zu machen.

Solange du nur die Anerkennung eines Einzigen suchst, wird es dir wahrscheinlich gelingen, dich so zu verrenken und zu verbiegen, dass du seine sich stetig wandelnden Forderungen erfüllen kannst. Aber sobald es nur zwei Menschen sind oder wenn es um eine ganze Welt voller anderer Menschen geht, die alle wollen, dass du das denkst, sprichst und tust, was sie von dir erwarten, dann bist du in Schwierigkeiten. Es gibt einfach zu viele verschiedene Standards, zu viele verschiedene Auffassungen davon, was richtig und was falsch ist, zu viele Stimmen, die zu viele unterschiedliche Dinge von dir fordern, als dass du sie alle zufrieden stellen könntest.

Viele eurer Probleme stammen daher, dass ihr euch selbst nicht mögt, nicht schätzt, nicht achtet oder euch selbst nicht vertraut. Aber jemand, der sich selbst nicht mag, muss nach der Anerkennung anderer Menschen suchen, und genau dieses Verhalten sorgt dafür, dass er sich selbst nie mögen wird. Weil er sich selbst nicht traut, traut er anderen, wodurch sein mangelndes Selbstvertrauen noch verstärkt wird. Nur durch das Vorbild anderer Menschen, die sich selbst lieben, achten, schätzen und trauen, kann jemand dazu inspiriert werden, sich selbst zu lieben und zu schätzen. Unglücklicherweise gibt es nur wenige solcher Vorbilder. Du kannst einen Menschen, der sich selbst liebt und achtet, daran erkennen, dass er wirklich glücklich ist. Sein Lächeln ist warm und ehrlich und kommt aus den Augen ebenso wie aus dem Mund. Er wird auch dich achten und respektieren und in dir Dinge sehen, die du selbst gern in dir sehen würdest. Er wird dich auf Dinge an dir selbst hinweisen, die du möglicherweise noch nie wahrgenommen hast.

Wir wollen dir helfen, die Existenz deines inneren Wesens wahrzunehmen, damit du in den Genuss seines Wissens und seiner Weisheit kommen kannst. Aber damit du von ihm profitieren kannst, musst du es zunächst überhaupt einmal erkennen. Und bevor du es erkennen kannst, musst du erst einmal den Wunsch haben, es zu erkennen. Der schnellste und sicherste Weg zu Selbstliebe und Selbstachtung besteht darin, der Führung durch dein inneres Wesen zu vertrauen und ihr zu folgen.

Wenn ein physisches Wesen in eine materielle Umwelt hineingeboren wird, ist es sofort den Einflüssen dieser Umgebung ausgesetzt. Solange es nicht erkennt, welche Kraft und welches Wissen in ihm selbst verborgen sind, wird es diesen Einflüssen nichts entgegenzusetzen haben. Als du in deinen Körper hineingeboren worden bist, wurdest du Teil einer Familie und einer Kultur und damit augenblicklich den Überzeugungen und der Verwirrung jener Menschen unterworfen, mit denen du aufwuchst. Natürlich gibt es gute Gründe, warum ein Neugeborenes die Unterstützung und Führung seiner Eltern annehmen sollte. Schließlich ist es klein und hilflos und kann nicht einmal seine minimalsten Bedürfnisse selbst stillen. Aber das gilt nur für die materielle Ebene. Auf jeder anderen Ebene ist es kein Baby, das ganz am Anfang seines Lebens steht. Es ist ein altes, erfahrenes, wissendes und wollendes Wesen.

Für die meisten Menschen ist ein Baby aber aufgrund seiner körperlichen Hilflosigkeit unwissend in allen Dingen. Daher wird es ständig dazu gebracht, so zu denken und zu handeln, wie es in der betreffenden Umgebung üblich ist. Und weil die Ansicht, dass du als Baby völlig unwissend bist, so überwältigend war, hast du sie irgendwann akzeptiert. Aber von deiner inneren Perspektive aus hast du, als du dir einen neuen Körper wähltest, danach gestrebt, neue Erfahrungen zu machen und durch sie zu wachsen. Die Kombination deines inneren Dranges, durch Erfahrung zu wachsen, mit dem Wunsch deiner Umwelt, dir alles beizubringen, was sie bereits zu wissen glaubt, hat dazu geführt, dass du als Kind die Rolle eines Schülers angenommen hast und alle Erwachsenen als älter und weiser akzeptiertest.

Auch heute siehst du dich selbst noch als unwissend an und suchst außerhalb von dir auf Antworten auf deine Fragen. Dadurch erhältst du zwar viele nützliche Informationen über das Funktionieren der materiellen Welt, aber die Angewohnheit, im Außen nach Antworten zu suchen, führt dazu, dass du dich deiner eigenen inneren Weisheit immer mehr entfremdest und vergisst, dass du selbst der Schöpfer deiner eigenen Wirklichkeit bist.

Die meisten Menschen erlangen niemals ihre Selbstachtung zurück. Natürlich merken manche von euch, wenn sie älter werden, dass die anderen gar nicht so weise sind, wie sie einst schienen, aber wenn sie das erkannt haben, sind sie meistens zu erschöpft, um sich noch groß um Selbstachtung und ein positives Selbstwertgefühl zu bemühen. Dabei ist es überhaupt nicht schwierig, Selbstachtung und Selbstliebe zu finden. Sie ist dir ja nie verloren gegangen, sondern nur vorübergehend von dir vergessen worden. Verstehe, dass in dir ein inneres Wesen existiert, das die Kulmination aller Leben ist, die du bisher gelebt hast und jetzt lebst. Verstehe vor allem, dass dich dein inneres Wesen über alle Maßen liebt.

Wenn dich dein inneres Wesen beobachtet, so fühlt es nichts als Zuneigung, Achtung und Wertschätzung für dich. Es beobachtet dich ständig, es kennt deine Wünsche und Absichten und weiß, was in jedem Augenblick deines Lebens in dir vorgeht. Wenn du dich auf etwas konzentrierst, was dir Freude macht, dann ist das Gefühl positiver Energie, das dich durchströmt, ein Zeichen der Verbindung mit deinem inneren Wesen. Wenn du dich an einem Sonnenuntergang erfreust, den Anblick eines wilden Tieres in freier Wildbahn genießt, stolz auf deine Leistungen oder deine Träume bist, dann befindet sich dein inneres Wesen mit dir im Einklang und es geht dir gut. Wenn du dich aber auf das konzentrierst, was dir fehlt, wenn du an dir selbst oder anderen herumnörgelst, dann ist das Gefühl negativer Energie, das dich durchströmt, ein Zeichen dafür, dass die Verbindung abgerissen ist. Wenn du Gedanken denkst, die nicht in Harmonie mit deinem inneren Wesen sind, dann stehst du wirklich nackt und allein in deiner materiellen Wirklichkeit da. Das Gefühl der Unsicherheit, Isolation, Angst und Einsamkeit, das du in solchen Momenten verspürst, zeigt dir nur an, dass du dich momentan von dem entfernt hast, was du in Wahrheit bist.

Wenn du anerkennst, dass dein inneres Wesen als die Kulmination all deiner Leben existiert, dass es sich deiner absolut bewusst ist und dass es dich liebt, dann hast du einen wichtigen Schritt in Richtung Selbstachtung und eines positiven Selbstwertgefühls getan.

Wenn du ein tieferes Gefühl für das bekommen möchtest, was du gerade gelesen hast, dann setz dich ein paar Minuten still hin und denke an etwas, das dir Freude macht. Denke an jemanden, den du liebst, oder an eine Begegnung, die dir viel bedeutet hat. Denke an etwas, das du gerne einmal erleben würdest oder kürzlich erlebt hast, und stelle dir das Erlebnis in allen Einzelheiten vor. Während du an diese angenehmen Dinge denkst, spüre die positive Energie, die deinen Körper durchströmt, weil sich dein inneres Wesen nun im Einklang mit deinen Gedanken befindet.

Denke nun an etwas Unangenehmes. Denke darüber nach, wie es ist, nicht genug Geld zu haben, und wie schlecht es dir gehen wird, wenn am Ersten die Rechnungen fällig sind. Oder denke an jemanden, der dir deiner Meinung nach Unrecht getan hat. Rechtfertige deine eigene Position und wehre dich mental gegen deinen »Feind«. Oder denke an deine eigenen Schwächen und mach dich eine Zeitlang so richtig fertig. Spüre nun die Abwesenheit deines inneren Wesens. Nimm das Gefühl der Disharmonie wahr. Spüre, wie es sich anfühlt, an etwas zu denken, mit dem dein inneres Wesen nicht übereinstimmt. Spüre, wie es sich anfühlt, von deinem inneren Wesen getrennt zu sein und ganz allein in deinem materiellen Körper dazustehen.

Jemand hat einmal gefragt: »Abraham, warum lässt mich mein inneres Wesen bloß gerade in dem Augenblick im Stich, in dem ich es am meisten brauche?« Wir haben geantwortet, dass sich das innere Wesen nie von dir abwendet, dass *du* die Verbindung aber nicht immer zulassen kannst. Wenn du dich gut fühlst, lässt du die Verbindung zu, wenn du dich schlecht fühlst, nicht.

Deine wichtigste Aufgabe besteht darin, dein Selbst zu achten und zu lieben. Das ist die Grundlage eines jeden erfüllten Lebens.

Du musst das Verlassen der materiellen Welt nicht dadurch rechtfertigen, dass du Krankheit oder Alter anziehst. Du kommst und gehst aufgrund deines Willens zu sein. Du bist frei zu sein, wo immer du willst, wann immer du willst.

Kapitel 19

Freiheit, Wachstum, Freude

Alle materiellen Wesen, die es gegenwärtig auf dem Planeten Erde gibt, haben sich verkörpert, weil sie drei Dinge wollten: Wachstum, Freude und Freiheit. Obwohl ihr alle diese drei Intentionen miteinander teilt, so unterscheidet sich doch das Ausmaß, in dem ihr es wollt, erheblich. Manche von euch haben ein intensives leidenschaftliches Verlangen danach, andere spüren es hingegen nicht so stark. Du bist in diesen Körper in diese Umwelt geboren worden, weil du es so gewollt hast. Als du die Entscheidung getroffen hast, dich in der materiellen Dimension zu verkörpern, bist du dir bewusst gewesen, dass die Erde ein Ort großer Vielfalt ist, an dem unzählige Überzeugungen und Wünsche miteinander konkurrieren. Dir war klar, dass dies für dich die perfekte Umgebung sein würde, um bewusst und absichtsvoll zu erschaffen.

Man könnte euch Menschen mit Köchen in einer hervorragend ausgestatteten Küche vergleichen. Die Erde ist die Küche, die alle Zutaten für die köstlichsten Mahlzeiten bereithält, und ihr seid die Köche, die sich die Zutaten aussuchen, um für sich selbst ein perfektes Menü zusammenzustellen.

Wir werden in diesem Buch immer wieder auf die ewigen, universell gültigen Gesetze hinweisen, die für alle Teile des Universums gelten – auch für die materielle Ebene, auf die du dich zur Zeit konzentrierst. Wir werden dir die Gesetze detailliert beschreiben und dir erklären, wie sie sich auf deine Wirklichkeit auswirken. Du wirst verstehen, dass diese Gesetze tatsächlich existieren und sich auf dich auswirken – selbst wenn du dir ihrer nicht bewusst bist. Du wirst erkennen, wie du genau das erschaffen kannst, was du erschaffen willst. Du wirst verstehen, wieso es Dinge gibt, die du anscheinend nicht erreichen kannst, und warum es Dinge in deinem Leben gibt, die du scheinbar nicht gewollt hast. Wir werden dir nicht nur helfen, die absolute Kontrolle über dein Leben zu erlangen, wir werden dir auch helfen zu erkennen, dass du genau aus diesem Grund hierher gekommen bist.

Die häufigste Frage, die sich die Menschen stellen, ist wahrscheinlich: »Warum bin ich hier?« Wir beantworten sie so: Nur ein Teil von dir ist hier. Und der Teil von dir, der sich gegenwärtig in einem physischen Körper auf die materielle Dimension konzentriert, tut dies aus reiner Freude an der Erfahrung. Das Wachstum hört niemals auf. Die unaufhörliche Akkumulation von Erfahrungen hat kein Ende und alle Erfahrungen finden ihren gegenwärtigen Höhepunkt in dem, was du jetzt bist. Jede materielle Erfahrung, die du hier machst, fügt dem größeren, umfassenderen Du etwas hinzu.

Du bist nicht in dieses Leben gekommen, weil du dich einer größeren Macht gegenüber würdig erweisen musst. Du bist nicht hier, um dich einer Prüfung zu unterziehen. Du stehst nicht allein gegen eine böse Welt, um zu beweisen, dass du stark oder mutig genug bist oder auf alles verzichten kannst, nur um später deinen himmlischen Lohn zu erhalten. Du bist nicht als unwissender Schüler auf der Suche nach einem allwissenden Lehrer gekommen, der dir den Weg zeigen soll. Du bist nicht gekommen, um die Stufen einer Leiter zu erklimmen, an deren Ende irgendeine Belohnung auf dich wartet. Du bist nicht hier, um in Versuchung geführt zu werden.

Du bist ein unsterblicher Schöpfer, der sich an der Erfahrung des Lebens berauscht. Du hast die ewigen universellen Gesetze angewandt, woraufhin du dich in diesem Körper, diesem Raum und dieser Zeit verkörpert hast. Du bist in diese Raumzeit gekommen, weil du dich am materiellen Leben berauschen wolltest und weil du wusstest, dass die Verarbeitung der Informationen dieses speziellen Lebens dich in deiner Gesamtheit bereichern und erfreuen würde.

Alle Dinge kommen aufgrund machtvoller universeller Gesetze zu dir. Ob du nun viel Geld hast oder wenig, ob du nun gesund bist oder ständig krank, ob du befriedigende Beziehungen hast oder unbefriedigende, wird dadurch bestimmt, wie du diese universellen Gesetze anwendest. Du bist ausnahmslos der alleinige Schöpfer aller deiner Erfahrungen. Um es in aller Deutlichkeit zu wiederholen: Alle großen und kleinen Umstände deiner Lebenserfahrung werden von dir angezogen, weil du der alleinige Schöpfer deiner Wirklichkeit bist.

Überfluss oder Armut, Krankheit oder Gesundheit werden dir nicht von irgendjemand anderem als Lohn oder Bestrafung für die guten oder schlechten Taten deines Lebens zugeteilt. Die Umstände deines Lebens werden dir nicht auferlegt, um dich einer Prüfung zu unterwerfen. Es gibt keine geistige Intelligenz, die dir ihren Segen gibt oder ihn dir, je nachdem, wie du dich verhältst, vorenthält. Du bekommst, was du bekommst, aufgrund deiner Gedanken und der sie begleitenden Gefühle. Die Gedankenimpulse, die von einer Art geistigen Stromes übertragen werden, der sich nicht so sehr von eurem elektrischen Strom unterscheidet, sind magnetisch und ziehen aufgrund ihrer starken Polarität die Umstände und Ereignisse an, aus denen dein Leben besteht.

Dir mag unbehaglich zumute sein, wenn du liest, dass du und nur du jedes Detail deiner Erfahrung erschaffst. Das liegt vor allem daran, dass es Dinge in deinem Leben gibt, die du lieber nicht hättest, und dass du dir Dinge wünschst, die du scheinbar nicht in dein Leben bringen kannst. Du verstehst einfach nicht, wie du dabei der bewusste Schöpfer deiner Wirklichkeit sein kannst. Und wahrscheinlich kennst du niemanden, der das verstehen würde.

Wir wollen auf den folgenden Seiten den Prozess des absichtsvollen Erschaffens detailliert beschreiben. Wir wiederholen es noch einmal: Du bist ausnahmslos der alleinige Schöpfer deiner Erfahrungen. Wir fügen hinzu: Wenn du dir einmal bewusst bist, dass du tatsächlich etwas erschaffen hast, verstehst du meistens nicht, auf welche Weise du es getan hast. Du willst bestimmte Dinge gar nicht erschaffen, tust es aber trotzdem. Das nennen wir unbeabsichtigtes Erschaffen. Aber in jedem Fall, ob nun absichtlich oder unabsichtlich, ob nun bewusst oder unbewusst, ob mit der klaren Absicht oder ohne die geringste Ahnung, wie das gehen soll, du bist immer derjenige, der alle Erfahrungen deines Lebens anzieht und erschafft.

Die meisten Menschen unterliegen einigen großen Missverständnissen. Eines davon lautet, dass man alles, was man bekommt, nur dadurch bekommt, dass man etwas tut. Die meisten Menschen glauben, dass man nur durch Handeln etwas erreichen kann. Das stimmt aber nicht. Den größten

Teil eures Lebens bringt ihr damit zu, Buschfeuer auszutrampeln, die ihr selbst unabsichtlich gelegt habt. Das soll heißen: Die meisten eurer Handlungen dienen dazu, das zu kompensieren, was ihr durch falsches Denken und Fühlen im Negativen erschaffen habt. So sind eure Krankenhäuser beispielsweise bis zum Bersten mit jenen Menschen gefüllt, die die Fehler früheren falschen Denkens wieder gutzumachen versuchen.

Die Dinge, die zu dir kommen, die Umstände, die zu dir kommen, die Beziehungen, die zu dir kommen, ja alles, woraus dein Leben besteht, kommt zu dir aus einem einzigen Grund: nicht durch die Macht deiner Taten, sondern aufgrund der Macht deiner Gedanken und Gefühle. Jeder Gedanke erzeugt ein Gefühl, das dir anzeigt, was du gerade anziehst.

Während eines besonders heißen Sommers stand unsere Freundin Esther, durch die wir sprechen, vor ihrem Haus im Garten und sah, wie sehr der Rasen und die Bäume unter der Hitze litten. Mit einer sehr positiv klingenden Stimme sagte sie die folgenden sehr positiven Worte: »Abraham, ich möchte, dass es regnet!« Wir sagten: »Und aus dieser Position des Mangels heraus willst du Regen anziehen?« Esther war verblüfft und fragte: »Was mache ich denn falsch?« »Warum willst du Regen?«, fragten wir zurück. »Ich will Regen, weil er den Rasen grün macht. Ich will Regen, weil er die Bäume erfrischt. Ich will Regen, weil er all den kleinen Tieren genügend Trinkwasser gibt, so dass sie nicht mehr nur vom Vogelbad im Garten abhängig sind. Ich will Regen, weil er die Lufttemperatur senkt, weil er sich so schön auf meiner Haut anfühlt, und weil wir uns dann alle besser fühlen würden.« »Nun ziehst du Regen an«, antworteten wir.

Wann denkst du meistens an deine Gesundheit? Wenn du krank bist! Wann denkst du meistens ans Geld? Wenn du nicht genug hast! Wann denkst du meistens an den perfekten Partner? Wenn du einsam bist! Und aus dieser Position des Mangels heraus glaubst du zu bekommen, wonach du dich sehnst? Weit gefehlt! Du ziehst nur noch mehr von dem an, was du nicht hast.

Du kannst nicht das eine fühlen und das andere denken oder sagen und dann noch erwarten, dass du das bekommst, was du denkst oder sagst, denn deine Gefühle bestimmen, was du anziehst. Du kannst dein breitestes Lächeln aufsetzen, aber das zählt nicht. Was zählt, ist das, was du in deinem Herzen fühlst. Wenn du dich fett fühlst, kannst du nicht Schlankheit anziehen. Wenn du dich arm fühlst, kannst du keinen Reichtum anziehen. Wenn du dich einsam fühlst, kannst du keinen Gefährten anziehen. Das würde gegen das Gesetz verstoßen. Gegen welches Gesetz? Gegen das Gesetz der Anziehung, das besagt: Gleiches zieht Gleiches an.

Man hat uns gefragt, ob wir durch Esther auch in einer anderen Sprache wie Italienisch oder Französisch sprechen könnten. Wir haben geantwortet, dass wir in keiner Sprache sprechen. Wir senden reine Gedankenenergie aus und Esther übersetzt diese Impulse auf unbewusster Ebene. Wir senden Gedankenimpulse aus wie alle materiellen und geistigen Wesen es tun. Das ist die »Sprache« der Tiere und die aller Wesen in allen materiellen und geistigen Dimensionen.

Bevor du das anziehen kannst, was du willst, musst du ändern, wie du dich fühlst. Du musst dich erst gut fühlen, bevor du Gutes anziehen kannst. Du sendest ständig Botschaften an das Universum aus, aber nicht durch deine Worte, sondern durch deine Gefühle. Natürlich werden deine Gefühle durch die Wahl deiner Gedanken bestimmt. Aber wie du dich fühlst, ist deine wahre Botschaft an das Universum, und es sind deine Gefühle, die eine magnetische Anziehungskraft haben. Gleiches zieht eben Gleiches an.

Viele von euch sind verwirrt, wenn wir davon sprechen, dass ihr die Schöpfer eurer Erfahrungen seid und das bekommt, an das ihr denkt, weil ihr glaubt, ihr sendet eine Botschaft durch eure Gedanken und Worte, obwohl ihr doch in Wirklichkeit eine ganz andere Botschaft sendet. Esther dachte, sie würde Regen durch ihre positiven Worte und ihre positiv klingende Stimme anziehen, aber aufgrund ihrer Position des Mangels zog sie nur noch mehr Mangel an. Es ist unumgänglich, dass du das Gefühl des Mangels und der Negativität in ein Gefühl des Überflusses und der Positivität verwandelst, bevor du das anziehen kannst, was du anziehen willst.

Der Hauptgrund, aus dem du nicht das Leben lebst, das du dir wünscht, ist der, dass sich deine Worte und deine Gefühle nicht in Harmonie befinden. Aber das Universum reagiert nur, wenn diese Harmonie da ist. Wenn du an etwas denkst, was du nicht willst – zum Beispiel an Krebs –, und dabei das negative Gefühl spürst, das du »Angst« nennst, dann hast du Harmonie – und der Krebs ist auf dem Weg zu dir. Wenn du an etwas denkst, was du willst – zum Beispiel vollkommene Gesundheit –, und das positive Gefühl verspürst, das du »Freude« nennst, dann hast du Harmonie – und vollkommene Gesundheit ist auf dem Weg zu dir.

Es ist nicht möglich, ein negatives Gefühl zu verspüren und gleichzeitig in Harmonie mit dem zu sein, was du für gut hältst. Wann immer du ein negatives Gefühl verspürst, sendest du in diesem Augenblick einen Impuls an das Universum, mit dem du darum bittest, dass dir das gegeben werden möge, was du nicht willst, oder dass dir das nicht gegeben werden möge, was du willst. Es ist daher wichtig, dass du gegenüber deinen Gefühlen aufmerksamer wirst, damit du mitbekommst, wenn du etwas anziehst, was du nicht willst, und sofort damit aufhören kannst, dies zu tun.

Wenn du glücklich bist,
vermehrst du das Glück der Welt.

Kapitel 20

Werden in Freude

Du musst lernen, dein negatives Anziehungsfeld in ein positives umzuwandeln. Sobald du ein negatives Gefühl verspürst, erkenne, dass deine innere Führung dir zwei sehr wichtige Dinge mitteilt. Erstens: Es gibt etwas, das du willst. Sonst würdest du gar nichts fühlen. Zweitens: Du schaust nicht in die Richtung dessen, was du willst, sondern in die entgegengesetzte Richtung.

Wenn du das erkannt hast, sage zu dir selbst: »Es gibt irgendetwas Wichtiges, das ich will, aber ich schaue es mir nicht an. Was will ich eigentlich?« Dann kannst du weiter fragen: »Warum will ich es?« Wenn du darüber nachdenkst, was du willst und warum du es willst, stelle dir vor, du hättest es bereits. Stelle dir so lange vor, es bereits zu haben, es bereits zu tun oder es bereits zu sein, bis du ein positives Gefühl verspürst.

Je mehr du das übst, desto leichter wird es dir fallen und je schneller wird dir die Umwandlung gelingen. Du wirst wissen, dass es dir gelungen ist, Negatives in Positives umzuwandeln, wenn du dich besser fühlst. Wenn du deinen eigenen Gefühlen gegenüber sehr aufmerksam bist, wirst du Hunderte oder gar Tausende Mal am Tag Gelegenheit haben, die Umwandlung zu üben. Aber es werden nicht Hunderte oder Tausende von Dingen sein, die du willst. Du wirst entdecken, dass es im Grunde nur um ganz wenige Dinge geht: um Freiheit, Wachstum, Freude und Glück.

Durch die Umwandlung wird Folgendes erreicht: Erstens – und das ist am wichtigsten – wird sie dazu führen, dass du ständig positive Gefühle verspürst. Das wiederum führt dazu, dass du ununterbrochen das anziehst, was du für gut hältst. Wenn du dir zweitens deiner Gefühle bewusst bist, gestattest du deiner inneren Führung dir zu zeigen, was dir überhaupt wichtig ist. Drittens wirst du mit jeder Umwandlung mehr Klarheit darüber gewinnen, was du überhaupt willst, und dich ihm immer mehr annähern.

Viele Leute missverstehen, was wir mit Umwandlung meinen. Sie glauben, wir sagen: Wenn du etwas falsch findest, dann nenn es einfach richtig. Oder wenn du etwas Weißes siehst, nenn es einfach Schwarz. Das ist aber nicht, was wir sagen.

Umwandeln ist ein Prozess, der dir hilft herauszufinden, was dir am wichtigsten ist.

Umwandeln ist ein Prozess, der es dir ermöglicht, stets nur das anzuziehen, was du auch anziehen möchtest.

Umwandeln ist ein Prozess, durch den du die Informationen deines Lebens verarbeitest und herausfindest, welches gegenwärtig deine dominanten Absichten sind.

Umwandeln ist ein Prozess, der es dir ermöglicht zu erkennen, dass du in dem Augenblick, in dem du negative Gefühle verspürst, genau das anziehst, was du für schlecht hältst, und dann ganz bewusst die Entscheidung zu treffen, das negative Anziehungsfeld in ein positives umzuwandeln.

Umwandeln ist ein Prozess, der dir anhand deiner negativen Gefühle zeigt, dass du die geistige Energie des Universums auf das richtest, was du nicht willst, oder auf das Fehlen dessen, was du willst.

Umwandeln ist ein Prozess, der es dir ermöglicht, verstreute Energien, die im Gegensatz zu dem stehen, was du willst, zu bündeln und sie in die gewünschte Richtung auszusenden.

Umwandeln ist ein Prozess, der die Richtung deines Erschaffens ändert, oder genauer gesagt, die Richtung deines Anziehens.

Umwandeln ist schließlich ein Prozess, der dich in Harmonie mit deinen wahren Absichten bringt.

Erfolgreiches Umwandeln ist der Schlüssel zu dem glücklichen, produktiven Leben, das du vor deiner Geburt beabsichtigt hattest.

Wie oft werden wir gefragt: »Warum bin ich hier?« Viele Menschen verstehen nicht, warum sie existieren, und erhalten auf ihre Frage meistens Antworten, die von: »Du bist hier, um dich einer Prüfung zu unterziehen, um zu sehen, ob du würdig bist, in den Himmel zu kommen« bis zu: »Du bist eine zufällig zu Stande gekommene Anhäufung von Materie.«

Wir möchten dir eine andere Erklärung geben: Du bist ein Schöpfer! Nicht ein Sammler von Dingen oder Beziehungen und auch nicht ein Wiederkäuer von Erfahrungen, die andere gemacht haben. Du hast dir diese Raumzeit sehr bewusst ausgesucht, um die universellen Gesetze umzusetzen. Du wolltest hier während dieser Zeit in diesem Körper auf Erden sein, um voller Freude zu erschaffen.

So wie ein Bildhauer oder Maler seine Erfüllung nicht nur im fertigen Werk findet, sondern vor allem im Schöpfungsprozess selbst, so bist auch du aus reiner Freude am

Erschaffen gekommen. Du wolltest auf der Leinwand des Universums das Kunstwerk erschaffen, das du gegenwärtig dein Leben nennst.

Die meisten Menschen haben nicht die geringste Ahnung, dass sie ihre Erfahrungen selbst erschaffen. Sie folgen denen, die vor ihnen kamen, und schieben die Verantwortung für ihr Leben auf andere Menschen, Institutionen oder den Staat ab. Aber immer mehr Menschen werden sich zunehmend bewusst, dass sie durch ihre Einstellung Einfluss auf ihr Leben nehmen können, und ein kleiner Teil von ihnen bemüht sich bereits darum herauszufinden, wie die Kontrolle über das Leben zu erlangen ist. Für diese Menschen schreiben wir dieses Buch. Und wenn du einer dieser Menschen bist, dann schreiben wir dieses Buch für dich.

Uns ist aufgefallen, dass diejenigen, die ihr Leben bewusster gestalten wollen, ein gemeinsames Merkmal haben. Sie neigen dazu, sich die Zukunft in rosigeren Tönen als die Gegenwart vorzustellen. »Wenn ich erst einmal einen besseren Job habe, dann wird alles besser.« »Wenn ich die wahre Liebe finde, werde ich glücklich sein.« »Wenn ich die überflüssigen Pfunde endlich loswerde, wird es mir bestimmt viel besser gehen.« Zwar freuen wir uns darüber, dass sie sich eine glücklichere Zukunft vorstellen, aber dennoch müssen wir sagen, dass sie noch nicht verstehen, worum es eigentlich geht.

Du bist hier, um Augenblick für Augenblick, Tag für Tag einen Zustand der Glückseligkeit zu erlangen. Wenn du von deinem gegenwärtigen Standpunkt aus betrachtest, wo du in der Zukunft sein möchtest, dann konzentrierst du dich zwangsläufig auf das, was dir jetzt fehlt. Und wenn du deine Gegenwart mit der glorreichen Zukunft vergleichst, spürst du den Schmerz, dass die Gegenwart nicht so ist wie die Zukunft sein könnte. Und solange du deine Gegenwart als Zustand des Mangels siehst, wirst du sie nicht verändern können.

Versuche das Konzept des Werdens zu verstehen. Du machst dich nicht deshalb auf die Reise zu mehr Glück oder Erfolg, weil du jetzt unglücklich oder unerfüllt bist. Du bist ein freies, glückliches, ständig wachsendes Wesen, das sich auf dem Weg des Erschaffens befindet. Du befindest dich unablässig in einem Zustand des Werdens in Freude.

Wenn du verstehst, dass du ein Magnet bist und das anziehst, was du fühlst, dann wirst du vielleicht auch das Konzept des Werdens in Freude verstehen können. Ganz gleich, wie sehr du etwas willst, und ganz gleich, wie sehr du daran glaubst, dass du es haben kannst, du musst verstehen, dass du, wenn du dich jetzt in deiner Gegenwart auf den Mangel daran konzentrierst, weiterhin den Mangel anziehst und auf ewig in dieser Position des Mangels stecken bleiben wirst. Wenn du aber den Weg zu dem, was du willst, genießt, und dich auf das freust, was gegenwärtig noch nicht Teil deines Lebens ist, dann befindest du dich in einem Zustand freudigen Werdens. Du wirst nicht nur die Zeitspanne zwischen dem Im-Moment-Noch-Nicht-Haben und dem In-Der-Zukunft-Haben verkürzen, sondern jeden Schritt auf dem Weg und jeden Augenblick deines Lebens genießen. Und wie der inspirierte Bildhauer oder Maler wirst du voller Begeisterung und Leidenschaft an der praktischen Erschaffung deines Lebens arbeiten.

Du bist hier auf Erden, weil du ein Schöpfer bist und weil es deine Leidenschaft ist zu erschaffen. Freudvolles Erschaffen heißt aber nicht, sich ein Ziel zu setzen, es zu erreichen, dann ein neues Ziel zu setzen und so weiter. Freudvolles Erschaffen heißt ständig zu erkennen, welche Erfahrungen du machen möchtest und deinen geistigen Fokus ununterbrochen darauf auszurichten. Wenn deine Gegenwart tatsächlich von der freudigen Erwartung glücklicherer Lebensumstände erfüllt wäre, wäre es unmöglich, weniger glückliche Umstände anzuziehen. Aber wenn du dir eine glücklichere Zukunft wünscht, weil du mit deiner Gegenwart unzufrieden bist, dann wirst du mehr von dem anziehen, was dich in deiner Gegenwart stört.

99 Prozent deiner Schöpfungen sind vollständig, bevor du den materiellen Beweis dafür in Händen hältst. Aber die meisten Menschen sind so beweis- und ergebnisorientiert, dass sie die Bewegung hin zur Verwirklichung nicht spüren können. Und so sehen sie nur die Abwesenheit von greifbaren Beweisen, machen sich unnütz Sorgen, leiden unter dem Fehlen dessen, was sie wollen und schieben auf diese Weise dessen Verwirklichung weiter und weiter hinaus. Ein Bauer, der Getreide aussät, versteht, dass der Schöpfungsprozess in Gang gesetzt ist, bevor er sichtbare Beweise dafür hat. Er geht nicht auf das frisch gepflügte Feld, um auf den Samen herumzutrampeln und sie anzubrüllen, gefälligst schneller zu wachsen. Stattdessen erlaubt er dem Gang der Dinge seinen natürlichen Lauf.

Auch du hast viele wunderbare Samen gesät, aber in deiner Ungeduld und aufgrund deines Unverständnisses der Schöpfungsgesetze hast du dich auf den Mangel an sichtbaren Ergebnissen konzentriert und dadurch jeden Samen zertrampelt.

Also, was meinst du? Wie viel von dem, was du bekommst, hängt wohl von dir ab? Die Antwort: Alles.

Wie viele deiner Lebensumstände sind das Ergebnis deiner Entscheidungen? Alle.

Wie viele Menschen, die Teil deines Lebens sind, hast du angezogen? Alle.

Wie viel von deinem Leben kontrollierst du? 100 Prozent.

Wie viele andere Menschen erschaffen etwas in deiner Wirklichkeit? Kein einziger.

Wie viele andere Menschen tragen Verantwortung für das, was du erlebst? Kein einziger.

Welche Rolle spielt Glück oder Zufall in deinem Leben? Überhaupt keine.

Wer ist der einzige und alleinige Schöpfer deiner Wirklichkeit? Du.

Wenn du leidest,
vermehrst du das Leiden der Welt.

Kapitel 21

Beeinflussung durch andere Menschen

Welche Rolle spielen andere Menschen in deinem Leben? Und welche Rolle spielst du im Leben anderer?

Du hast dich für diese Dimension, für diese Raumzeit entschieden, weil du mit anderen Menschen zusammenarbeiten wolltest. Von deiner höheren Warte aus hast du erkannt, welchen Wert es hat, vielen verschiedenen Einflüssen ausgesetzt zu sein. Du wusstest um die Macht der Gedanken und dir gefiel die Idee, in einer Umgebung zu leben, in der unzählige Gedanken umherschwirren, weil du wusstest, dass dein Wachstum dadurch positiv beeinflusst werden würde. So wie du heute einen Kleider- oder Plattenladen mit großer Auswahl einem mit kleinerer Auswahl vorziehst, so hast du dir damals eine Umgebung mit einer großen Auswahl an den unterschiedlichsten Absichten, Erwartungen, Überzeugungen und Erfahrungen ausgesucht.

Erinnere dich, dass du die irdische Ebene nicht als unwissender Anfänger betreten hast. Selbst als Kind warst du niemals unwissend. Du kamst auf die Erde als bewusster Schöpfer, der mit neuen Materialien und neuen Intentionen experimentieren, neue Horizonte erschließen, neue Ideen erproben und neue Triumphe erleben wollte.

Gedanken sind überall. Ununterbrochen erreichen dich Gedanken, die von anderen Wesen von nah und fern ausgesendet wurden. Wenn du einen Gedanken empfängst, reagiert dein inneres Wesen darauf mit einem Gefühl, und immer wenn du fühlst, strahlst du eine bestimmte Schwingung aus. Mit anderen Worten: Wenn du mit einem Gefühl auf einen empfangenen Gedanken reagierst, fügst du diesem Gedanken deine Macht hinzu.

Wenn ein Gedanke, der dich erreicht, nicht in Harmonie mit dem ist, was du willst – was sich als negatives Gefühl zeigt –, *muss* er dich nicht zwangsläufig beeinflussen. Er wird dich dann nicht beeinflussen oder deine Erfahrung in irgendeiner Weise verändern, wenn du das Warnsignal des negativen Gefühls sofort erkennst, deine Gedanken umwandelst und bewusst an etwas denkst, was du willst. Denkst du aber nicht bewusst an das, was du willst, sondern an den disharmonischen Gedanken, den du empfangen hast, dann hat dich dieser Gedanke bereits beeinflusst und du hast ihm deine Macht hinzugefügt und ihn so noch stärker gemacht.

Ein Beispiel: Nehmen wir an, es ist früh am Morgen, du putzt dir gerade die Zähne und hörst im Radio Nachrichten. Der Sprecher berichtet von der schrecklichen Weltlage und sagt gerade etwas über ein Bombenattentat irgendwo in einem anderen Teil der Welt, das viele Tote gefordert hat. Wenn du diese Worte hörst, die absolut nicht in Harmonie mit deinen Wünschen sind, spürst du im selben Augenblick das Warnsignal deines inneren Wesens in Form eines negativen Gefühls. Das ist nichts weiter als ein Hinweis darauf, dass du deine Konzentration im Augenblick auf etwas gerichtet hast, das absolut nicht in deinem Interesse ist. Wenn du weiterhin in diese Richtung denkst, wirst du aufgrund des Gesetzes der Anziehung noch stärker davon beeinflusst werden und deinen eigenen Einfluss – deine eigene Macht – hinzufügen. Mit anderen Worten: Indem du deine Aufmerksamkeit auf die negative Situation richtest, beeinflusst du sie und machst sie durch deine Gedanken und Gefühle noch negativer.

Erkenne, dass jedes negative Gefühl zweierlei bedeutet: Erstens sagt dir dein inneres Wesen, dass es etwas gibt, das dir sehr wichtig ist. Und zweitens sagt es dir, dass du in die entgegengesetzte Richtung von dem denkst, was du eigentlich willst. Du solltest dich fragen, was du überhaupt willst. Sobald du das weißt, solltest du weiter fragen, warum du das willst. Wenn du daran denkst, was du willst und warum du es willst, wirst du spüren, wie das negative Gefühl nachlässt und durch ein positives Gefühl ersetzt wird. Du hast die Umwandlung geschafft, weil du deinen geistigen Fokus, dein Gefühl und deine Macht – und damit deinen Einfluss – von dem zurückgezogen hast, was du nicht willst, und auf das gerichtet hast, was du willst.

Deinen Einfluss auf die schöpferische Tätigkeit eines anderen und den Einfluss anderer auf deine schöpferische Tätigkeit nennen wir Beeinflussung. Zwar kannst du nicht in der Wirklichkeit eines anderen erschaffen und niemand kann in deiner etwas erschaffen, aber ihr alle beeinflusst euch ständig gegenseitig. Die meisten Menschen sind sich wohl bewusst, dass sie ständig beeinflusst werden, aber sie verstehen nicht, was dabei eigentlich vor sich geht. Statt von Einflüssen zu profitieren, die ihr Leben bereichern, wehren sich die meisten Menschen dagegen, überhaupt beeinflusst zu werden. Du musst die Gesetze der Schöpfung gründlich verstehen, bevor du bewusst mit den gewaltigen Einflüssen, denen du ständig ausgesetzt bist, umgehen und von ihnen profitieren kannst. Tatsächlich hast du dich für diese Dimension entschieden, weil du von den vielen verschiedenen Einflüssen, die es in ihr gibt, profitieren wolltest.

Du wusstest vor deiner Geburt, wie machtvoll Gedanken sind. Du wusstest, welch gewaltige Macht kollektive Gedanken haben, die sich in Harmonie miteinander befinden. Du wusstest, dass nicht alle Gedanken mit deinen eigenen Absichten und Wünschen übereinstimmen würden. Du wusstest, dass du dennoch von den kollektiven Gedanken profitieren würdest, wenn du die Richtung deiner eigenen Gedanken und Gefühle kontrollieren könntest. Die meisten Menschen machen sich ständig Sorgen, wie sie sich gegen fremde Gedanken, Überzeugungen, Lebensweisen oder Einflüsse abschotten können, und kommen nicht einmal auf die Idee, dass sie ja auch davon profitieren könnten, wenn sie Gedanken anziehen, die in Harmonie mit ihren eigenen sind.

Stelle dir einmal ein Vergrößerungsglas vor, das diffuses Licht zu einem einzigen Strahl bündeln kann, der so konzentriert ist, dass er Papier entzünden kann, wenn er lange genug darauf gerichtet ist. Auch dich selbst könnte man mit einem Vergrößerungsglas vergleichen, weil du ein gewaltiges Spektrum an Wissen und Erfahrungen aus früheren Leben in deiner jetzigen Erfahrung bündelst. Weil du dein gewaltiges Wissen auf deine jetzige Situation konzentrierst, bist du äußerst mächtig.

Deine materielle Welt – also alles, was du sehen oder anderweitig wahrnehmen kannst, wozu auch du und alle anderen physischen Wesen gehören –, wird von einer geistigen Energie getragen und erhalten. Ohne diese geistige Energie würden weder du noch deine Welt existieren. Wir nennen diese Energie, die euch ständig zufließt, die Schöpferkraft. Man könnte sie mit der elektrischen Energie vergleichen, die in den Wänden eurer Häuser fließt. Ihr alle zapft diese Elektrizität an, indem ihr verschiedene elektrische Geräte anschließt und anschaltet und sie zu verschiedenen Zwecken gebraucht. Alle materiellen Wesen sind – wenn man so will – ständig an die geistige Energie angeschlossen. Ihr gebraucht sie nicht, indem ihr irgendwelche Geräte damit betreibt, sondern indem ihr der Schöpferkraft durch eure Gedanken eine Form gebt. Mittels deiner Gedanken formst du ununterbrochen den Strom der geistigen Energie zu deinen eigenen Zwecken. Und diese Zwecke sind nichts anderes als das Leben, das du gegenwärtig lebst. Es ist nicht schwer, herauszufinden, zu welchen Zwecken du die Schöpferkraft eingesetzt oder welche Form du ihr gegeben hast, denn du lebst das Ergebnis. Wie du jetzt lebst, ist das Ergebnis dessen, wie du mit dem steten Strom geistiger Energie umgegangen bist.

Wenn du den Strom geistiger Energie empfängst und ihn auf einen klaren, eindeutigen, nicht angezweifelten Gedanken konzentrierst, wirst du das materielle Resultat dieses Gedankens schnell erhalten. Wenn du aber einen Gedanken denkst, ihn gleich wieder in Frage stellst, anzweifelst oder dir um seine Verwirklichung Sorgen machst, dann schickst du nur einen Teil der Energie in diese Richtung und einen anderen Teil in die entgegengesetzte. So wird der Gedanke neutralisiert. Dieses Aufsplittern deiner Energie gibt dir das Gefühl, stillzustehen und nicht voranzukommen – was vollkommen zutreffend ist.

Es ist aber durchaus wichtig, die Gedanken sorgfältig abzuwägen, denn dadurch erhältst du die Möglichkeit, Umstände, Ideen und Überzeugungen zu überprüfen, bevor du eine Entscheidung triffst. Es ist durchaus von Vorteil, dass du nicht jeden Gedanken sofort in die Tat umsetzt und dass du Ansichten und Überzeugungen hast, die den Reiz des Neuen etwas abmildern. Manche unserer physischen Freunde haben gemerkt, dass ihre alten Überzeugungen ihre neuen Wünsche oftmals neutralisieren und möchten am liebsten alle alten Ansichten und Überzeugungen völlig über Bord werfen. Aber das ist weder eine gute Idee noch ist es durchführbar, denn die Überzeugungen, die du gegenwärtig hast, bilden das Fundament, auf dem du deine Wirklichkeit aufbaust. Ohne sie würdest du von einem neuen Gedanken stimuliert werden und sofort loslegen. Es würde jemand zu dir sagen: »Ich habe gehört, dass es eine ganz tolle Erfahrung sein soll, aus dem zwanzigsten Stockwerk zu springen«, und du würdest sofort springen.

Deine Aufgabe als physisches Wesen, das in einem perfekt ausbalancierten Universum lebt, besteht darin, neue Impulse ständig gegen deine aufgrund früherer Erfahrungen gewonnenen Überzeugungen abzuwägen und dann zu entscheiden, was du willst. Dann erst ist es deine Aufgabe, deine Gedanken in dieser – und nur dieser – Richtung zu konzentrieren.

Wenn du denkst, dann fühlst du.
Und wenn du fühlst, dann sendest du etwas aus.
Und wenn du etwas aussendest,
dann beeinflusst du.

Kapitel 22

Dein wahres Gleichgewicht

Du bist mit ein paar sehr wichtigen, gut durchdachten Intentionen in deinen physischen Körper gekommen. Du wolltest wachsen und du hast dich für diese Raumzeit entschieden, weil sie dein Wachstum immens beschleunigen kann. Du wolltest frei sein und du hast deine absolute Freiheit genutzt, indem du einen Strom gebündelter, zielgerichteter Energie ausgesendet hast, was dazu führte, dass du dich in dieser Dimension verkörpern konntest. Und du wolltest Freude, Glück und Zufriedenheit. Diese drei Intentionen – in Freude zu wachsen und frei zu sein – bilden die Grundlage aller Wünsche und Absichten, die du vor deiner Geburt hattest. Wenn du diese drei Intentionen jetzt in diesem Leben ständig ins Gleichgewicht bringst, wirst du nicht nur ein fantastisches Leben haben, sondern auch die ursprünglichen Intentionen deines inneres Wesens erfüllen.

Die meisten Menschen trauen sich selbst nicht zu, die richtigen Entscheidungen für ihr Leben zu treffen, und delegieren diese Aufgabe daher lieber an andere, angeblich weisere und mächtigere Menschen. Sollen die doch die Entscheidung über richtig und falsch treffen, sagen sie sich und geben sich damit zufrieden, den von anderen Menschen aufgestellten Regeln zu folgen. Aber nur sehr wenige von euch hat diese Einstellung wirklich glücklich gemacht, da es zum Thema »Richtig oder Falsch« so viele unterschiedliche Meinungen gibt. Solange jemand wohlbehütet in der Familie oder in einem kleinen Dorf lebt, wo die Ideen nicht groß auseinander gehen, entsteht nicht allzu viel Verwirrung. Aber angesichts der heutigen Globalisierung der Informationen wird ziemlich schnell klar, dass es niemals dazu kommen wird, dass sich alle Menschen einig sind oder auch nur verstehen, was der jeweils andere will oder woran er glaubt. Wenn sie das erkannt haben, dann geben die meisten Menschen einfach auf und ziehen sich in ihre kuschelige Ecke zurück. Andere werden aktiv und versuchen, die Welt zu verändern, indem sie mehr Menschen davon zu überzeugen versuchen, dass ihr Weg der richtige ist. Manche gehen sogar so weit, alle Menschen, die andere Meinungen oder einen anderen Glauben haben, umzubringen.

Wir wollen dir zeigen, dass weder dein Glück, noch dein Wachstum oder deine Freiheit von den Entscheidungen anderer Menschen abhängen. Wir möchten dir helfen, das Gefühl der Freiheit wieder zu erlangen, das du hattest, als du dich zur Verkörperung entschlossen hast. Wir möchten in dir die Überzeugung wecken, dass du nicht andere Menschen kontrollieren musst, um selbst ein besseres Leben zu haben, sondern dass du in dir selbst das Gleichgewicht zwischen Freiheit, Wachstum und Freude finden kannst. Dann werden andere möglicherweise durch dein Beispiel inspiriert sein, ihr eigenes inneres Gleichgewicht zu entdecken.

Ihr Menschen geht immer davon aus, dass es eure Taten sind, die etwas bewirken. Folglich konzentriert ihr euch immer darauf, etwas zu tun. Schließlich hat man euch beigebracht, dass ohne Arbeit nichts geht, dass man etwas tun muss, um etwas zu sein, und dass diejenigen den größten Erfolg haben, die am meisten tun. Ihr stopft eure Tage bis zum Bersten voll mit Tätigkeiten. So voll, dass ihr keinen Platz mehr zum Atmen habt. So voll, dass ihr euch weder frei noch glücklich fühlt. Solange du dein Hauptaugenmerk auf das Tun richtest, arbeitest du gegen dich selbst, gegen dein Sein. Du mühst dich so sehr ab, dass du ständig erschöpft, müde und überfordert bist. Und aufgrund dieser negativen Gefühle sendest du eine Botschaft ans Universum, die das Gegenteil von dem ist, was du eigentlich möchtest. Aber das Gesetz der Anziehung sorgt dafür, dass du immer genau das bekommst, was du aussendest.

Auch Esther fühlte sich wieder einmal überfordert. Jerry und sie waren von einer Reise zurückgekommen und nun war der Briefkasten bis zum Bersten voll und der Anrufbeantworter blinkte wie verrückt. Esther war völlig verzweifelt und aus ihrer tiefen Verzweiflung heraus fragte sie uns: »Oh Abraham, was soll ich bloß machen?« Und wir antworteten: »Oh Esther, du verhältst dich mal wieder typisch menschlich. Immer fragst du, was du machen sollst. Wie möchtest du dich denn fühlen?« Sie sagte: »Ich möchte frei und glücklich sein, aber wie kann ich mich denn frei und glücklich fühlen, wenn ich so viel zu tun habe?« Daraufhin wir: »Wieder typisch Mensch. Du erzählst uns, was du nicht willst, obwohl wir dich doch gefragt haben, was du willst.« Nun klingelte es bei ihr. Sie lachte: »Ich möchte frei und glücklich sein.« »Gut, nun denke eine Weile nur daran.«

Esther setzte sich hin, schloss die Augen und stellte sich vor, dass sie mit Jerry auf der Veranda sitzt, Eistee trinkt und Eichhörnchen beobachtet. Und sofort fühlte sie sich besser. Wir sagten: »Was möchtest du haben?« »Ich möchte ein sauberes, effizient organisiertes Haus und Büro haben«, antwortete Esther wie aus der Pistole geschossen. »Gut!«, sagten wir, »denke ein paar Tage lang nur daran. Aber tu nicht gleich etwas, denke lieber daran, wie du dich fühlen und was du haben möchtest.«

Innerhalb weniger Tage flogen Esther die Ideen nur so zu. »Das kann dorthin, das hierhin. Das kann ich delegieren, das kann ich ganz wegschmeißen.« Sie lief energiegeladen im Haus herum. Nun räumte sie nicht mehr mit einer negativen Grundstimmung auf, sondern voller Begeisterung. Sie war durch ihren positiven Wunsch inspiriert worden, statt durch ihre Frustration.

Eine schreckliche Reise kann kein glückliches Ende haben. Du musst von innen heraus erschaffen, du musst erst sein, damit du haben kannst. Dann wird sich das Tun von selbst ergeben. Wenn du das beherzigst, wirst du dein inneres Gleichgewicht finden, statt wie die meisten Menschen sofort aus Frustration in blinden Aktionismus zu verfallen, nur um dadurch noch mehr frustriert zu werden, dann zu handeln, um die neue Frustration zu beheben, von Neuem frustriert zu werden und so weiter. Wenn du dein inneres Gleichgewicht findest und aufrechterhältst, dann wird dich alles, womit du in Kontakt kommst, positiv berühren. Wenn du dich nicht im Gleichgewicht befindest, dann kann dich nichts positiv berühren und du findest wenig Freude und Befriedigung an den Dingen, die du tust.

Denke noch einmal an die drei großen Intentionen: Freiheit, Wachstum und Freude. Wenn du all deine Aktivitäten unter diesen drei Gesichtspunkten betrachtest, alle deine Entscheidungen daran ausrichtest und dann handelst, um Freiheit, Freude und Wachstum zu fühlen, dann wirst du in allem, was du tust, Harmonie finden. Das nennen wir »von innen heraus erschaffen«.

Wenn ein Kunstturner auf dem Schwebebalken sein Gleichgewicht verliert, dann versucht er nicht, es durch einen Salto vorwärts wiederzugewinnen. Stattdessen hält er inne, macht einen Schritt zurück und findet so sein Gleichgewicht wieder. Und dann erst geht er weiter. Wenn du spürst, dass du dein inneres Gleichgewicht verloren hast – was sich ohne weiteres an deinen negativen Gefühlen erkennen lässt –, dann wirst du es nicht wieder erlangen, indem du in der falschen Richtung weiter gehst. Du musst einen Schritt zurück machen und erst dein Gleichgewicht wiederfinden, bevor du weitergehen kannst. Wenn du dich schlecht fühlst und lediglich darüber nachdenkst, was das schlechte Gefühl verursacht hat, dann wirst du nur noch mehr von dem anziehen, was du nicht willst. Aber wenn du dich geistig von den konkreten Umständen löst und etwas Abstand gewinnst, wirst du in dir den Punkt des perfekten Gleichgewichts finden. Von diesem Punkt an kannst du wieder vorwärts gehen. Denn nun wird das Gesetz der Anziehung dir das bringen, was du willst.

Esther hatte einmal einen sehr aufschlussreichen Traum. Sie träumte, dass Jerry und sie eine ganz normale, langweilig wirkende Straße hinuntergingen. Plötzlich sah sie ein Haus, vor dem ein »Zu verkaufen«-Schild hing. Obwohl sie sich langweilte, eigentlich gar kein Interesse an dem Haus hatte und sich von der trostlosen Umgebung eher abgestoßen fühlte, ging sie mit Jerry hinein. Als sie über die Türschwelle gingen, betraten sie den schönsten Raum, den sie je gesehen hatten. Die Decke war hoch und abgerundet und mit wunderschönen Mustern verziert. Die großen, runden Türflügel waren fein geschnitzt und bemalt. Die Böden waren teils mit Parkett ausgelegt, teils mit herrlichen Edelsteinen. Esther war völlig verzaubert von der Schönheit des Hauses und sagte zu Jerry: »Das will ich haben.« Er stimmte zu und sie kauften das Haus. Dann ging alles sehr schnell. Esther und Jerry bestellten einen Umzugswagen, der all ihre Möbel zum neuen Haus bringen sollte. Aber plötzlich dämmerte es Esther, dass irgendetwas nicht stimmte. »Das Haus ist in einer Stadt, in der ich nicht leben möchte. Das Haus ist innen wunderschön, aber sonst ist einfach alles falsch.«

Esthers Traum symbolisiert die Situation, in der sich viele von euch befinden. Ihr trefft häufig überhastete Entscheidungen, die nur eure oberflächlichsten Interessen befriedigen und euren eigentlichen Intentionen entgegengesetzt sind. Aus der Position eines Mangels heraus seht ihr etwas, das diesen Mangel beheben soll. Zwar befriedigt es euch eine Weile, wenn ihr es habt, aber oft steht es der Erfüllung eurer tieferen Wünsche im Weg. Betrachte alle deine Wünsche unter dem Gesichtspunkt von »Sein, Haben und Tun« und »Freiheit, Wachstum und Freude«, dann wirst du nie wieder nur deine oberflächlichen Wünsche befriedigen.

Alles-Was-Ist existiert nicht in einem Zustand der Vollkommenheit. Gott wartet nicht darauf, dass du endlich zu Ihm kommst, sondern erfreut sich an deinem Leben. Denn indem du lebst, denkst und fühlst, bereicherst du Ihn und Alles-Was-Ist.

Kapitel 23

Das Gesetz der Anziehung

Wir wissen, dass unsere Fähigkeit zu lehren nicht so sehr davon abhängt, wie viel wir wissen, sondern davon, ob wir richtig einschätzen, wie viel jemand, der unsere Worte hört, bereits weiß und was er überhaupt verstehen kann. Unsere Effektivität als Lehrer beruht einzig auf der Fähigkeit zu begreifen, was und wie viel du begreifen kannst. Nur dann können wir dir unser Wissen auf eine Weise präsentieren, mit der du etwas anfangen kannst. Aus diesem Grund überprüfen wir ständig, wie ihr Menschen die Welt seht und bieten unsere Erkenntnisse stets auf der Grundlage eures gegenwärtigen Verständnisses an. Aber da es unter euch so viele verschiedene Ansichten, Meinungen, Weltanschauungen, Ideologien und Glaubensrichtungen gibt, wird das, was wir wissen, von manchen Menschen eher angenommen werden als von anderen.

Wir sind aufgrund deiner Intentionen von dir angezogen worden. Das Buch in deinen Händen ist der materielle Beweis dafür. Du hast gelernt, gewisse irdische Gesetze zu verstehen, und du erkennst an, dass sie für euch alle gleichermaßen gültig sind. Weil du das Gesetz der Schwerkraft akzeptiert und durch eigene Erfahrungen auch verstanden hast, kannst du es heute zu deinem Vorteil anwenden. Wir sind gekommen, um dich an ein anderes Gesetz zu erinnern. Wie das Gesetz der Schwerkraft wirkt es sich auf euch alle gleichermaßen aus. Und zwar völlig unabhängig davon, ob du es akzeptierst oder nicht und ob du es verstehst oder nicht. Das Gesetz der Schwerkraft ist ein physikalisches Gesetz, das deine materielle Existenz bestimmt, während das Gesetz, das wir dir gleich erklären werden, für alle Dimensionen gilt – für materielle wie auch geistige. Dieses Gesetz ist ewig, gilt also für immer, und es ist grenzenlos, gilt also überall. Es ist das wichtigste und das machtvollste Gesetz, das du jemals kennen lernen wirst. Es heißt: Gesetz der Anziehung.

Wir definieren es folgendermaßen: Das Gesetz der Anziehung ist die Basis jeder Existenz. Es ist das mächtigste Gesetz im Universum. Es stellt die Grundlage für jedes Wachstum dar. Das Gesetz der Anziehung bildet die Basis der kosmischen Harmonie. Es sorgt dafür, dass sich dein Planet und alles, was existiert, ständig in einem perfekten Gleichgewicht befinden. Es ermöglicht unsere gegenwärtige Existenz und unser Wachstum. Es lautet: Gleiches zieht Gleiches an.

Dieses Gesetz ist so einfach und so offensichtlich, dass es uns immer wieder erstaunt, wie wenige unserer materiellen Freunde erkennen oder anerkennen, dass sie selbst über ihr Leben bestimmen. Die meisten von euch glauben eher an das genaue Gegenteil, an ein nicht existentes Gesetz der Fremdbestimmung. Wenn ihr euch euer Leben anschaut und alles, was euch widerfährt, äußeren Einflüssen – ob nun gut oder schlecht – zuschreibt, dann redet ihr von Fremdbestimmung – doch die gibt es einfach nicht. Du bist die einzige Kraft, die irgendetwas in dein eigenes Leben hineinziehen kann. Niemand anderes kann deinem Leben etwas hinzufügen. Nur du kannst deine eigenen Erfahrungen anziehen und empfangen. Du bist der Magnet, der alles in deine Wirklichkeit hineinzieht.

Die Kombination aus Gedanken und den ihnen entsprechenden Gefühlen bestimmt das Ausmaß deiner Anziehungskraft. Wenn du einen Gedanken denkst, fühlst du. Und wenn du etwas fühlst, dann strahlst du etwas aus. Und wenn du etwas ausstrahlst, ziehst du das an, was deiner Ausstrahlung entspricht. Wenn du an etwas denkst, das du unbedingt willst, und du vor lauter Vorfreude ganz aufgeregt bist, dann zieht die Kombination aus deinem zielgerichteten Gedanken und dem entsprechenden positiven Gefühl das Objekt deiner Begierde an. Wenn du an etwas denkst, das du auf gar keinen Fall willst oder das du nicht hast, aber haben möchtest, und dabei Enttäuschung, Wut oder Angst spürst, dann zieht die Kombination aus deinem zielgerichteten Gedanken und dem entsprechenden negativen Gefühl das Objekt deiner Ablehnung oder Frustration an.

Die Summe deiner Gedanken und Gefühle entspricht den Erfahrungen deines Lebens. Wenn du verstehen möchtest, in welchem Gleichgewicht sich deine Gedanken befinden, dann schau dir an, wie du lebst. Wenn du dein Leben ändern möchtest, musst du nur die Summe deiner Gedanken verändern. Wo du dich im Augenblick befindest, ist das Ergebnis deiner früheren Gedanken und Gefühle. Wohin du gehst, wird aufgrund deiner heutigen Perspektive entschieden.

Jemand hat einmal zu uns gesagt: »Abraham, ihr sagt, ich kann haben, was ich will, und dass der Wunsch der Beginn jeder absichtsvollen Schöpfung ist. Aber ich will schon ewig mehr Geld haben und es kommt trotzdem keines rein. Was mach ich denn bloß falsch?« Darauf haben wir geantwortet:

»Du musst die Summe deiner Gedanken in Bezug auf das Thema Geld verstehen. Willst du einfach Geld? Und fühlst du dich glücklich dabei? Oder willst du mehr Geld, weil du jetzt zu wenig hast? Und fühlst du dich schlecht, weil du meinst, zu wenig zu haben? Deine dominanten Gefühle zeigen dir die Summe deiner Gedanken zum Thema Geld. Und wie du lebst ist Ausdruck der Summe deiner Gedanken an sich.«

Wenn du das Gefühl hast, du konzentrierst dich mehr auf den Mangel an Geld als auf den Überfluss an Geld, dann kann dir die folgende Übung helfen. Nimm aus deinen Reserven oder von deinem Sparbuch eine bestimmte Summe, sagen wir 100 Euro, und lege diese in deine Brieftasche oder Handtasche. Trage sie bei dir und entdecke während des Tages so viele Dinge wie möglich, die du für diese 100 Euro kaufen würdest. Entdecke Dinge, die du für 100 Euro kaufen, benutzen, erleben oder essen könnest. Manche machen sich über uns lustig und sagen: »Abraham, du bist offensichtlich schon eine Weile nicht mehr auf Erden gewesen. Weißt du überhaupt, wie wenig man heutzutage mit 100 Euro kaufen kann?« Wenn du aber diese 100 Euro geistig tausendmal am Tag ausgibst, dann hast du eigentlich 100 000 Euro ausgegeben. Und das – so versprechen wir dir – wird die Summe deiner Gedanken zum Thema Geld verändert haben.

Achte auf deine Gedanken zum Thema Geld. Wenn du ständig Dinge siehst, die du dir nicht leisten kannst und deshalb frustriert und verzweifelt bist, dann verfestigt sich der Mangel an Geld immer mehr. Wenn du neidisch und wütend bist, weil andere mehr Geld haben als du, dann bewegt sich die Waagschale deiner Gedanken immer mehr in Richtung Mangel. Fühlst du dich gut oder schlecht, wenn du deine Rechnungen bezahlst? Spürst du positive oder negative

Gefühle, wenn du Geld ausgibst? Die eben beschriebene Übung wird dir helfen, deine Ansichten zum Thema Geld zu verändern. In dem Augenblick, in dem sich die Waagschale zur positiven Seite hin bewegt, wird mehr Geld in dein Leben kommen. Das ist Gesetz.

Du bist die physische Entsprechung des Geistigen. Wir erschaffen gemeinsam. Du bringst deine frische Perspektive, wir unser höheres Bewusstsein in den gemeinsamen Schöpfungsprozess ein.

Kapitel 24

Der Prozess des absichtsvollen Erschaffens

Wachstum, Wandel und Schöpfung kennen kein Ende. Jeder einzelne Gedanke trägt etwas zu deinem Leben bei und verändert es. Aber da die meisten von euch aus reiner Gewohnheit oder unter dem Einfluss anderer Menschen stets dieselben Gedanken denken, verändert sich ihr Leben kaum. Wie viele haben schon zu uns gesagt: »Abraham, ich glaube nicht, dass ich der Schöpfer meiner Erfahrungen bin. Ich hätte mir diese furchtbare Sache doch nie selbst angetan!« Darauf haben wir stets geantwortet: »Wir haben auch nicht gesagt, dass du es absichtlich getan hast, aber für uns steht ohne jeden Zweifel fest, dass du es dennoch getan hast.« Wir nennen das »unabsichtliches Erschaffen«. Das heißt, du wendest die Gesetze des Universums an, ohne sie zu kennen, und bekommst als Ergebnis etwas, das du nicht willst. Natürlich wirst du deine Verantwortung leugnen, wenn du etwas erschaffst, das du gar nicht wolltest. Aber erst wenn du akzeptierst, dass du die Verantwortung für jeden einzelnen Aspekt – positiv wie negativ – deines Lebens trägst, wirst du erkennen, dass du absolut frei bist. Solange du glaubst, dass irgendjemand oder irgendetwas außerhalb von dir dein Leben kontrolliert oder innerhalb deiner Wirklichkeit erschafft, bist du nicht frei, sondern stets den Launen, Wünschen oder Überzeugungen anderer ausgesetzt.

Du existierst in einem Universum, das nur absolute Freiheit kennt, und du bist frei. Du bist so frei, dass sich jeder Gedanke, den du denkst, auf deine individuelle Erfahrung auswirkt. Eine größere Freiheit kann es nicht geben. Deine Aufgabe hier in dieser materiellen Welt besteht darin, deine Gedanken bewusst so zu lenken, dass du das sein, haben und tun kannst, was dir richtig oder wichtig erscheint. Du bist ständig damit beschäftigt, deine Wirklichkeit zu erschaffen, weil du ständig denkst. Aber die wenigsten Menschen denken zielgerichtet oder absichtsvoll. Wir sind zu der Überzeugung gelangt, dass das daran liegt, dass die wenigsten Menschen die Gesetze des Universums verstehen oder anerkennen, dass es so etwas wie eine innere Führung überhaupt gibt.

Du erschaffst ununterbrochen. Es ist für dich unmöglich, deine schöpferische Tätigkeit auch nur für einen Moment einzustellen. Aber du kannst lernen, deine Gedanken bewusst und absichtsvoll auf die Dinge und Erfahrungen zu richten, die du haben oder machen möchtest, statt auf das Fehlen dieser Dinge und Erfahrungen. Deshalb haben wir dieses Kapitel auch »Der Prozess des absichtsvollen Erschaffens« genannt und nicht einfach nur »Der Prozess des Erschaffens«. Wir gehen davon aus, dass du lernen möchtest, zielgerichtet und absichtsvoll das zu erschaffen, was du willst, und nicht, wie du absichtlich etwas erschaffst, was du gar nicht willst.

Der Prozess des absichtsvollen Erschaffens hat zwei Aspekte. Zum einen den Gedanken, den du aussendest, und zum zweiten das Gefühl, das dabei in dir entsteht. Du denkst den Gedanken von deiner bewussten materiellen Perspektive aus und dein inneres Wesen reagiert darauf mit einem entsprechenden Gefühl. Also erschaffen das materielle Du und das geistige Du gemeinsam. Das materielle Du steuert die Einzelheiten der gegenwärtigen Raumzeit und deine jetzigen Überzeugungen bei, das geistige Du die größere Perspektive. Es hilft dir zu erkennen, ob zwischen deinen jetzigen Überzeugungen und Wünschen und denen, die du vor deiner Geburt hattest, Harmonie herrscht. Wenn du stets darauf achtest, wie du dich fühlst, kannst du die innere Führung dazu benutzen, jederzeit die perfekten Entscheidungen zu treffen.

Wenn du ständig das »Tun« betonst, erschaffst du in verkehrter Reihenfolge. Zuerst solltest du herausfinden, wie du dich fühlen möchtest und dann, was du haben oder erreichen möchtest. Dann erst solltest du etwas tun. Das nennen wir »von innen heraus erschaffen« oder »Sein, Haben, Tun«. Auf diese Weise findest du dein inneres Gleichgewicht wieder. Wenn du auf diese Weise erschaffst, wirst du nicht aus einer negativen Position heraus handeln, um etwas zu richten, was schief gelaufen ist, oder um deine negativen Überzeugungen auszugleichen. Du wirst immer aus einer positiven Grundhaltung heraus handeln können und dir immer klarer über deine wahren Interessen werden.

Du lebst die Summe deiner Gedanken, denn wenn du denkst, dann fühlst du, und die Kombination aus Gedanken und Gefühlen bildet deine Wirklichkeit. Du denkst auf vielerlei Ebenen über unterschiedliche Aspekte deines Lebens nach. An einem einzigen Tag oder selbst innerhalb einer einzigen Stunde denkst du an so unterschiedliche Themen wie deine Wohnung, deine Beziehung, deinen Körper, deine finanzielle Situation, deinen Arbeitsplatz, deine Kinder, dein

Verhältnis zu Freunden und Kollegen, das Wetter, die Weltlage und so weiter. Du denkst an das, was du gerade tust, was du gestern oder letztes Jahr getan hast, oder an das, was du morgen tun wirst. Deine Gedanken hüpfen von einem Thema zum anderen. Manche deiner Gedanken sind klar und intensiv, während andere kaum wahrnehmbar sind. Und alle diese Gedanken summieren sich zu einem einzigen Ganzen – und das ist dein Leben. Wo du heute stehst, zeigt, was du gestern gedacht und gefühlt hast.

Sobald du wirklich verstehst, dass du der alleinige Schöpfer deiner Wirklichkeit bist und dass du durch die Macht deiner Gedanken Erfahrungen anziehst, kannst du leicht den Zusammenhang zwischen dem, wie du heute lebst, und dem, wie du dorthin gekommen bist, erkennen. Hast du nicht schon oft gesagt: »Ich wusste ja, dass es einmal so kommen musste!« Wir sind absolut sicher, dass du auf einer bestimmten Ebene immer weißt, was geschehen wird, weil du jeden Aspekt deiner Wirklichkeit selbst erschaffst.

Es ist aber unendlich viel befriedigender, vom gegenwärtigen Standpunkt aus hoffnungsvoll und zielgerichtet in die Zukunft zu schauen, als sich zu überlegen, wie man in die jetzige Situation geraten ist. Falls du allerdings gerade erst anfängst zu verstehen, dass du der Schöpfer deines Lebens bist, dann kann es durchaus hilfreich sein, ab und zu einmal zurückzuschauen, bis du dich endlich selbst überzeugt hast, das *du* es getan hast. Wenn etwas Schönes geschieht, halte inne und erkenne an, dass du dafür verantwortlich bist. Finde heraus, welche Gedanken und Gefühle es zu dir gebracht haben. Und wenn etwas geschieht, was dir gar nicht gefällt, dann halte inne und finde ebenfalls heraus, auf welche Weise du es dir erschaffen hast.

Übernimm die Verantwortung für alles, was in deinem Leben geschieht. In der Bereitschaft, Verantwortung zu übernehmen, wirst du die höchste Freiheit finden, die es dir ermöglicht, deine Zukunft so zu gestalten, wie du sie dir bisher nur in deinen kühnsten Träumen auszumalen gewagt hattest. Bewusstes, absichtsvolles Erschaffen beinhaltet zuerst einmal anzuerkennen, dass du der Schöpfer deiner Erfahrungen bist, und dann zielgerichtete Gedanken auszusenden und zuzulassen, dass du das Gewünschte auch empfangen wirst.

Es gibt keine bessere Möglichkeit, das Gesetz der Schöpfung zu verstehen, als dein Leben unter diesen Gesichtspunkten zu betrachten. Wenn du den Zusammenhang zwischen deinen Gedanken, Gefühlen und Handlungen und deinen gegenwärtigen Lebensumständen herstellst, wirst du erkennen, dass es gar nicht anders kommen konnte. Aber du bist nicht zu dieser wunderbaren Zeit an diesen wunderbaren Ort gekommen und hast dich in diesem wunderbaren Körper inkarniert, nur um herumzustehen und darüber nachzugrübeln, was und wie etwas geschehen ist. Du bist ein Schöpfer! Ihr alle seid Schöpfer!

Ihr alle habt euch diese Zeit und diesen Ort bewusst ausgesucht, um die Gesetze des Universums anzuwenden und Wunderbares zu erschaffen. Ihr seid an diesen Ort vollkommenen Gleichgewichts gekommen und habt euch auf die Umstände dieser speziellen Zeitperiode eingelassen. Es ist eure Aufgabe, zu beobachten, Informationen aufzunehmen und zu verarbeiten, daraus Schlüsse zu ziehen und bewusst zu erschaffen.

Auch die Erde, auf der du stehst, wurde auf dieselbe Weise erschaffen. Beobachtungen wurden gemacht, Informationen gesammelt und verarbeitet, Schlüsse gezogen und Entscheidungen getroffen. Und du, der du die Welt durch physische Augen siehst, stehst vor der Aufgabe, durch deine Gedanken und Gefühle diese Schöpfung weiterzuführen. Du bist gekommen, um Freude und Glück zu finden, um zu wachsen und um deine ewige Freiheit auszudrücken, das zu sein, was du bist. Du bist nicht hier, um geprüft oder beurteilt zu werden. Du bist hier, um zu erschaffen. Du bist nicht hier, um den Spuren eines anderen zu folgen. Du bist der Schöpfer deines eigenen Weges. Du bist nicht hier, um der Jünger jener zu sein, die eine Wahrheit entdeckt haben. Du bist Wahrheit. Du bist Freude. Du bist Wachstum.

Wir möchten dir eine umfassendere Definition des Wortes »Schöpfung« nahe bringen. Die meisten Menschen haben eine sehr begrenzte Vorstellung davon, was Schöpfung eigentlich bedeutet. Von deiner materiellen Perspektive aus misst du deinen Fortschritt im Erschaffen vor allem an den Dingen, die du angehäuft hast. Erfolgreich erschaffen bedeutet für dich, Dinge anzuhäufen. Erfolglosigkeit bedeutet die Abwesenheit von Dingen. Aber die größte Errungenschaft ist Freude. Glück. Glückseligkeit.

Zwar ist die materielle Ebene wichtig, weil du dich auf Erden verkörpert hast, um zu lernen, mit materiellen Dingen umzugehen, aber wir betonen, dass all dein Haben und dein Tun stets der Bereicherung deines Seins dienen muss. Alles, was auf der materiellen Ebene existiert – einschließlich deines Körpers –, dient einzig und allein der Bereicherung deines Seins und deines Fühlens. Unsere Definition von »bewusstem Erschaffen« lautet daher: Ganz bewusst zielgerichtete Gedanken aussenden mit der Intention, dein Sein zu bereichern. Und weil wir uns alle in einem ewigen Wachstumsprozess befinden, endet unsere schöpferische Tätigkeit niemals.

Du solltest verstehen, dass absolute Freiheit die Grundlage des Lebens ist. Absolute Freude sein Sinn. Und Absolutes Wachstum sein Ergebnis.

Absolute Freiheit ist die Grundlage des Lebens.
Absolute Freude ist der Sinn des Lebens.
Absolutes Wachstum ist das Ergebnis des Lebens.

Kapitel 25

In der Gegenwart liegt deine wahre Macht

Wenn du dir ein Ziel setzt – in ein neues Haus zu ziehen, Gewicht zu verlieren, in Form zu kommen, den Beruf zu wechseln –, hältst du das neue Haus oder den neuen Job irrtümlicherweise für das Objekt deiner Schöpfung. In Wirklichkeit ist das Objekt deiner Schöpfung aber immer dein eigenes Sein. In der materiellen Dimension dienen Dinge wie Häuser oder Autos lediglich dazu, dein Sein zu unterstützen und zu bereichern, aber sie sind weder Selbstzweck, noch sind sie das eigentliche Objekt deines Erschaffens.

Du selbst bist das Objekt deines Erschaffens. Dein Seins- und Gemütszustand ist das Objekt deiner Schöpfung. Wenn du deinem gegenwärtigen Sein gegenüber achtsam bist, wirst du besser verstehen, wie gut es dir gelungen ist, dich selbst zu erschaffen. Wenn du dich bemühst, dir ganz bewusst darüber klar zu werden, wie du sein oder wie du dich fühlen möchtest, wirst du das, was du dir für dieses Leben vorgenommen hattest, besser erreichen können.

Der Schöpfer eines außergewöhnlichen Kunstwerks findet seine größte Erfüllung nur selten im fertigen Werk. Wenn er es fertiggestellt hat, sonnt er sich nur kurz im Glanz der vollbrachten Leistung, weil er längst wieder darauf brennt, etwas Neues zu beginnen. Sein wahres Glück liegt nämlich im Erschaffen. Seine wahre Schöpfung ist nicht das Kunstwerk. Er ist der Schöpfer seines eigenen Selbst. Ein großer Künstler strebt nicht nach Vollkommenheit in seinem Werk, er strebt nach Vollkommenheit in sich selbst. Er ist der Schöpfer eines Schöpfers von Kunstwerken. Er erschafft sich selbst.

Auch du bist ein Schöpfer. Ein Schöpfer, der seine Gedanken dazu benutzt, der Energie des Universums Form und Richtung zu geben. Ein Schöpfer, der von seiner inneren Führung darin unterstützt wird, zu erkennen, wie er mit der kosmischen Energie umgeht. Ein Schöpfer, der in absoluter Freiheit Wachstum und Freude erfährt. Ein Schöpfer auf einer niemals endenden Abenteuerreise. Ein Schöpfer, der sich für die materielle Dimension entschieden hat, um in ihr zu leben, zu lieben und zu wachsen. Ein Schöpfer, der durch jeden Gedanken, jedes Wort und jede Erfahrung Alles-Was-Ist bereichert. Ein Schöpfer, der nur verstehen kann, welchen Wert er für Alles-Was-Ist hat, wenn er verstehen kann, welchen Wert er für sich selbst hat. Ein Schöpfer, der versteht, dass er, wenn er Gedanken, Worte oder Taten wählt, die positive Gefühle in ihm selbst hervorrufen, in diesem Moment dem ganzen Universum etwas Positives hinzufügt. Ein Schöpfer, der sich für die Kunst des Bauens, des Musizierens, des Schauspielerns oder des Heilens ebenso entscheiden kann wie für die Kunst des Lebens, des Lachens, des Liebens. Ein Schöpfer, der sich dafür entschieden hat, an jedem Tag seines Lebens und unter allen Umständen so glücklich wie möglich zu sein.

Du existierst, um in einer Vielzahl von Umständen Freude zu finden, aber zuerst musst du suchen, damit du finden kannst. Wenn du nicht zuallererst nach deinem eigenen Glück strebst, wirst du es niemals finden und wenn du es nicht gefunden hast, kannst du es auch nicht mit anderen teilen. Du bist in diesem Augenblick dabei zu erschaffen. Erschaffen ist nicht etwas, auf das du dich vorbereiten kannst. Es ist nicht etwas, das du eines Tages zu tun hoffst. Es ist nicht etwas, das du später tun wirst, wenn die Dinge endlich so sind, wie du sie gerne hättest. Du befindest dich jetzt in diesem Augenblick im Prozess des Erschaffens.

Wenn du beim Lesen dieses Buches positive, neutrale oder gar keine Gefühle verspürst, dann wirst du den Informationen, die wir hier diktiert haben, keinen Widerstand entgegensetzen. Solltest du aber im Augenblick Schmerzen haben oder deprimiert sein, wirst du unsere Worte nicht so leicht annehmen können. Wir geben zu, dass es immer einfacher ist, seine Rolle als Schöpfer zu akzeptieren, wenn es einem gut geht. Geht es dir schlecht, dann bleibst du oft in diesem negativen Gefühl stecken und grübelst zwanghaft über das »Problem« nach, das diese Gefühle ausgelöst hat. Du tust das in der vagen Hoffnung, dass du dich irgendwann wieder aufraffen und deinen Weg fortsetzen wirst. Aber im Moment möchtest du dich noch nicht bewegen und lieber über deine missliche Lage nachdenken. Die meisten von euch glauben, dass sie das Erschaffen auf Eis legen können, bis es ihnen besser geht. Wir sagen dir aber, dass du niemals aufhörst zu erschaffen. Wann immer du Gedanken empfängst und aussendest, erschaffst du etwas. Das Gefühl, das du dabei empfindest, zeigt dir, in welcher Richtung du erschaffst.

Die meisten Menschen sind davon überzeugt, dass sie mit dem Erschaffen aufhören können, weil sie glauben, dass sie nur etwas erschaffen, wenn sie etwas tun. Wenn du daher einen Tag lang einmal gar nichts tust, sondern einfach nur denkst und fühlst, dann glaubst du, dass du nichts erschaffst. Aber der größere Teil deines Erschaffens findet durch deine Gedanken und die entsprechenden Gefühle statt – und nicht durch deine Taten.

Aus unserer Perspektive hat eine Handlung nur dann einen Wert, wenn durch sie eine bewusste Absicht umgesetzt wird. Da die Menschen dies größtenteils nicht verstehen, handeln sie überwiegend, ohne ihre übergeordneten Interessen zu berücksichtigen oder ihrer auch nur gewahr zu sein. Als übergeordnete Interessen bezeichnen wir jene Interessen, die deinem Sein entspringen – also Freiheit, Wachstum und Freude. Du wirst erkennen, ob eine Handlung diese Intentionen unterstützt, indem du einen Moment lang innehältst, bevor du handelst, und darüber nachdenkst, ob die betreffende Handlung wirklich dein Sein bereichert oder nicht.

Wenn du verstehst, dass es nicht deine Handlungen sind, die den Unterschied in deinem Leben machen, sondern deine Gefühle, dann wirst du die Dinge im richtigen Licht sehen können. Obwohl es wahr ist, dass sich Handlungen auf dein Sein auswirken, und es ganz sicher richtig ist, dass dein Seins- oder Gemütszustand bestimmt, welche Erfahrungen du anziehst, so ist es doch nicht richtig, das Handeln in den Vordergrund zu stellen. Es ist viel hilfreicher, zuerst herauszufinden, wie du dich fühlen möchtest, dann, was du haben möchtest, und erst dann, was du tun kannst, um es zu bekommen. Sein, Haben und Tun – in *der* Reihenfolge.

Du ziehst Erfahrungen und Dinge aufgrund des Gleichgewichts in deinen Gedanken und Gefühlen an. Wenn deine Handlungen, Worte und Gedanken dein Wohlbefinden unterstützen, dann verläuft dein Leben nach deinen eigenen Maßstäben ziemlich gut. Wenn deine Handlungen, Worte und Gedanken aber überwiegend zu Gefühlen der Unsicherheit, Unterlegenheit oder Enttäuschung führen, dann verläuft dein Leben nach deinen eigenen Maßstäben mit Sicherheit nicht besonders gut.

Die meisten Menschen handeln zuerst und achten erst später darauf, wie sich ihre Handlungen auf ihren Gemütszustand ausgewirkt haben. Und da ihre Gefühle der Anziehungspunkt für ihre Erfahrungen sind, glauben sie, dass ihre Handlungen das wichtigste Element in ihrem Leben sind. Du kannst aber den Erfolg, nach dem du strebst, viel schneller und effizienter erreichen, wenn du deine Aufmerksamkeit darauf richtest, wie du dich fühlst – also auf dein Sein –, als auf das, was du tust. Wenn du herausfindest, wie du dich fühlen – also sein – möchtest, dann wirst du zu angemessenen Handlungen inspiriert werden. Handeln, um zu sein, ist nicht annähernd so effektiv wie sein, um zu handeln.

Alle Handlungen, die du aus einem negativen Seinszustand heraus ausführst, werden deinen angestrebten Zielen gegenüber kontraproduktiv sein. Alle Handlungen, die von den positiven Zielen Freiheit, Wachstum und Freude inspiriert sind, werden immer in Harmonie mit deinen Zielen sein. Wenn du handelst, weil du fürchtest, es hätte negative Folgen, nicht zu handeln, arbeitest du gegen die höheren Ziele der Freiheit, des Wachstums und der Freude – ganz gleich, ob es dabei vordergründig um deine Gesundheit, deine finanzielle Situation oder um Beziehungen geht. Wenn du jeden Tag widerwillig in dem Glauben zur Arbeit gehst, du müsstest es tun, weil du sonst kein Geld hättest, wodurch sich deine Situation noch verschlimmern würde, dann ist das Gefühl des Widerwillens der entscheidende Faktor. Aus diesem negativen Gemütszustand heraus wirst du immer mehr Dinge anziehen, gegen die du Widerwillen verspürst. Wenn du aber, statt gleich zu handeln, zunächst einmal identifizierst, was du eigentlich möchtest, wirst du auf Freiheit kommen (denn das Geld, das du verdienst, ermöglicht dir eine gewisse Freiheit), auf Wachstum (denn deine Beziehungen zu anderen Menschen werden dir immer zu neuen Einsichten verhelfen) und auf Freude (die überall zu finden ist, wenn man nur Ausschau nach ihr hält). Dann wirst du zu Handlungen inspiriert werden, die im Einklang mit deinen Grundintentionen stehen.

Was du bist, das ziehst du an. Daher solltest du dich darauf konzentrieren, dich so zu fühlen oder zu sein, wie du dich fühlen oder sein möchtest, und dann erst deine Handlungen entsprechend daran ausrichten. Handeln, um seine Gefühle zu ändern, funktioniert langfristig nämlich nicht.

Vor kurzem kam ein junger Mann zu uns, der gerade erfahren hatte, dass seine Mutter gestorben war. Voller Schmerz sagte er: »Abraham, sie hätte nicht sterben dürfen. Sie war sehr gesund. Sie ging drei Mal in der Woche in eine Aerobic-Klasse, aß ganz gesund und nahm alle möglichen Nahrungsergänzungsmittel. Wieso ist sie bloß gestorben?« Wir erklärten ihm, dass sie dies alles getan hatte, um das Gefühl mangelnder Gesundheit auszugleichen. Und wenn man aus Angst oder aus einem Mangelbewusstsein heraus handelt, wird man diese Angst oder diesen Mangel nur verstärken. Sicherlich hast du schon einmal beobachtet, wie jemand, der unsicher ist, seine Unsicherheit durch Aggressivität zu überspielen versucht. Solche Leute versuchen, durch ihre Handlungen einen Mangel zu kompensieren, den sie spüren. Aber das ist unmöglich, denn die äußere Handlung wird den inneren Mangel nur noch verstärken. Ihr Gefühl der Unsicherheit zieht Erfahrungen an, die ihnen bestätigen, dass es Grund zur Unsicherheit gibt. Zuerst müssen sie sich auf ihren Wunsch, sich selbstsicher zu fühlen, konzentrieren, bevor sie zu Handlungen inspiriert werden, die ihre Selbstsicherheit stärken.

Wenn du unbedingt etwas sein oder haben willst, das du deiner Meinung nach zur Zeit nicht bist oder hast, handelst du meistens, um es zu werden oder zu bekommen. Dahinter steckt überwiegend das Bedürfnis, etwas Größeres zu sein und sich weiter zu entwickeln. Wir haben aber immer wieder beobachtet, dass eure Handlungen genau das unmöglich machen, was ihr eigentlich wollt. Oder genauer gesagt: Durch das Gefühl des Mangels ziehst du genau den Mangel an dem, was du haben willst, an.

Sicher kennst du jemanden mit einem niedrigen Selbstwertgefühl. Weil er das starke Verlangen hat, sich selbst zu mögen, auf sich selbst stolz zu sein und sich selbst zu bestätigen, verhält er sich auf eine Weise, die seine eigene Wichtigkeit unterstreichen soll. Um sich selbst zu erhöhen, kritisiert er andere und setzt sie damit herab. Weil er stolz auf sich selbst sein möchte, sucht er bei anderen nach Fehlern. Aber das führt ihn nirgendwo hin. Denn nach dem Gesetz der Anziehung wird der, der andere kritisiert, selbst kritisiert, und wenn er kritisiert wird, wird er nicht glücklicher, sondern noch unglücklicher. Daher ist sein Verhalten vollkommen sinnlos. Durch sein Verhalten erreicht er genau das, was seinem Wunsch, sich selbst zu mögen, zuwiderläuft.

Ein anderes Beispiel: Du kennst sicher jemanden, der sich mehr als alles andere finanziellen Erfolg wünscht, der aber weit davon entfernt ist. Wenn er sich seine eigene Situation anschaut – sich also auf den Mangel konzentriert –, wird er so frustriert, dass er sich lieber den fehlenden finanziellen Erfolg anderer anschaut, um sich so besser zu fühlen. Aber statt sich dadurch besser zu fühlen, fühlt er sich angesichts der scheinbaren Unmöglichkeit seines Vorhabens noch schlechter. Statt also Kraft aus seinem Verhalten zu schöpfen, wird er geschwächt und dadurch sich selbst gegenüber noch kritischer. Aber da Schwäche mehr Schwäche anzieht und Kritik mehr Kritik, rückt der finanzielle Erfolg in immer weitere Ferne.

Ein weiteres Beispiel zum Thema Geld: Ein junger Mann möchte mehr Geld haben, aber wenn er sich seinen Kontostand anschaut, wird er zunehmend verzweifelt. Aus seiner Frustration heraus beschließt er, dass er so nicht leben will, weil er nie genug Geld hat, um sich irgendetwas zu leisten. Also nimmt er einen zweiten Job an. Er versucht aus seiner Enttäuschung heraus, etwas zu unternehmen, um die ungeliebte Situation zu verändern. Aber tatsächlich zieht er so nur negative Umstände an. Obwohl er sich körperlich total verausgabt, wird sein Leben nicht besser. Alle seine Handlungen können nicht kompensieren, dass er unter dem Mangel an Geld leidet. Je schwerer er arbeitet, desto entmutigter wird er. So wird der Mangelzustand verewigt, obwohl er sich nach Kräften abmüht, seine Situation zu verbessern.

Und noch ein Beispiel: Eine Frau möchte ihren Gesundheitszustand verbessern. Sie ist sich ihrer kleinen Zipperlein bewusst und sieht in ihrer Umgebung genug Beispiele für Krankheit. Aus Angst vor Krankheiten und körperlichem Verfall beschließt sie, alles zu tun, um gesund zu sein und den drohenden Verfall aufzuhalten. Sie nimmt sich aufgrund ihres negativen Fokus fest vor, dass sie niemals krank werden wird. Sie treibt täglich Sport, isst nur gesunde Nahrung und nimmt alle möglichen Vitamine und Spurenelemente ein. Dennoch verschlechtert sich ihr Gesundheitszustand immer mehr. Ihr Verhalten diente aus unserer Sicht lediglich dazu, Gefühle der Angst und der Verletzlichkeit zu kompensieren. Und so zieht sie ihre Erfahrungen aufgrund ihres Gefühlszustandes an.

Wir möchten, dass du eines verstehst: Wenn du handelst,

um ein Gefühl des Mangels zu kompensieren, dann werden deine Handlungen genau diesen Mangel nur noch verstärken. Wenn du danach strebst, etwas zu werden, was du glaubst, noch nicht zu sein, wirst du niemals das werden, was du anstrebst. Um erfolgreich zu *werden*, musst du dich zuerst erfolgreich *fühlen*. Um reich zu werden, musst du dich reich fühlen. Um gesund zu werden, musst du dich gesund fühlen. Wenn du 99 Prozent deiner Aufmerksamkeit darauf richtest, dich wie das zu fühlen, was du anstrebst, und ein Prozent auf angemessenes Handeln, dann wirst du im Leben wirklich vorankommen und ständig in einem Zustand des Wohlbefindens und der Freude sein.

Ein Beispiel dafür: Ein Mann möchte extrem reich sein. Wenn er sich aber seinen derzeitigen Kontostand anschaut, muss er zugeben, dass er noch weit von seinem Ziel entfernt ist, denn er besitzt nur etwa 1000 Euro. Aber statt sich auf das fehlende Geld oder auf den Unterschied von 1000 Euro zu mehreren Millionen zu konzentrieren, richtet er seine Aufmerksamkeit auf die 1000 Euro, die er hat. Er stellt sich vor, wie viele Dinge er damit kaufen könnte. Manchmal gibt er die 1000 Euro in seiner Vorstellung 40 oder 50 Mal am Tag aus. Statt sich auf den Mangel zu konzentrieren, richtet er seine Aufmerksamkeit auf den Wert dessen, was er besitzt. Dadurch erlangt er ein Gefühl des Reichtums. Und aufgrund dieses Gefühls zieht er Gelegenheiten und Umstände an, die sein kleines Vermögen in ein großes verwandeln.

Ein weiteres Beispiel: Eine junge Frau möchte einen schönen, gesunden Körper haben. Wenn sie sich selbst im Spiegel sieht, muss sie zugeben, dass ihr Körper nicht schön ist, sondern ziemlich übergewichtig. Aber statt ihre Aufmerksamkeit auf die überflüssigen Pfunde zu richten, konzentriert sie sich auf das, was sie an ihrem Körper mag. Sie erkennt an, wie stark er ist und wie gelenkig. Sie streicht genüsslich über ihre samtweiche Haut. Sie bürstet voller Freude ihre langen, glänzenden Haare. Indem sie sich auf das konzentriert, was ihr an ihrem Körper gefällt, statt auf das, was ihr nicht gefällt, fängt sie an, sich schön zu fühlen, und weil sie sich schön fühlt, verwandelt sie sich nach und nach in ihr eigenes Schönheitsideal.

Du hast doch sicher schon erlebt, dass du dich schlecht fühlst, wenn dich jemand auf etwas aufmerksam macht, das du bisher an dir selbst nicht wahrgenommen hattest. Es ist ein weit verbreitetes Phänomen, dass die Aufmerksamkeit eines anderen Menschen deine eigene schärft. Deshalb ist es für dich von unschätzbarem Wert, mit Menschen zusammenzusein, die in dir das sehen, was du selbst gerne in dir sehen würdest. Gleichzeitig ist es für dein Selbstwertgefühl schädlich, mit Menschen zusammenzusein, die in dir *nicht* das sehen, was du selbst gerne sehen würdest. Du musst verstehen, dass ihre Meinung über dich normalerweise sehr wenig mit *dir* zu tun hat, sondern mehr mit ihren Gefühlen sich selbst gegenüber. Daher ist es kein Wunder, dass du meistens ziemlich enttäuscht wirst, wenn du dich durch die Augen anderer betrachtest.

Lass nur deine eigene Meinung von dir selbst gelten. Dann nimm dich selbst mit der Absicht unter die Lupe, nur wunderbare Dinge an dir zu entdecken. Das positive Gefühl, das dadurch entsteht, wird dann der wichtigste Aspekt jeder weiteren Arbeit sein. Wie du dich fühlst, bestimmt, was du anziehst. Wenn du dich selbst schätzt und liebst, wirst du ganz wunderbare Dinge und Erfahrungen anziehen. Wenn du dir deiner eigenen Zuneigung sicher bist, wirst du auch zulassen können, dass Wundervolles auf dich zukommt.

Wenn du dich selbst liebst, respektierst und achtest, ziehst du nicht nur das an, was dich befriedigt, du wirst nun aufgrund deines inneren Gleichgewichts auch erkennen können, wie wunderbar andere Menschen sind. So kannst du auch ihnen helfen, größeres Glück zu finden. Man hat uns vorgeworfen, Egoismus und Selbstzentriertheit zu predigen, als ob es etwas Schlechtes sei, in sich selbst zentriert zu sein, in seiner eigenen Mitte zu ruhen. Da du alles durch die Augen des Selbst wahrnimmst, ist nichts wichtiger, als dieses Selbst im Gleichgewicht zu halten. Wer sich selbst nicht liebt, hat auch anderen keine Liebe zu geben. Wer selbst nicht glücklich ist, kann wenig zum Glück anderer beitragen. Du kannst einem anderen Menschen einfach nichts geben, was du nicht selbst besitzt.

Wenn du fühlst, strahlst du etwas aus. Und durch diese Ausstrahlung ziehst du Erfahrungen an und übst deinen Einfluss auf deine Welt und das ganze Universum aus. Verkörperte wie nichtverkörperte Wesen profitieren davon gleichermaßen. Wenn du dich gegen den Gedanken sträubst, dass Handeln nicht so wichtig ist, wie du bisher geglaubt hast, so liegt das daran, dass du dein Leben ausschließlich aus der materiellen Perspektive heraus betrachtest. Während deines materiellen Lebens bist du stets völlig darin aufgegangen und hast geglaubt, dass das, was du durch die Sinnesorgane wahrnehmen kannst, das Einzige ist, was für dein Sein wichtig ist. Aus der beschränkten Sicht des Materiellen ist es nur logisch, dass du glaubst, Handeln sei das wichtigste Element jedes Erfolgs. Wenn du aus diesem Blickwinkel auf dein Leben zurückschaust, glaubst du zu erkennen, dass zwischen Erfolg oder Misserfolg und deinen Handlungen ein direkter Zusammenhang besteht. Und du bist beileibe nicht der Einzige, der das tut. Alle, die vor dir da waren, und alle, die dich umgeben, tun ja genau dasselbe.

Wenn du dir aber dein bisheriges Leben genauer anschaust und nicht nur die Handlungen siehst, die deiner

Meinung nach zu Erfolg oder Misserfolg geführt haben, sondern eine Verbindung zu den Gefühlen herstellst, die du jeweils hattest, dann wirst du sofort verstehen, was wir dir hier sagen. Du ziehst deine Erfahrungen immer aufgrund deiner Gefühle an und solange deine Handlungen nicht mit deinen Gefühlen im Einklang sind, werden sie kontraproduktiv sein oder zumindest nicht stark genug, um einen Unterschied zu machen. Wenn du dich beispielsweise unfähig und erfolglos fühlst, weil du dich mit anderen vergleichst, die mehr Dinge angehäuft oder einen höheren sozialen Status erlangt haben als du, dann kannst du handeln so viel du willst, es wird dir nicht gelingen, dieses mächtige Gefühl der Ohnmacht zu kompensieren. Aus diesem Grund gibt es so viele Menschen, die sich nach Kräften abmühen, die schwer arbeiten und ständig Überstunden machen, ohne jemals voranzukommen, während andere anscheinend sehr wenig tun und doch mühelos vorankommen.

Eine Handlung, die von einem positiven Bewusstsein dessen, was du erreichen willst, getragen wird, ist immer eine freudvolle Handlung. Eine Handlung, die durch ein negatives Bewusstsein dessen, was dir fehlt, getragen wird, ist immer eine freudlose Handlung. In beiden Fällen wird gehandelt, aber das Ergebnis unterscheidet sich diametral. Und natürlich besteht ein gewaltiger Unterschied im Ausmaß der Freude, die du während deines Handelns verspürst. Du kannst nicht erwarten, dass eine unglückliche Reise ein glückliches Ende hat. Das würde gegen die kosmischen Gesetze verstoßen.

Es gibt unzählige Menschen, die versuchen, andere Menschen zu motivieren. Arbeitgeber versuchen die Arbeitnehmer zu motivieren, Eltern ihre Kinder, Lehrer ihre Schüler und Verkäufer ihre Kunden. Und meistens erwähnen all diese wohlmeinenden »Motivierer« die negativen Aspekte, die du durch dein Verhalten vermeiden oder ausgleichen sollst. Dein Chef gibt dir geschäftliche Vorgaben, Termine und Quoten, die du einhalten und erfüllen sollst. Du weißt, dass du möglicherweise deinen Job verlieren wirst, wenn es dir nicht gelingt, diese Vorgaben zu erfüllen. Folglich handelst du nicht aus Freude oder Begeisterung an der zu erbringenden Leistung, sondern aus Angst vor Entlassung. Und wenn du entlassen wirst, hast du nicht genug Geld. Wenn du nicht genug Geld hast, sitzt dir die Bank im Nacken und deine Familie wird darunter leiden. So geht die negative Kette immer weiter und führt bei dir zum Gefühl, in einem Teufelskreis gefangen zu sein und deine Freiheit verloren zu haben. Also handelst du. Aber du handelst aus Angst, deine Vorgaben nicht erfüllen zu können und die negativen Konsequenzen tragen zu müssen. Du handelst ohne jede Begeisterung.

Deine Eltern haben – wie alle anderen auch – eine bestimmte Lebensphilosophie, die eine Kombination aus den Überzeugungen ihrer Eltern und ihrer eigenen Erfahrungen ist. Meistens unterscheiden sich diese beiden Aspekte nicht besonders voneinander, weil ihre Eltern einen Samen gepflanzt haben, den deine Eltern dann zum Erblühen gebracht haben. Wenn ein Kind Teil ihres Lebens wird, lehren sie es ihre Philosophie. Sie erwarten von ihm, dass es sich auf eine bestimmte Weise verhält. So lernt der kleine Mensch schon in frühester Kindheit, sich so zu verhalten, wie es die Großen von ihm erwarten. Da nur wenige Eltern wissen, dass ein Kind ein sehr starkes Harmoniebedürfnis verspürt, gehen sie davon aus, dass es, wenn sie es sich selbst überlassen würden, stets die falschen Entscheidungen treffen würde. Um es vor allem zu beschützen, was sie als falsch oder böse ansehen, stellen sie bestimmte Regeln auf. Bricht das Kind eine von ihnen, muss es mit bestimmten Konsequenzen rechnen. Die Eltern sind enttäuscht, wütend oder wenden sogar stärkere Formen der Bestrafung an. Also passt ein Kind sein Verhalten den Regeln an oder tut zumindest so, als würde es sich anpassen. Aber es tut dies nicht aus seiner Sehnsucht nach Harmonie heraus, sondern aus Angst vor den Folgen, wenn es dies nicht tut. Das Kind handelt, aber nicht aus Freude.

Euer Erziehungssystem hat bestimmte Standards entwickelt, an denen ihr alle gemessen werdet. Eure Pädagogen haben euch studiert und analysiert, ihre Schlüsse gezogen und euch bestimmte Normen gegeben, die ihr erfüllen müsst. Da Kinder ein großes Bedürfnis haben, zu lernen und zu wachsen, könnte die Schule ein Ort sein, an dem dieses Bedürfnis erfüllt wird, aber genau das verlieren eure Pädagogen völlig aus den Augen. Stattdessen zwingen sie die Schüler in ein System hinein, das sagt: »Wenn du dies nicht tust, wirst du bestraft. Wenn du das nicht tust, kannst du deinen Abschluss vergessen. Wenn du jenes nicht tust, wirst du niemals Erfolg haben.« Und so verlieren die allermeisten Kinder schon sehr früh die Sehnsucht nach neuen Erfahrungen und Wachstum und lernen sich anzupassen. Sie handeln, aber sie handeln nicht aus ihrem natürlichen Drang nach Freiheit, Abenteuer und Wachstum heraus, sondern in der Gewissheit, dass es negative Folgen haben wird, wenn sie nicht handeln.

Ein anderes Beispiel: Ein Verkäufer hat ein Produkt, das er dir verkaufen möchte. Er selbst kennt zwar den Wert seines Produkts, aber da er dir nicht zutraut, klug genug zu sein, diesen Wert zu erkennen, wird er sich nach Kräften abmühen, dich auf die negativen Folgen hinzuweisen, die sich sicherlich einstellen werden, wenn du das Produkt nicht kaufst. Und so sagst du nicht deshalb »Ja« zum Verkäufer, weil dir der Wert des Produkts einleuchtet, sondern weil du nicht unter den negativen Konsequenzen leiden möchtest, die sich nach Aussage des Verkäufers einstellen werden, wenn du es nicht kaufst.

Schlägertypen haben zumeist ein sehr geringes Selbstwertgefühl. Sie fühlen sich schwach, möchten aber stark sein. Sie fühlen sich machtlos, obwohl sie sich doch machtvoll fühlen möchten. So verhalten sie sich aufgrund eines negativen Gefühls des Mangels besonders aggressiv, um ihre Schwäche auf diese Weise zu kompensieren. Jeder Krieg wird von Leuten begonnen, die sich schwach fühlen und die der Welt beweisen wollen, dass sie gar nicht schwach sind.

Ist dir schon einmal aufgefallen, dass gerade jene Menschen, die besonders selbstsicher erscheinen, in Wirklichkeit häufig sehr unsicher sind? Sie überkompensieren ihre Unsicherheit, wodurch sie zwar nach außen in einem besseren Licht erscheinen, sich innerlich aber überhaupt nicht besser fühlen. Es gibt unzählige Beispiele für dominierende Väter oder Ehemänner, die das Leben ihrer Kinder oder Frauen bis ins kleinste Detail kontrollieren wollen. Sei dir gewiss, dass in diesen äußerlich so dominanten Männern besonders unsichere Männer stecken, die sich völlig unzulänglich fühlen. Ihr dominierendes Verhalten kann sie aber nicht stärker machen, denn das würde gegen die kosmischen Gesetze verstoßen. Wenn du aufgrund deiner Konzentration auf einen Mangel handelst, den du durch dein Verhalten beheben möchtest, dann verstärkst du den Mangel nur noch.

In dem Schläger, dem dominierenden Vater oder dem Führer eines Landes, das ein anderes Land überfällt, steckt jemand, der seine eigene Stärke kennen lernen und spüren möchte, aber nicht weiß, wie er das tun soll. Er glaubt, dass er durch die Beherrschung anderer, die schwächer sind als er, seine eigene Kraft spüren wird. Aber stattdessen verstärkt er seine eigene Schwäche immer mehr, was dazu führt, dass er bis zu seinem Tod weiterhin einschüchtern, dominieren oder Krieg führen muss. Es ist ironisch, dass er die Kraft, nach der er sich so verzweifelt sehnt, bereits besitzt, und dass seine Schwäche eine Illusion ist. Auch er ist ein Produkt einer Gesellschaft, die mehr Zeit darauf verwendet, zu kritisieren als zu loben, die mehr Zeit damit verbringt, niederzureißen als aufzubauen. Er ist das Produkt des kollektiven Bewusstseins von Menschen, die sich eher unsicher als sicher fühlen, und er hat dieses allgemeine Gefühl der Unsicherheit verinnerlicht. Oft ist er bei Eltern aufgewachsen oder von Lehrern unterrichtet worden, die sich selbst unsicher gefühlt haben und ihn deshalb dominieren wollten. Natürlich haben auch sie sich dadurch nicht stärker gefühlt, aber sie haben den ewigen Kreislauf von Unsicherheit und dominierendem Verhalten an ihn weitergegeben.

In dir steckt das machtvolle Verlangen, gesund, sicher, erfolgreich und stark zu sein, und es ist die geistige Ausrichtung auf das angebliche Fehlen dieser Qualitäten, die ausnahmslos dafür verantwortlich ist, dass du dir negative Erfahrungen erschaffst. Dieses Verlangen ist deshalb so stark, weil du aus einer übergeordneten Perspektive heraus weißt, dass du immer gesund, sicher, erfolgreich und stark bist. Im Gegensatz zu dem, was die meisten von euch glauben, muss niemand beweisen, dass er gesund, sicher, erfolgreich oder stark ist. Meistens ist es ja gerade so, dass durch den Versuch, es dir oder anderen zu beweisen, gerade das Gegenteil erreicht wird. Aus deiner umfassenderen inneren Sicht heraus weißt du, dass du gesund, sicher, erfolgreich und stark bist. Alles andere ist eine Illusion. Eine überaus mächtige materielle Illusion, die durch dein Denken und deine Überzeugungen von dir selbst erschaffen wurde.

Es ist schwer für euch zu verstehen, dass eure Krankheiten, unter denen ihr so leidet, illusorisch sind. Es ist schwer für euch zu verstehen, dass Armut, Unsicherheit, unglückliche Beziehungen oder selbst die großen weltpolitischen Ereignisse nichts als Illusionen sind. Damit du besser verstehst, was wir unter »illusorisch« verstehen, musst du einen Schritt zurücktreten und die ganze Angelegenheit von einer höheren Warte aus betrachten. Wenn deine Sicht durch materielle Tatsachen wie Fleisch, Blut und Knochen begrenzt wird, dann werden dir die materiellen »Beweise« größer erscheinen, als sie es tatsächlich sind. Du verstehst nicht, dass genau die Beweise, die du nun heranziehst, um dein Gefühl der Machtlosigkeit zu belegen, von dir selbst erschaffen wurden. Sie beweisen eigentlich nur eines: Dass du nicht machtlos bist, sondern im Gegenteil extrem machtvoll. Ein einfaches Beispiel: Wenn du meinst, Anzeichen einer Krankheit zu erkennen, konzentrierst du dich auf diese Anzeichen, fühlst dich dadurch schlechter und verschlimmerst die Krankheit tatsächlich.

Wenn es dir gelingt, einen Schritt zurückzutreten und die Dinge von einer höheren Warte aus zu betrachten und anzuerkennen, dass du mehr bist als nur ein physischer Körper und dass der größte Teil von dir dein Leben aus einer völlig anderen Perspektive sieht als das physische Du, dann bist du auf dem Pfad der Selbsterkenntnis angelangt. Du bestehst aus Fleisch, Knochen und Blut, aber du bist viel, viel mehr als das. Du bist die Schöpferenergie selbst. Du wirst verstehen lernen, dass Fleisch, Knochen und Blut auf die Schöpferenergie reagieren und dass du sie lenken kannst – was du tatsächlich auch ständig tust, nur eben nicht bewusst.

Du wirst verstehen, dass du selbst den Zustand deines Körpers, andere Menschen und alles innerhalb der materiellen Dimension anziehst oder abstößt, je nachdem wie du mit der Schöpferenergie umgehst. Und wenn du weiter suchst, wirst du entdecken, dass du die Schöpferenergie durch deine Gedanken formst und lenkst. Statt dich in dieser großen Welt verloren und machtlos zu fühlen, wirst du erkennen, dass *du* die absolute Kontrolle über *dein* Leben hast. Statt dich als Opfer einer Krankheit zu fühlen, wirst du nun verstehen, dass Krankheit nichts weiter ist als das Ergebnis eines bestimmten Umgangs mit der Schöpferenergie. Du hast ihr – und das meinen wir wortwörtlich – durch dein Denken und deine Erwartungshaltung die Existenz geschenkt.

Du wirst erkennen, dass die materiellen »Beweise« zwar eindrucksvoll sind und dass sie, obwohl auch andere Menschen sie sehen können, dennoch illusorisch sind, weil sie nur aus der materiellen Sicht heraus Sinn machen. Das Gefühl der eigenen Verletzlichkeit und die Erwartungshaltung, dass etwas Schlechtes passieren wird, ist die wahre Ursache dafür, dass etwas Schlechtes passiert. Das Gefühl produziert den materiellen Beweis. Ihr Menschen konzentriert euch immer auf das Schlimme, das bereits passiert ist. Ihr häuft Beweise an und verwendet sie gegen euch selbst, so dass eure negative Erwartungshaltung immer mehr verstärkt wird. Würdet ihr euch stattdessen darauf konzentrieren, was die schlimmen Dinge wirklich verursacht hat – eure Gedanken und eure negative Erwartungshaltung –, dann würden euch die Beweise nicht mehr als so beeindruckend erscheinen. Ihr würdet sie einfach als materielle Manifestationen eurer Gedanken sehen und nicht als die furchtbaren bedrohlichen Dinge, die sie vorher waren.

Wenn du die negativen Beweise als das siehst, was sie wirklich sind – flüchtige Dinge, die du erschaffen, angezogen und wahrgenommen hast –, dann kannst du sie durch dieselbe Tür herauslassen, durch die sie hereingekommen sind. Sie kamen durch dein Denken und deine Gefühle in dein Leben. Ändere dein Denken, dann wird sich auch dein

Fühlen verändern und die negative Erfahrung wird nicht länger Teil deines Lebens sein. Aus deiner handlungsorientierten Sicht heraus gestehst du der materiellen Schöpfung – dem Beweis – viel mehr Gewicht zu, als er wirklich hat, denn alle Beweise wurden durch dein Denken fabriziert. Ändere dein Denken und die Beweise werden verschwinden.

Selbst die schlimmste Krankheit wird vollkommen verschwinden, wenn du deine Aufmerksamkeit völlig davon abziehst. Du hast sie durch dein Denken und Fühlen angezogen und du lässt sie los, indem du die betreffenden Gedanken und Gefühle loslässt. Es ist nicht leicht, *nicht* an etwas zu denken, aber es ist leicht, an etwas *anderes* zu denken. Indem du dich auf die Aspekte deines Seins konzentrierst, die im Einklang mit deinen Wünschen stehen, konzentrierst du dich während dieser Zeit nicht auf jene Aspekte, die sich damit nicht im Einklang befinden.

Stelle dir eine perfekte Stadt vor. Sie ist klein, vielleicht 10 Quadratkilometer groß und ist voller Sehenswürdigkeiten und Parks. Die Straßen sind breit und verbinden alle Stadtteile miteinander. Parkplätze sind im Überfluss vorhanden. Es gibt nur eine Sache, die in der perfekten Stadt nicht perfekt ist: In der Straße der Freiheit gibt es ein Schlagloch. Nun sagt dir dein Verstand, dass dich in einer so perfekten Stadt ein kleines Schlagloch wohl kaum stören würde. Aber wie wir dich kennen, würde dich das Schlagloch nicht nur stören, du würdest ihm auch unangemessen viel Aufmerksamkeit widmen. Du siehst es, du beklagst dich darüber, du schreibst Beschwerdebriefe, du sprichst mit deinen Freunden darüber – bis es schließlich wichtiger und größer als die ganze übrige Stadt geworden ist.

Lass uns dieses Bild nun auf eine alltägliche Situation übertragen: Eine Frau geht zu einer Vorsorgeuntersuchung, bei der ihr Arzt nach Abnormalitäten sucht. Er hat dies Jahr um Jahr getan und dieses Mal entdeckt er endlich einen kleinen Knoten. Die Frau hält nicht inne, um sich ihren wunderbaren Körper in seiner Gesamtheit anzuschauen. Sie sieht nicht mehr das Wunder, das ihr Körper ist. Sie sieht nicht mehr die »Verbindungstrassen«, auf denen Blut oder Energie transportiert werden, sondern konzentriert sich nur noch – unter tätiger Mithilfe ihres Arztes – auf das eine kleine »Schlagloch«. So verstärkt sie es und macht es immer größer, bis es schließlich ihre ganze »Stadt« geschluckt hat.

Von unserer höheren Warte aus können wir dieses Muster bei euch allen beobachten. Wir sehen, welch gewaltiges Ungleichgewicht herrscht. Die Frau ist viel mehr gesund als krank, aber ihre Konzentration auf die Krankheit verstärkt diese. In allen Lebensbereichen existieren Dinge, die sich im Einklang mit deinen Intentionen befinden und Dinge, die sich nicht im Einklang mit deinen Intentionen befinden. Alle Dinge haben positive und negative Aspekte. Wenn du dich auf einen negativen Aspekt konzentrierst, reagiert dein inneres Wesen ganz automatisch mit einem negativen Gefühl darauf, denn indem du deine Aufmerksamkeit auf das Negative richtest, widersetzt du dich dem, was du wirklich willst – dem Positiven.

Durch dein Denken ziehst du die negativen Aspekte tiefer in dein Erleben. Aufgrund deiner Angewohnheiten konzentrierst du dich noch mehr auf sie, bis sie sich endlich materiell manifestieren. Und dann sagst du: »Schau dir doch die Beweise an! Sie sind doch da, wie kann ich sie da leugnen?« Dann sagen wir: »Du sollst sie nicht leugnen, denn indem du sie leugnest, schenkst du ihnen Aufmerksamkeit. Ignoriere sie lieber. Richte deine Aufmerksamkeit auf etwas anderes. Entziehe den negativen Beweisen deine Aufmerksamkeit, dann werden sie aus deinem Leben verschwinden. Das ist Gesetz!«

Du legst so großen Wert auf materielle Beweise. Du räumst ihnen eine so wichtige Rolle in deinem Leben ein. Und dadurch ist dein geistiger Fokus nicht da, wo er sein sollte. Alle materiellen Fakten haben ihren Ursprung in deinen Gedanken und Gefühlen. Richte deine Aufmerksamkeit daher auf deine Gedanken und Gefühle. Wenn du ein negatives Gefühl verspürst, denkst du an etwas, das du nicht willst oder an etwas, das du nicht hast. Und du bist dabei, materielle Fakten zu schaffen.

Wie oft hast schon du gesagt: »Ich wusste, dass das passieren würde!« Natürlich hast du es gewusst, denn wenn du denkst, dann fühlst du, und wenn du fühlst, dann erschaffst du. Deine Aufgabe als bewusster Schöpfer besteht nicht darin, zu tun und zu handeln. Sie besteht nicht darin, materielle Dinge von einem Ort zum anderen zu bewegen. Deine Aufgabe ist es, deine Mitte zu finden und dein Wohlbefinden zu erhalten. Deine Aufgabe besteht darin, Freude, Glück, Begeisterung, Liebe, Frieden, Triumph und Wohlbefinden wahrzunehmen und in diesen Gefühlen zu verweilen. Du kannst immer in einem Zustand des Wohlbefindens sein und du wirst in diesem Zustand Erfahrungen anziehen, die dein Wohlbefinden noch verstärken. Und das, was du fühlst, das strahlst du zum Nutzen anderer Wesen aus.

Du bist nicht hier, um geprüft und beurteilt zu werden. Du bist hier, um zu erschaffen.

Kapitel 26

Das Buch der positiven Dinge

Viele unserer Freunde, die bei uns Rat suchen, berichten in allen Einzelheiten über ihre negativen Erfahrungen in vielen Bereichen des Lebens. Wenn sie uns dann ihre Leiden ausführlich geschildert haben, stellen sie uns Fragen wie die folgenden: »Meint ihr, ich sollte diese Beziehung beenden?« Oder: »Glaubt ihr, ich sollte kündigen und mich nach einer neuen Stelle umsehen?« Oft ist dies tatsächlich ein Ausweg. Wenn du dich aus der Situation entfernst, in der du dich unwohl fühlst, geht es dir sofort etwas besser. Aber die bloße Handlung reicht nicht aus, denn es ist ja nicht sie, die dich in die unangenehme Situation gebracht hat, sondern dein Denken und Fühlen.

Deshalb sagen wir oft: »Wenn du die Beziehung beenden willst, weil du nur ihre negativen Aspekte siehst, dann sollten wir dir wohl besser auch raten, die Stadt zu verlassen, da es auch dort negative Aspekte in Hülle und Fülle gibt. Und wenn du schon einmal dabei bist, dann solltest du auch gleich den Planeten verlassen, da er ebenfalls voller negativer

Aspekte ist.« Wenn du eine Beziehung wegen ihrer negativen Aspekte beendest, dann wirst du nicht mehr aufhören können wegzulaufen. Und du wirst nirgendwo hin können, denn in allen Dingen existieren negative und positive Aspekte. Genau das bietet dir ja die Möglichkeit, Entscheidungen zu treffen, zu wachsen und glücklich zu sein.

Natürlich kann deine Entscheidung so ausfallen, dass du die Beziehung letzten Endes doch beenden, dir einen neuen Job suchen oder umziehen musst, aber es ist wichtig, dass du es nicht tust, weil du dich ausschließlich auf die negativen Aspekte konzentriert hast. Denn diese wirst du immer mit dir nehmen und wenn du diese negativen Gefühle verspürst, wirst du noch mehr davon anziehen. Wenn du die Entscheidung getroffen hast, etwas zu beenden, jemanden zu verlassen oder zu kündigen, dann verbringst du gewöhnlich viel Zeit damit, deine Entscheidung zu rechtfertigen oder zu rationalisieren. Dabei fühlst du dich aber normalerweise ziemlich schlecht. All dieses Rechtfertigen oder Rationalisieren verstärkt nur deine Tendenz, Negatives anzuziehen, so dass du dir schon bald wieder eine ähnliche Situation erschaffen haben wirst.

Die Frau, die sich von ihrem Mann misshandelt fühlt, redet häufig noch lange, nachdem sie ihn bereits verlassen hat, darüber, und zieht so eine neue Beziehung an, die der ersten ähnlich ist. Der Mann, der sich von seinem Chef ungerecht behandelt fühlt, spricht immer wieder mit seinen Kollegen darüber, um sich selbst und den anderen gegenüber seine Kündigung zu rechtfertigen. Auf diese Weise zieht er aber nur einen ähnlich unbefriedigenden Job an. Wir möchten, dass du, bevor du die Entscheidung triffst zu gehen, über die positiven Aspekte der jeweiligen Situation nachdenkst. Dadurch wirst du dich besser fühlen und wenn du dich besser fühlst, wirst du andere, positivere Dinge anziehen. Häufig ist es sogar so, dass sich deine Situation dadurch so sehr verbessert, dass du sie gar nicht mehr beenden musst. Und die nächste Situation wird immer besser sein, wenn du deine Aufmerksamkeit nicht mehr auf die negativen Aspekte der alten richtest.

Wenn du das Gesetz der Anziehung verstehst, das besagt, dass du das anziehst, worauf du deine Aufmerksamkeit richtest, und dass negative Gefühle ein Zeichen dafür sind, dass du dem entgegenarbeitest, was du eigentlich willst, dann wirst du einsehen, wie sinnvoll es ist, sich ganz auf das zu konzentrieren, was in dir positive Gefühle auslöst.

Eine Übung: Das Buch der positiven Dinge

Diese Übung wird dir dabei helfen, positive Dinge anzuziehen. Besorge dir zunächst ein Notiz- oder Tagebuch. Schreibe auf den Umschlag in Großbuchstaben »Mein Buch der positiven Dinge«. Sinn und Zweck dieser Übung ist es, sich so schnell wie möglich gut zu fühlen und dadurch mehr positive Dinge anzuziehen, aber darüber hinaus hat es auch noch andere Vorteile. Das tägliche Eintragen der positiven Aspekte aller möglichen Dinge wird dir helfen, ein positives inneres Gleichgewicht zu erlangen. Sobald du anfängst, dich mit irgendeinem Bereich deines Lebens auf diese Weise auseinander zu setzen, wird sich das auch auf andere Bereiche auswirken. Da du dich öfter gut fühlen wirst, werden mehr von den Dingen, die du als gut ansiehst, in dein Leben strömen. Viele der Dinge, die schon lange auf deiner Wunschliste stehen, die du aber bisher dadurch blockiert hast, dass du entgegengesetzte Gedanken gedacht hast, die negative Gefühle ausgelöst haben, werden nun leichter und schneller in dein Leben treten. Der Grundtenor deiner Gedanken und

Gefühle wird sich von negativ nach positiv verschieben. Schon bald wirst du entdecken, dass du dich unabhängig vom Zustand der Welt, der allgemeinen wirtschaftlichen Lage oder den Problemen der Menschen in deiner Nähe immer öfter in einem positiven Gemütszustand befindest. Aufgrund des Gesetzes der Anziehung wird sich das sofort auf dein Leben auszuwirken beginnen.

Das Buch der positiven Dinge ist nicht dazu gedacht, etwas Negatives in etwas Positives umzudenken. Es soll dir helfen, dich auf das Positive zu konzentrieren, denn während du deine Aufmerksamkeit auf das Positive richtest, kannst du dich nicht gleichzeitig auf das Negative konzentrieren. Und wenn du deine Aufmerksamkeit vom Negativen zurückziehst, wird es aus deinem Leben verschwinden.

Fange auf jeder Seite ein neues Thema an. Schreibe das auf, was leicht aus deiner Feder fließt. Dies sollte keine mühevolle Arbeit sein. Wenn du dabei bist, merkst du vielleicht, dass du versuchst, etwas, das du eigentlich als negativ siehst, positiv umzudeuten. Höre sofort damit auf, denn indem du ihm Aufmerksamkeit gibst – selbst die Aufmerksamkeit positiver Worte – verstärkst du es nur. Wenn dir nichts mehr zu einem Thema einfällt, beginne die nächste Seite mit einem neuen Thema. 15 Minuten zu Beginn eines jeden Tages sollte ausreichend Zeit für diese Übung sein.

Am zweiten Tag liest du dir selber vor, was du am Tag zuvor geschrieben hast, und fügst das hinzu, was dir spontan einfällt. Achte darauf, wie gut du dich während und nach dieser Übung fühlst. Wenn du spürst, dass du negative Gefühle gegenüber jemandem hast, fange eine neue Seite an, auf der du die positiven Aspekte dieses Menschen aufschreibst. Wenn du merkst, dass du negative Gefühle zu einem bestimmten Thema hast – zu wenig Geld, nicht genug Zeit, zu viel Arbeit, kein Respekt –, schreibe auf einer neuen Seite die positiven Aspekte der betreffenden Situation auf.

Du wirst schnell merken, dass sich dein Gemütszustand verbessert. Und nicht nur die spezifische Situation, über die du geschrieben hast, wird sich sofort verbessern, sondern auch andere Bereiche, denen du bisher nicht einmal besonders viel Aufmerksamkeit geschenkt hast. Wenn du dich besser fühlst, wirst du mehr von dem anziehen, was du für gut erachtest. Wenn du dich schlechter fühlst, wirst du mehr von dem anziehen, was du für schlecht hältst.

Mache diese Übung eine Woche lang. Lies jeden Tag, was du am Tag zuvor geschrieben hast, und füge neue Ideen hinzu. Nach einer Woche lege das Buch beiseite und fange ein neues an. Schreibe wieder auf den Umschlag »Mein Buch der positiven Dinge«. Vielleicht beginnst du jetzt schon, dieses Buch als den Schatz zu sehen, der es wirklich ist, denn es ist der Schlüssel zu einem zentrierten und ausgeglichenen Zustand des Wohlbefindens. Obwohl deine Umwelt sich vorwiegend auf das Negative konzentriert und obwohl es viel mehr Menschen gibt, die kritisieren als loben, hast *du* einen Weg gefunden, *deine* Gefühle zu kontrollieren. Während alle anderen, die du kennst, ihre Entscheidungen aus Angst vor den möglichen Konsequenzen des Nichthandelns treffen, handelst du aus reiner Freude.

Jede deiner Handlungen entspringt einer von zwei Quellen: entweder aus einer klaren, positiven Vision dessen, was du erreichen möchtest, oder aus einer klaren, negativen Vision dessen, was du vermeiden möchtest. Wir haben beobachtet, dass die meisten eurer Handlungen durch das inspiriert werden, was ihr nicht wollt. Die meisten Menschen handeln nicht, weil sie ein strahlendes Ziel vor Augen haben, sondern weil sie glauben, dass es negative Konsequenzen für sie haben würde, wenn sie nicht handeln. Folglich gehen sie auch nicht voller Freude und Begeisterung zur Arbeit, wohl wissend welchen Wert ihre Tätigkeit hat. Sie handeln nicht aufgrund einer klaren Vorstellung von dem, was sie erreichen möchten. Die meisten Menschen gehen nur deshalb zur Arbeit, weil sie glauben, wenn sie nicht arbeiten würden, hätten sie kein Geld, und wenn sie kein Geld hätten, könnten sie sich nicht die Dinge kaufen, die sie wollen oder brauchen.

Solange du dich auf die negativen Konsequenzen des Nichthandelns konzentrierst und diese negativen Konsequenzen durch dein Handeln zu vermeiden suchst, wirst du sie nicht nur nicht vermeiden, sondern ihnen sogar noch mehr Macht geben. So lautet das Gesetz. Eine unglückliche Reise kann nun einmal kein glückliches Ende haben. Und du wirst keine glückliche Reise haben, wenn du sie aufgrund deiner Angst vor negativen Konsequenzen unternimmst. Die Handlung ist nur ein winziger Bruchteil deiner schöpferischen Tätigkeit. Wie du dich fühlst ist hauptverantwortlich dafür, was du bekommst und was du erschaffst, und damit dafür, wie dein Leben aussieht.

Viele Menschen kommen einfach nie vom Fleck, weil sie gar nicht genug handeln können, um einen Unterschied zu machen. Sie versuchen es, sie quälen sich ab, sie versuchen es von Neuem, aber ihre Lage verbessert sich nicht grundlegend. Ihre Lage verbessert sich deshalb nicht, weil der Schöpfungsprozess nicht durch das bestimmt wird, *was* sie tun, sondern dadurch, *wie* sie sich fühlen, *während* sie etwas tun. Wenn du deine Erfahrungen positiv beeinflussen möchtest, dann richte deine Hauptaufmerksamkeit auf deine Gefühle und finde Gründe, aus denen du dich gut fühlen kannst. Es gibt auf der ganzen Welt nicht genug Handlungen, um ein schlechtes Gefühl aufzuwiegen. Du kannst einfach nicht genug tun. Der Tag hat nicht genug Stunden und dein Körper nicht genug Energie, um negative Gefühle wettzumachen.

Aus diesem Grund legen wir so viel Wert auf eine Übung wie das »Buch der positiven Dinge«. Wenn du ganz bewusst nach Gründen suchst, aus denen du dich gut fühlen kannst, dann wirst du sie finden. Und wenn du dich auf diese Gründe konzentrierst, wirst du dich gut fühlen. Und wenn du dich gut fühlst, wirst du die Dinge anziehen, die du für gut erachtest.

Wenn du dich schlecht fühlst, versuchst du häufig jemand anderem die Schuld daran zu geben. Du suchst Gründe, um dich selbst reinzuwaschen, denn tief im Innern weißt du, dass diese Gefühle keinen Platz in dir haben. Wir sagen dir ganz klar: Wenn du etwas zu rechtfertigen suchst oder Verantwortung abzuwälzen versuchst, dann ziehst du die Dinge, die du vermeiden willst, erst recht an. Wenn du zu erklären versuchst, warum du ein negatives Gefühl hast, gibst du ihm noch mehr Macht. Lass das negative Gefühl los – und damit die negative Anziehung –, indem du deine Aufmerksamkeit davon zurückziehst. Richte deine Aufmerksamkeit stattdessen auf etwas, das dich glücklich macht. So hast du weder Zeit noch Energie, dich mit dem zu beschäftigen, was dich unglücklich macht.

Die meisten unserer verkörperten Freunde versuchen zu verstehen, welche Rolle das Handeln im Schöpfungsprozess spielt. Schließlich lebt ihr in einer materiellen Welt, in der Handeln ein wichtiger Aspekt eures Erlebens ist. Wie oft überlegst du dir im Laufe eines einzigen Tages: »Was soll ich jetzt machen?« Wir versuchen nicht, dich zum Nichtstun zu bewegen. Wir möchten nicht, dass du glaubst, Handlungen wären ohne jede Bedeutung. Wir möchten aber, dass du erkennst, dass Handeln allein nicht besonders effektiv ist. Und eine Handlung, die gegen ein negatives Gefühl ankommen muss, hat quasi überhaupt keine Wirkung. Wenn du also dein Hauptaugenmerk auf dein Handeln richtest und den Dingen, die du möchtest, trotzdem nicht näher kommst, weißt du nun, woran es liegt.

Werden deine Taten von einer positiven Motivation getragen, dann unterstützt die Handlung den Schöpfungsprozess und du fühlst dich gut dabei. Dann handelst du freudvoll. Aber wenn die Grundlage deiner Taten die Angst vor den negativen Konsequenzen des Nichtstuns ist, dann fühlt sich jede Handlung schlecht an. Achte auf deine eigenen Erfahrungen. Fühlst du dich während des Tages glücklich oder handelst du nur widerwillig? Gehst du neue Projekte voller Freude an oder machst du sie nur halbherzig und schaust dabei ständig auf die Uhr, weil du nicht wirklich motiviert bist? Lächelst du bei der Arbeit? Singst du dabei? Bist du glücklich?

Jede deiner Handlungen sollte positiv inspiriert sein, nicht negativ. Konzentriere dich darauf, was dich glücklich macht, dann wirst du mehr und mehr aus Freude handeln. Und wenn du aus Freude handelst, werden mehr von den Dingen, die du haben oder erreichen möchtest, in dein Leben strömen, da du nun deine Handlungen nicht mehr durch negative Gefühle wirkungslos machst.

Du bist nicht hier, um den Spuren eines anderen zu folgen. Du bist der Schöpfer deines eigenen Weges. Du bist nicht hier, um der Jünger jener zu sein, die die Wahrheit entdeckt haben. Du bist Wahrheit. Du bist Freude. Du bist Wachstum.

Kapitel 27

Das Gesetz des Zulassens

Du bemühst dich unermüdlich, deinen Platz in der Welt zu finden, aber dennoch arbeitest du meistens gegen dich. Manchmal weißt du ganz klar, was du willst, aber meistens glaubst du, dass du das, was du willst, nur bekommst, indem du gegen das kämpfst, was du nicht willst. Ihr führt Kriege gegen die Armut, gegen Drogen, Krebs und Aids, gegen den Hunger und den Terrorismus und trotzdem nehmen all diese Objekte eurer Aufmerksamkeit immer mehr zu. Statt euch auf euren natürlichen Zustand der Gesundheit und des Überflusses zu konzentrieren und ihn dadurch anzuziehen, befinden sich die meisten von euch in einem angsterfüllten Zustand permanenter Abwehr.

Die meisten von euch glauben allen Ernstes, dass sie das, was sie wollen, bekommen können, indem sie gegen das kämpfen, was sie nicht wollen. Aber alles, gegen das du dich wehrst, wird Teil deiner Erfahrung. Das, wegen dem du dich sorgst, wird Teil deiner Erfahrung. Das, auf das du dich vorbereitest, wird Teil deiner Erfahrung.

Du stehst angsterfüllt da und gibst den Wesen, die sich neu auf dieser Welt verkörpern, gut gemeinte Ratschläge, die für ihre Entwicklung in Wirklichkeit äußerst hinderlich sind. Du verewigst, wie deine Eltern und Großeltern vor dir, die Erfahrung des Leidens. Du brauchst dich nicht gegen Krankheiten zu wehren, denn Gesundheit ist dein natürlicher Zustand. Dein Kampf gegen Krankheiten macht sie erst möglich. Du brauchst dich nicht gegen die Armut zu verteidigen, denn Überfluss ist dein natürlicher Zustand. Dein Kampf gegen die Armut ist die Ursache der Armut. Du musst nicht gegen das »Böse« kämpfen, denn das Gute ist dein natürlicher Zustand. Erst dein Kampf gegen das Böse macht das Böse so mächtig. Du stehst abwehrbereit und verspannt, verängstigt und voller Sorge da und ziehst durch deine Aufmerksamkeit – deinen geistigen Fokus – genau das an, was du auf keinen Fall möchtest.

Je lauter du »Nein!« schreist, desto stärker wird deine Anziehungskraft. Je öfter du dich gegen etwas wehrst, desto stärker ziehst du es an. Indem du dagegen protestierst, verleihst du ihm mehr Macht. Und dadurch, dass du deine Abwehrhaltung zu rechtfertigen versuchst, garantierst du, dass du nie aus dem Teufelskreis herauskommen wirst. Wenn du anderen Menschen oder den »Umständen« die Schuld an deiner Situation gibst, zementierst du deine missliche Lage noch mehr. Um das glückliche, produktive und wunderbare Leben führen zu können, das du dir vor deiner Geburt vorgestellt hattest, musst du es nur wollen, es erwarten und zulassen, damit es so ist.

Viele deiner Wünsche sind gut gewählt. Schließlich hast du ja einen Großteil deines Lebens damit zugebracht herauszufinden, was du gerne und was du nicht so gerne hast. Aber die meisten von euch können das Gute nicht zulassen. Du möchtest es zulassen, weißt aber nicht einmal, warum es bisher nicht geklappt hat. Denke noch einmal daran, dass das Gesetz der Anziehung sich ständig auf dein Erleben auswirkt und dass du durch dein Denken und Fühlen Menschen, Dinge, Umstände und Erfahrungen anziehst.

Um Gesundheit, Reichtum, Sicherheit, Liebe oder was auch immer du mit Wohlbefinden assoziierst, zuzulassen, musst du nur deinen Wunsch identifizieren und dich dann mit der Absicht entspannen, dich ganz deinem Wohlbefinden hinzugeben. Statt gegen Krankheiten zu kämpfen, solltest du dich entspannen und deine natürliche Gesundheit zulassen. Statt gegen die Armut oder irgendeinen anderen Mangel anzukämpfen, solltest du dich entspannen und den natürlichen Überfluss zulassen. Finde heraus, was du willst, und warte dann voller Vorfreude und Hoffnung darauf, dass es sich zeigt. Höre auf zu kämpfen und dich abzumühen. Lass dich nicht entmutigen und gib dich nicht geschlagen. Lass den Prozess des Werdens seinen natürlichen Gang nehmen. Alles-Was-Ist – also alles im Universum, das dir bekannt ist, aber auch das, was dir unbekannt ist – ist miteinander verbunden und reagiert aufgrund des Gesetzes der Anziehung. Jeder Gedanke, den du aussendest, und jeder Gedanke, den du empfängst, hat eine bestimmte Schwingungsfrequenz und aufgrund des Gesetzes der Anziehung zieht er gleiche und ähnliche Schwingungen an.

Stelle dir ein riesiges Schiff vor, das mit einem 30 Zentimeter dicken Tau am Kai vertäut wird. Dieses Tau ist zu dick und zu schwer, als dass es die Matrosen auf den Kai werfen könnten. Stattdessen werfen sie zuerst eine dünne Leine hinüber. An dieser dünnen Leine hängt eine etwas dickere Leine, an dieser wiederum ein dünnes Seil und an diesem dünnen Seil ein dickeres, an dem schließlich das dicke Tau befestigt ist. Auf diese Weise kann man das dicke Tau hinüberziehen und am Poller befestigen. Ähnlich verhält es sich mit deinen Gedanken. Jeder Gedanke fängt einmal ganz klein an. Je länger du ihn denkst und je mehr Aufmerksamkeit du ihm schenkst, desto größer und mächtiger wird er. Alles, was du in deinem Leben empfängst und erlebst, entsteht durch diesen Prozess von Gedanken, die sich an Gedanken anhängen, die sich an Gedanken anhängen, die sich an Gedanken anhängen und so weiter.

Als Esther eines Tages im Garten stand und die Schönheit des Himmels sah, den jubilierenden Gesang der Vögel hörte, die zarten Düfte roch, die in der Luft lagen, und den Wind spürte, der über ihre Haut strich, da erlebte sie am »eigenen Leibe«, welche dramatischen Auswirkungen es hat, wenn man an einem positiven »Tau« zieht. Indem sie die Entscheidung getroffen hatte, nach Gründen zu suchen, warum sie glücklich sein konnte, hatte sie einen Gedanken gedacht, der ähnliche Gedanken anzog, der ähnliche Gedanken anzog, der ähnliche Gedanken anzog, bis ihr ganzer Körper von einer Schwingung erfüllt war, die sich der höheren Schwingungsfrequenz der geistigen Energie angenähert hatte.

Die meisten von euch haben noch nicht erkannt, wie wichtig es ist, sich ganz bewusst dafür zu entscheiden, welche Gedanken man denkt, weil sie noch nicht verstanden haben, wie machtvoll das Gesetz der Anziehung wirklich ist. Ein Gedanke führt zum nächsten und zum übernächsten und zum überübernächsten und so weiter, bis du eine Gedankenkette gedacht hast, die machtvoll genug ist, sich in materielle Realität umzusetzen. Uns ist aufgefallen, dass ihr großen Wert darauf legt, wie ihr euch anzieht, was ihr esst, wo ihr wohnt oder welches Auto ihr fahrt, aber die Gedanken, die ihr denkt, scheinen euch relativ gleichgültig zu sein. Und das obwohl eure Gedanken andere Gedanken anziehen und letztlich eure materielle Realität erschaffen!

Wenn du einen Gedanken aussendest oder empfängst, der nicht im Einklang mit deinen Wünschen ist, erhältst du immer von deinem inneren Wesen eine Warnung in Form eines negativen Gefühls. Leider beachten nur sehr wenige von euch diese Warnungen und ändern daraufhin ihre Gedanken. Daher zieht ihr meistens das an, was ihr nicht wollt.

Nur ganz wenige Dinge müssen klar verstanden werden, damit du die absolute Kontrolle über dein Leben erlangst: Akzeptiere, dass du der alleinige Schöpfer deiner Wirklichkeit bist. Erkenne die Macht und Bedeutung deiner Gedanken an. Akzeptiere, dass du untrennbar mit deinem inneren Wesen verbunden bist. Erkenne an, dass deine Gefühle Signale deines inneren Wesens sind, die dich führen sollen. Triff noch heute die Entscheidung, dass nichts wichtiger ist, als glücklich zu sein und sich gut zu fühlen.

Wenn dir die Lektüre dieses Buches nichts weiter gebracht hat als die Einsicht, dass es wichtig ist, sich gut zu fühlen, dann hast du alles verstanden, was du brauchst, um ein glückliches, produktives Leben zu führen. Wenn du deine Gedanken, Worte und Handlungen bewusst so ausrichtest, dass sie in dir ein Gefühl des Wohlbefindens auslösen, dann lässt du zu, dass dich dein inneres Wesen führt.

Im Rahmen dieses einen Lebens bist du ein sehr komplexes Wesen geworden. Du hast über eine Unzahl von Themen nachgedacht und bist vom Leben auf vielerlei Weise berührt worden. Du hast vom Tag deiner Geburt an positive wie negative Erfahrungen gemacht und wie du heute lebst, spiegelt die Summe deiner Gedanken und Gefühle wider. Du hast zum Teil sehr rigide Denkmuster und starke Überzeugungen entwickelt, so dass du beim bloßen Erwähnen eines bestimmten Themas nur zu leicht in eine negative Spirale hineingerätst. Du bist bestimmten Dingen gegenüber äußerst empfindlich geworden und bemühst dich nach Kräften, dich vor den Dingen zu schützen, die du nicht willst.

Statt zu versuchen, dich aus allen möglichen Blickwinkeln zu analysieren und zu rechtfertigen, warum es so ist, oder dir und anderen die Schuld daran zu geben, dass es so ist, solltest du dir einfach vornehmen, immer auf dein Wohlbefinden zu achten. Lass in dir das Gefühl deines eigenen Wertes aufsteigen. Schau dich selbst von allen Seiten an, ob du nicht etwas Gutes oder Wertvolles an dir entdecken kannst. Triff die Entscheidung, dass du Gründe finden wirst, aus denen du dich selbst bewundern kannst, dann versprechen wir dir, dass diese Gründe zunehmen und das ganze Universum einschließen werden. So machtvoll ist das Gesetz der Anziehung.

Wenn du dich selbst, andere Menschen oder irgendetwas anschaust und dabei einen Mangel siehst, dann sendest du Gedanken aus, die eine bestimmte Schwingung haben. Die negativen Gefühle, die du dabei spürst, sind ein Zeichen dafür, dass dein inneres Wesen sich nicht im Einklang mit diesen Gedanken befindet. Das Gefühl zeigt an, dass du im Augenblick von deiner inneren Kraftquelle getrennt bist. Indem du den Prozess des Umwandelns anwendest, kannst du dein Mangelbewusstsein in ein Bewusstsein des Überflusses umwandeln, und indem du dich darauf konzentrierst und Gedanken denkst, die gleiche und ähnliche Gedanken anziehen, veränderst du kontinuierlich deine Schwingung, bis du dich wieder im Einklang mit deinem inneren Wesen befindest. Wenn das positive Gefühl stärker wird, verschwindet das negative Gefühl. Wenn du dich glücklich fühlst, weißt du, dass du dich wieder im Einklang mit der Weisheit deines inneren Wesens befindest.

Die Ursache jeder Krankheit und jedes Unwohlseins in dir liegt darin, dass du dich auf den Mangel konzentrierst und dadurch eine niedrigere Schwingungsfrequenz hast, wodurch du dich mehr und mehr von deinem inneren Wesen entfernst und dich vom Zustrom universeller Energie abschneidest. So wie dein Körper negativ darauf reagieren würde, wenn der Blutfluss oder die Sauerstoffzufuhr abgeschnitten wird, so reagiert er negativ, wenn er vom Strom positiver Lebensenergie abgeschnitten wird. Wenn du dir dein Leben anschaust und mangelnde Gesundheit, fehlenden Reichtum, nicht vorhandene Beziehungen oder irgendetwas anderes siehst, dass du dir niemals gewünscht hast, dann solltest du verstehen, dass dies nur aus einem einzigen Grund so ist: Weil du Gedanken gedacht hast, an die sich ähnliche Gedanken gehängt haben, an denen ähnliche Gedanken hingen, die nicht im Einklang mit den Interessen deines inneren Wesens waren. Dadurch hast du eine niedrigere Schwingungsfrequenz und ziehst genau das an, was dieser niedrigeren Frequenz entspricht.

Wenn du kritische Gedanken über dich selbst denkst, dann stimmt das nicht mit dem Wissen deines inneren Wesens überein, denn dein inneres Wesen weiß, dass du wunderbar, talentiert, kreativ und gut bist. Wenn du kritische Gedanken gegenüber anderen denkst, dann stimmt auch das nicht mit dem Wissen deines inneren Wesens überein, denn dein inneres Wesen weiß, dass das Universum in einem perfekten Gleichgewicht existiert und dass jeglicher Ausdruck erlaubt ist. Dein inneres Wesen weiß, dass es viele Dinge gibt, die du nicht wählen würdest, denn auch dein inneres Wesen würde vieles nicht wählen, aber dein inneres Wesen weiß auch, dass du, indem du dem, was du nicht willst, Aufmerksamkeit schenkst, genau das anziehst. Da dein inneres Wesen zu weise ist, um dabei mitzumachen, zieht es sich zurück. Wenn du Angst vor Krankheiten oder Monstern oder vor sonst irgendetwas hast, macht dein inneres Wesen bei diesen Spielchen nicht mit, weil es weiß, dass du das, wovor du dich fürchtest, dadurch in dein Leben einlädst. Dein inneres Wesen sonnt sich immer im Glanz absoluten Wohlbefindens und ängstliche Gedanken jeglicher Art sind ihm vollkommen fremd.

Wenn du abends ins Bett gehst, erkenne die Existenz deines inneren Wesens an und spüre deine Verbindung zu ihm. Lieg ein paar Minuten ruhig da und sonne dich im Glanz deines eigenen Wohlbefindens. Dein inneres Wesen wird dich mit reiner positiver Energie überfluten. Erkläre deine Absicht, deinen Körper erneuern zu lassen, dann wird dein inneres Wesen die Energien deines Körpers liebevoll erneuern und umorganisieren. Nimm dir vor, am nächsten Morgen erfrischt und glücklich zu erwachen. Wenn du morgens aufwachst, erkenne an, dass du gerade wieder in die materielle Dimension eingetaucht bist und formuliere sofort deine Intention für den kommenden Tag: »Es ist heute meine Absicht, das zu suchen, was mich glücklich macht.« Denn wenn du glücklich bist, bist du in perfekter Übereinstimmung mit deinen höheren Interessen und umfassenderen Intentionen. Wenn du dich gut fühlst, kann nur das zu dir kommen, was du als gut betrachtest.

Wenn du nach Gründen suchst, um glücklich zu sein, fängst du an, am positiven »Tau« zu ziehen, und ein positiver Gedanke nach dem anderen wird zu dir kommen. Wenn sich alte Denkmuster einschleichen oder wenn du aus lauter Gewohnheit an deinen negativen Tauen ziehst, wirst du schneller erkennen, was du tust, und diese Taue schneller wieder loslassen. Schließlich wird die Summe deiner Gedanken und Gefühle überwiegend positiv und die Verbindung zu deinem inneren Wesen wird stark und unzertrennbar sein. Wenn du die Verbindung vom körperlichen Du zum inneren Du zulässt, wirst du von einer ungeheuren Freude erfüllt sein. Dinge, die du möchtest, werden mühelos und schnell in dein Leben strömen, und Dinge, die du nicht möchtest, werden nicht mehr Teil deines Lebens sein. Die Welt wird tatsächlich ein ganz wunderbarer Ort sein.

Wenn du morgens aufwachst, tauchst du tatsächlich wieder in die Welt der Materie ein – wie am Tag deiner Geburt auch. Wenn du die Augen öffnest, liege einen Moment lang still da und sonne dich im Glanz deines eigenen Wohlbefindens. Finde Gründe für dein Glück. Spüre die angenehme Weichheit der Matratze unter dir. Konzentriere dich auf angenehme Körperempfindungen. Spüre die sinnliche Berührung durch die Bettwäsche. Fühle das Blut durch den Körper strömen und staune über diesen wunderbaren Körper. Atme tief ein und dann noch einmal und spüre, wie dein Körper voller Freude den neuen Tag begrüßt.

Als du heute morgen aufgewacht bist und dein Bewusstsein wiederlangt hast, hat für dich ein neues Leben begonnen. Das, was vor dir liegt, wird einzig und allein durch deine gegenwärtige Sicht der Dinge beeinflusst.

Teil II

Fragen und Antworten aus Gruppensitzungen

Zu Beginn möchten wir, dass du so genau wie nur irgend möglich formulierst, was dir dieser Teil des Buches bringen soll. Es ist immer nützlich, sich am Anfang eines jedes Tagesabschnitts einen Augenblick Zeit zu nehmen, um herauszufinden, was man will. Dadurch wirst du dich auf diese Dinge konzentrieren und sie bewusst erschaffen. Wenn du dir nicht die Zeit nimmst, herauszufinden, was du willst, dann kannst du nicht absichtsvoll erschaffen und wirst von anderen Menschen, den »Umständen« oder deinen alten Gewohnheiten beeinflusst werden.

Es gibt keine bestimmte Richtung, in die wir dich drängen wollen. Wir sind nicht der Meinung, dass du etwas glaubst, was du nicht glauben solltest, und wir wollen deine Aufmerksamkeit nicht von deinem täglichen Leben ablenken. Darum geht es uns nicht. Wir sind Lehrer und wir wollen dich die kosmischen Gesetze lehren, die für alle Formen des Lebens – materiell wie geistig – gelten, damit dein gegenwärtiges Leben dadurch bereichert wird. Was auch immer du willst, ist gut, weil es das ist, was du erschaffen möchtest.

Wenn du das, was du von Abraham lernst, verstehst und anwendest, wird dieses wunderbare Leben in der materiellen Dimension bereichert werden, weil du dadurch bewusst die Freiheit erlangst, die du – wie du von einer höheren Perspektive aus weißt – in Wirklichkeit immer hast.

FRAGE: *Wie können wir die beiden Dimensionen – materiell und geistig – in uns verschmelzen?*

ABRAHAM: Ein Mensch kann durchaus wunderbare Dinge erschaffen, indem er sich auf seine Wünsche konzentriert, ausschließlich positiv denkt und keinen Gedanken an die Nichterfüllung seiner Wünsche verschwendet, auch ohne sich der Existenz seines inneren Wesens bewusst zu sein und sich mit ihm zu verbinden. Uns geht es aber um vollkommenes und absichtsvolles Erschaffen in jedem Bereich des Lebens. Uns geht es um vollkommene Freiheit. Es ist nämlich nicht nur wichtig, den Schöpfungsprozess zu verstehen, damit du die Dinge erschaffen kannst, die du willst, sondern auch, damit du aufhören kannst, die Dinge zu erschaffen, die du nicht willst.

Die meisten Menschen haben all diese kleinen unangenehmen Dinge in ihrem Leben, die sie nicht wollen, und wissen nicht, warum das so ist. So mag sich ein Geschäftsmann ganz auf sein Geschäft konzentrieren, positive Gedanken denken, sich mit positiv denkenden Mitarbeitern und Geschäftspartnern umgeben und wunderbare Dinge vollbringen, gleichzeitig aber Krebs oder irgendeine andere »tödliche« Krankheit bekommen, weil er nicht versteht, dass *alle* seine Gedanken etwas erschaffen. Vielleicht wurde ihm die Angst vor Krebs schon während seiner Kindheit von einem Familienmitglied eingeflüstert. Seitdem trägt er sie in sich und jedes Mal, wenn das Wort »Krebs« auftaucht, wird diese Angst aktiviert. Wenn man dann noch die Behandlung dieses Themas in den Medien betrachtet, dann ist es kein Wunder, dass seine Gedanken genau das erschaffen, wovor er Angst hat.

Wir wollen dir nicht nur helfen, mehr Geld oder ein neues Auto zu bekommen. Wir möchten dir helfen, die vollständige Kontrolle über dein Leben zu erlangen, damit du ganz bewusst *alle* Aspekte deiner Wirklichkeit erschaffen kannst. Damit du zum Beispiel auf der Autobahn nur die Fahrer anziehst, die ebenfalls Sicherheit beabsichtigen, und jene Fahrer abstößt, die sich auf etwas anderes konzentrieren.

FRAGE: *Welche Rolle spielt das Handeln dabei? Es kann doch unmöglich ausreichend sein, einfach etwas zu wollen und dann nichts mehr dafür zu tun?*

ABRAHAM: Wenn du etwas wirklich willst und es dem Universum übergeben hast, wirst du – wenn deine beiden Aspekte wirklich miteinander verschmolzen sind – Hinweise und Gelegenheiten erhalten und dementsprechend handeln. Deine Handlungen entsprechen dann immer deiner dominanten Intention. Du tust immer irgendetwas und wenn du nicht weißt, was deine dominante Intention zur Zeit ist, dann orientieren sich deine Worte und Taten an deinen alten Angewohnheiten oder werden von anderen Menschen beeinflusst. Aus diesem Grund gibt es ja so viele Fehlschöpfungen. Wenn du etwas von ganzem Herzen willst, dann wird es leicht sein, Übereinstimmung in Gedanken, Worte und Handlungen zu erzielen. Wenn du einmal einen solchen Gedanken bewusst in Bewegung gesetzt hast, dann wirst nicht nur du handeln, um ihn umzusetzen, sondern alle anderen Beteiligten werden dies ebenfalls tun.

FRAGE: *Ich habe eine Frage in Bezug auf »Channeling«. Ich habe gehört, dass sich in manchen Fällen böse Geistwesen eines Körpers bemächtigen.*

ABRAHAM: So wie es in eurer materiellen Dimension unterschiedliche Intentionen gibt, so gibt es in *allen* Dimensionen Unterschiede. Es gibt keine Quelle des Bösen. Du magst deinen Gott als die Quelle des Guten betrachten, aber es gibt keinen Teufel, der die Quelle des Bösen wäre. Die göttliche Kraft oder die Energie, die Alles-Was-Ist belebt, ist konsistent; was die Unterschiede zwischen den Extremen ausmacht, ist lediglich die Absicht.

Es gibt viele Wesen, die sich in ihren Absichten von dir unterscheiden. Wer kann schon mit Gewissheit sagen, dass der eine »gut« und der andere »böse« ist? Wir alle glauben natürlich, dass wir Recht haben und die Guten sind, oder? Folglich müssen jene, die anders sind als wir, Unrecht haben und die Bösen sein. Schließlich können sie nicht Recht haben, wenn wir Recht haben. Aber es geht gar nicht um richtig und falsch, um gut und böse, es geht einfach darum, dass wir alle verschieden sind und unterschiedliche Interessen haben. Wir alle haben uns auf unseren gegenwärtigen Bewusstseinsstand hin entwickelt.

Nun speziell zu deiner Frage zum Channeling von Wesenheiten. Allgemein gesagt wirst du immer die Wesen anziehen, die ein ähnliches Bewusstsein wie du haben. Es wäre sehr ungewöhnlich, wenn du jemanden anziehen würdest, dessen Absichten nicht im Einklang mit deinen sind. Aber wie in allen anderen Bereichen, so gilt auch hier, dass du genau das anziehst, worauf du deine Aufmerksamkeit richtest. Wenn du furchtbare Angst vor solchen Wesenheiten hast, dann wirst du wahrscheinlich aufgrund deiner Angst genau das anziehen, wovor du dich am meisten fürchtest. So funktioniert der Schöpfungsprozess nun einmal.

Und weil es Menschen gibt, die solche Erlebnisse gehabt und anderen davon berichtet haben, hat sich diese Angst ausgebreitet. Es ist völlig unnatürlich, was sie da erschaffen haben, aber weil sie in anderen Menschen Gedanken der Angst erzeugt haben, erschaffen auch diese es. Dann wird natürlich irgendjemandem ein Gegenmittel einfallen und er wird sagen, dass du nur diese oder jene Gesten oder Rituale ausführen musst, damit die bösen Geister wieder verschwinden. Und wenn du daran glaubst, dann werden die bösen Geister dich wirklich nicht länger heimsuchen. Es gibt aber überhaupt keinen Grund, warum du etwas erschaffen solltest, das du nicht willst.

Du ziehst alles durch deine Gedanken an. Wenn du nicht »wüsstest«, dass es böse Geister gibt, dann würdest du sie auch nicht anziehen. Aber wenn ihr darüber redet und du an sie denkst, dann kann es schon sein, dass du sie anziehst – vorausgesetzt, du lässt es zu. Ehrlich gesagt, sind die meisten dieser Erlebnisse reine Einbildung oder schlichtweg erfunden. Die meisten haben nie stattgefunden.

Alles, was du erlebst, musst du zuerst gedacht haben. Oder wie wir sagen: Um etwas absichtsvoll zu erschaffen, musst du es wollen und es dann zulassen, damit es sein kann. In Bezug auf das Channeling wird das Wollen meistens so ausgedrückt: »Ich möchte mit der inneren Dimension kommunizieren.« Aber um unerwünschte Nebenwirkungen zu vermeiden, solltest du genauer sein und deinen Wunsch etwa so formulieren: »Ich möchte eine freudvolle Kommunikation mit der inneren Dimension haben. Ich möchte mit den

Wesen kommunizieren, die sich im Einklang mit mir befinden, mit Wesen, die mich erheben. Ich möchte ein höheres Bewusstsein erlangen. Ich bin mir bewusst, dass es viele frivole Wesen gibt, und ich will die Kommunikation nicht einfach nur so zum Zeitvertreib, sondern um ein höheres Wissen zu erlangen und um meinen geistigen Horizont zu erweitern.« Formuliere deine Absicht genau, damit du wirklich das erschaffst, was du willst. Und wenn du dich dann zur »Meditation« hinsetzt, dann lässt du zu, dass es geschieht, denn deine Absicht hinter der Meditation ist es ja, den Kommunikationskanal zur inneren Welt zu öffnen.

Die meisten Menschen, die sich vor bösen Geistern fürchten, haben selbst nie Erfahrungen mit Geistern gemacht, weil sie die Kommunikation gar nicht zulassen können. Sie werden sich nie hinsetzen, um Botschaften zu empfangen, weil sie aus lauter Angst, mit bösen Geistern in Kontakt zu kommen, den Kontakt gar nicht zulassen können. Deshalb sagen wir, dass die meisten dieser Geschichten frei erfunden sind. Sie stimmen einfach nicht mit den Gesetzmäßigkeiten des Schöpfungsprozesses überein. Sowohl Wollen als auch Zulassen müssen da sein, bevor sich etwas manifestieren kann.

Wir raten dir, nicht auf Leute zu hören, die dir alles Mögliche über alle möglichen Themen erzählen, sondern deine Entscheidungen aufgrund deiner eigenen Lebenserfahrung zu treffen. Überprüfe deine Entscheidungen anhand der Gefühle, die du dabei hast. Du kannst nicht wissen, welche Absichten ein anderer Mensch hat. Möglicherweise will der andere bestimmte Erfahrungen machen, die du nicht machen willst.

Wir sagen dir ganz klar, dass es keine geistigen Wesen gibt, die plötzlich körperliche Gestalt annehmen. Es gibt Wesen, die sich plötzlich aufgrund ihrer geistigen Energie manifestieren, aber nicht in einer festen körperlichen Form, die für alle sichtbar ist. Und wenn du etwas anderes hörst, dann ist das mit Sicherheit erfunden. Esther hat einmal zu uns gesagt: »Abraham, ihr seid doch so weise und so mächtig, könntet ihr nicht etwas herbeizaubern, um die Zweifler zu überzeugen? Könntet ihr nicht etwas erschaffen, einen Diamanten zum Beispiel?« Daraufhin haben wir gesagt: »Würde das die Zweifler daran hindern zu sagen, dass du den Diamanten wie jeder gute Bühnenzauberer vorher im Ärmel hattest?« Sie antwortete: »Du hast Recht. Also muss es etwas Größeres sein. Vielleicht ein Elefant?« Woraufhin wir zu bedenken gaben: »Hast du noch nie gesehen, wie ein Elefant auf die Bühne gezaubert wurde?« Es gibt nichts, was einen Zweifler überzeugen kann, wenn er nicht glauben will. Wenn wir versuchen würden, die Zweifler zu bekehren, würden wir unserer eigenen Intention zuwiderhandeln. Es ist unsere Absicht, mit denen zu kommunizieren, die auf der Suche sind, und nicht diejenigen anzuziehen, die sich von Zauberkunststückchen verblüffen lassen.

FRAGE: *Wie kann ich meine Vision und meine Gedanken unter Kontrolle halten?*

ABRAHAM: Am besten, indem du in jedem Moment eine bewusste Entscheidung triffst, was du willst, und dabei auf deine Gefühle achtest. Das ist so einfach, dass es schwer fällt, es zu glauben. Du lebst in einer so komplexen und komplizierten Gesellschaft, dass du vielleicht meinst, etwas so Grundlegendes müsste viel schwieriger sein. Wenn es so einfach ist, dann kann damit etwas nicht stimmen. Du glaubst, du müsstest dich ständig rechtfertigen, weil du nicht an deinen eigenen Wert glaubst. Da du nicht weißt, wer du bist, hast du eine ganze Welt um dich herum errichtet, die deine Existenz rechtfertigen soll. Du musst deine Existenz nicht rechtfertigen oder begründen, denn du bist, weil du sein wolltest. Liebe dich so wie du bist. Entscheide dich, was du willst. Lebe entsprechend.

Und hier noch etwas zum Nachdenken: Wenn du etwas rechtfertigen musst, erschaffst du etwas, das du gar nicht willst. Wenn du in den »Rechtfertigungsmodus« schaltest, versuchst du dich selbst davon zu überzeugen, dass etwas sein sollte, was deiner Meinung nach nicht so ist. Das Gefühl, das den Rechtfertigungsversuch begleitet, ist immer negativ, auch wenn du dich selbst davon zu überzeugen versuchst, dass es nicht so ist.

Du musst nichts rechtfertigen. Sage einfach, du willst es, weil du es willst. Das ist Grund genug. Wenn dich jemand in eine Ecke drängt, dich nach Gründen fragt und von dir verlangt, dich vor ihm zu rechtfertigen, sage einfach: »Ich will es, weil ich es will.« Das sollte ihm Stoff zum Nachdenken geben.

FRAGE: *Angenommen ich sage: »Ich will es einfach, weil ich es will«, und der andere sagt: »Wie unrealistisch! Das ist doch völliger Quatsch!«, was kann ich antworten, um ihn zu überzeugen?*

ABRAHAM: Zuerst musst du dir überlegen, warum du ihn überhaupt überzeugen willst. Um ihn dahin zu bringen, das zu erkennen, was du erkannt hast? Wir können uns eine solche Unterhaltung lebhaft vorstellen.

Du: »Ich habe erkannt, dass mich mein so genanntes realistisches Denken zurückhält, denn wenn ich nur das zulasse, was meiner gegenwärtigen Definition nach real und realistisch ist, werde ich nie darüber hinauswachsen können. Folglich habe ich beschlossen, meine jetzige Realität zu vergessen und nur noch an meine künftige Realität zu denken. Und die Zukunft hält viel mehr für mich bereit als die Gegenwart, da ich immer besser im Erschaffen werde.«

Der andere: »Wovon redest du bloß«

Du: »Möchtest du wissen, was ich weiß?«

Der andere: »Klar!«

Du: »Also, das hört sich jetzt vielleicht etwas verrückt an, aber ich habe entdeckt, dass ich meine Wirklichkeit durch meine Gedanken erschaffe. Als ich das erste Mal davon hörte, habe ich auch gedacht, dass das verrückt ist, aber dann habe ich darauf geachtet, was ich denke und was ich bekomme. Und ich stellte überrascht fest, dass beides genau gleich war. Als ich mir mein Leben anschaute, musste ich zugeben, dass das, woran ich dachte, überall verwirklicht war. Und als ich mir andere Menschen ansah, konnte ich auch da den Zusammenhang sehen. Das, worüber sie sprachen, wurde Teil ihrer Wirklichkeit. Nimm meine Mutter zum Beispiel. Ständig sorgt sie sich um ihre Gesundheit und sie ist kränker als irgendjemand sonst, den ich kenne. Also dachte ich, dass ja vielleicht doch etwas an dieser Sache dran sein könnte. Und obwohl ich es anfangs nicht verstand und auch nicht daran glaubte, beschloss ich, es einmal auszuprobieren. Ich dachte: ›Was, wenn das alles doch stimmt und mir etwas entgeht?‹

Ich fing an, bewusst Gedanken auszusenden und zu empfangen. Ich sage nicht, dass es leicht war, denn je mehr ich dachte, desto mehr musste ich auch denken. Und ich merkte, dass mir gar nicht wohl dabei war, als ich merkte, dass ich mir alles in meinem Leben selbst antat. Ich war enttäuscht, als ich merkte, dass ich anderen nicht mehr die Schuld an irgendetwas geben konnte, denn es hatte mir bisher großes Vergnügen gemacht, Schuld zuzuweisen, aber als ich wirklich erkannte, dass ich für alles selbst verantwortlich war, da überkam mich ein ekstatisches Glücksgefühl, denn wenn ich der Schöpfer bin, dann bin ich vollkommen frei. Ich habe die Freiheit zu sein, wer ich bin, und die Freiheit, andere sein zu lassen, was sie sind. Ich erkannte, dass andere Menschen nicht Teil meiner Wirklichkeit werden können, wenn ich sie nicht einlade. Da fing ich an, vor anderen Menschen keine Angst mehr zu haben. Ich hatte keine Angst mehr vor Straßenräubern oder vor Vergewaltigern. Ich hörte auf, mich vor allem zu fürchten, wovor ich mich bisher gefürchtet hatte, weil ich verstanden hatte, dass sie mir nichts antun konnten – es sei denn, ich zog sie durch meine Gedanken an.

Anfangs war ich völlig überfordert, denn es schien schon angesichts ihrer ungeheuren Anzahl unmöglich, ständig auf meine Gedanken zu achten. Jeden Gedanken zu kontrollieren, war aussichtslos, bis ich entdeckte, dass es einen Zusammenhang zwischen meinen Gedanken und meinen Gefühlen gab. Und auf meine Gefühle konnte ich viel leichter achten. Ich fand heraus, dass ich Gutes erschuf, wenn ich mich gut fühlte, und dass ich Schlechtes erschuf, wenn ich mich schlecht fühlte. Also beschloss ich, mich nur noch gut zu fühlen. Wenn es mir schlecht geht, frage ich mich: ›Warum fühle ich mich schlecht? Woran denke ich gerade?‹ Ich finde heraus, woran ich denke, lass es los und denke stattdessen an etwas, das ich wirklich will. Nun habe ich dich an meinem Geheimnis teilhaben lassen, mein Freund. Geh los, mach deine eigenen Erfahrungen und schau, ob es auch für dich funktioniert!«

Und der andere wird sagen: »Wovon zum Teufel redest du bloß?«

Wenn du dies zum ersten Mal hörst, ist es nicht leicht,

es zuzulassen, weil du all diese alten Denkmuster hast und weil du dein Leben lang anderen die Schuld gegeben hast. Und so ist es ein völlig automatischer Reflex zu sagen: »Das war ich nicht. Dafür ist jemand anderes verantwortlich.« Und solange du anderen Menschen noch die Schuld oder die Verantwortung für deine Erfahrungen zuweist, wirst du die Prinzipien des Schöpfungsprozesses nicht verstehen können.

FRAGE: *Während unseres Lebens sind wir vielen Gesetzen unterworfen. Wir können an der Wahlurne über Fragen wie Abtreibung oder Todesstrafe abstimmen. Nach welchen Kriterien sollen wir uns entscheiden? Richten wir uns immer nach unserem Gefühl?*

ABRAHAM: Wir ermutigen dich, dich immer von deinen Gefühlen leiten zu lassen. Deine Gefühle sind Ausdruck einer umfassenderen Perspektive. Du meinst nur deshalb, dich vor anderen schützen zu müssen, weil du nicht verstehst, dass niemand Teil deiner Erfahrung werden kann, wenn du ihn nicht durch deine Gedanken dazu einlädst. Wenn du verstehst, dass niemand – ganz gleich, was seine Absichten sein mögen oder wie nahe er dir stehen mag – in deine Wirklichkeit eindringen kann, dann wirst du nicht das Bedürfnis haben, dich mit Gesetzen zu schützen.

Ihr habt viele Gesetze, die ganz praktischer Natur sind. Diese nennen wir Übereinkünfte. Es macht Sinn, darin übereinzukommen, vor einer Ampel mit rotem Licht anzuhalten und bei grünem Licht loszufahren, weil es das Leben erleichtert und angenehmer gestaltet. Es gibt viele solcher Übereinkünfte, die alle dazu dienen, dein Leben angenehmer zu machen. Aber viele eurer Gesetze sind aus Angst entstanden und wenn du deine Aufmerksamkeit auf etwas richtest, das aus Angst erschaffen wurde, dann fängst du an, genau das anzuziehen, wovor du dich schützen wolltest. Folglich brauchst du noch mehr Gesetze. Also werden weitere Gesetze erlassen, die dich noch besser schützen sollen. Und aufgrund der Aufmerksamkeit, die ihr auf das richtet, was ihr vermeiden wollt, zieht ihr noch mehr davon an. Dann braucht ihr noch mehr Gesetze. Es ist ein endloser Teufelskreis. Wenn du deine Aufmerksamkeit auf das richtest, was du willst, dann ist es ziemlich gleichgültig, welche Gesetze um dich herum erlassen werden.

FRAGE: *Ich weiß, dass wir aufgrund neuer Erfahrungen wachsen, und für mich und viele andere hat es in den letzten Jahren ein bemerkenswertes Wachstum gegeben. Kommt es vor, dass wir in einem Leben überhaupt nicht wachsen, sondern nur stagnieren?*

ABRAHAM: Der größte Teil deines Lebens besteht aus Stagnation. Du stagnierst öfter, als dass du nicht stagnierst. Der Grund dafür ist der Einfluss anderer Menschen. Als du in diesen Körper hineingeboren wurdest, warst du dir deiner inneren Perspektive viel stärker bewusst als der, die du heute als normal empfindest. Als Baby hast du dich überhaupt nicht aufs Materielle konzentriert. Du hast dich unbesiegbar gefühlt und dich daran erinnert, warum du gekommen bist. Du warst davon überzeugt, dass du alles, was du dir vorgenommen hattest, auch erreichen würdest. Aber je länger du in dieser Dimension verweilst und je länger du die Worte anderer Menschen hörst und ihr Verhalten beobachtest, desto mehr machst du dir ihre Überzeugungen zu Eigen und wirst so unfähig, irgendetwas zu erschaffen, das nicht bereits vor dir von einem anderen erschaffen wurde. Du redest über dieselben Dinge, über die auch andere reden. Du wiederkäust dieselben alten Überzeugungen und greifst nicht mehr nach dem Neuen. Und wenn du es dennoch einmal versuchst, wirst du sofort zurückgepfiffen, da deine Umgebung nicht will, dass du etwas erlebst oder ausdrückst, das neu ist. Die meisten Menschen sehnen sich nach dem Trost und der Sicherheit, den das Gewohnte bietet, weil sie den Schöpfungsprozess nicht verstehen und weil sie nichts von den umfassenderen Intentionen ihres inneren Wesens wissen. Sie wissen ja nicht einmal, dass ein solches Wesen überhaupt existiert.

Es gab eine Zeit, da habt ihr besser als heute um die wahre Größe eures Wesens gewusst, aber im Laufe vieler Leben haben die Menschen sich immer mehr von ihrem inneren Wesen abgeschnitten. Aber nun bist du dabei zu erwachen. Vor dir liegt eine glorreiche Zeit. Wenn du die Harmonie mit deinem inneren Wesen wieder erlangst, wirst du eine große Glückseligkeit verspüren. Die größten Freuden sind ausnahmslos immer in perfekter Harmonie mit den Intentionen deines inneren Wesens. Deine negativsten Gefühle sind deinen inneren Intentionen immer diametral entgegengesetzt. Du darfst deinen Gefühlen ruhig vertrauen. Es gibt sonst niemanden, dem du so sehr vertrauen kannst.

FRAGE: *Was kann ich tun, um mein Selbstwertgefühl zu steigern?*

ABRAHAM: Zunächst etwas Generelles: So wie du bist, bist du vollkommen. Nicht vollkommen in dem Sinn, dass du ein für alle Mal fertig wärst, denn du wirst niemals aufhören zu wachsen, sondern vollkommen in dem Sinn, dass du so, wie du bist, gut bist.

Nur in der materiellen Dimension wird ständig verglichen. Ihr vergleicht, um herauszufinden, wer oder was besser ist. Aber solche Vergleiche sind völlig sinnlos, denn es gibt unter euch nicht zwei, die gleich sind und sich daher miteinander vergleichen ließen. Ihr seid aber nicht nur körperlich verschieden. Wenn du dich von einer höheren Warte aus sehen könntest, aus der Perspektive der Totalität deines Wesens, dann wüsstest du, wie sehr du dich von jedem anderen Wesen im Universum unterscheidest. Du bist das Produkt all dessen, was du jemals erlebt hast. Und das ist gut so.

Du hast das Wichtigste bereits getan, um das zu erschaffen, was du willst. Du hast deinen Wunsch formuliert. Du wünschst dir ein stärkeres Selbstwertgefühl. Der Wunsch ist der wichtigste Teil, um den Schöpfungsprozess in Gang zu setzen. Nun musst du nur noch zulassen, dass er wahr wird. Setz dich jeden Morgen hin, nimm ein Blatt Papier zur Hand und schreibe darauf: »Ich möchte selbstsicherer sein. Ich möchte meinen Wert spüren. Ich möchte die Erfahrungen anziehen, die mir dabei helfen.« Das mag dir nun komisch vorkommen, aber vertraue einfach darauf, dass dir das Universum deinen Wunsch erfüllen und dir Erfahrungen bescheren wird, die dein Selbstwertgefühl stärken. Erwarte es und wir werden es mit dir erwarten. Dir wird große Hilfe zuteil werden. Du hast durch deine Gedanken und Worte etwas in Gang gesetzt, das sich ganz sicher erfüllen wird.

FRAGE: *Wenn ich es richtig verstanden habe, heilte Jesus die Menschen, indem er sie – obwohl sie krank waren – als heil und vollkommen sah. Können wir dasselbe für andere Menschen tun?*

ABRAHAM: Das kannst du in der Tat. Aber nur, wenn deine Überzeugung stark genug ist und wenn du sie – durch die

Macht deines Einflusses – auf einen anderen übertragen kannst. Jede Heilung ist im Grunde Selbstheilung. Du kannst einen anderen Menschen nicht heilen, aber du kannst ihn davon überzeugen, dass er geheilt werden kann. Wenn du das akzeptierst, dann wird es auch so sein. Je überzeugter du von deinen Heilkräften bist, desto mehr Einfluss wirst du auf andere haben.

Am besten wäre es natürlich – nicht nur in Bezug auf Gesundheit, sondern generell –, wenn du nur das erschaffen würdest, was du willst. Dann brauchst du dir nicht die Mühe zu machen, es zu korrigieren. Aber das ist nicht sehr realistisch, da du ein sich ständig wandelndes Wesen bist. Wie leicht wäre es zu sagen: »Es ist besser, gar nicht erst krank zu werden, als sich mit seiner Krankheit auseinander setzen zu müssen.« Aber das hieße ja, dass es besser wäre, nie einen Fehler zu machen, als ihn zu korrigieren. Wie solltest du dann wachsen? Natürlich hat es keinen Sinn, seine Fehler zu bedauern oder sich deswegen fertig zu machen. Es ist völlig sinnlos zu sagen: »Du meine Güte, was habe ich mir denn da wieder erschaffen? Ausgerechnet eine Krankheit!« Besser ist es zu sagen: »Ich weiß, wie ich sie mir erschaffen habe. Nun aber entscheide ich mir für vollkommene Gesundheit.«

Deine Fehlschöpfungen können zu deinen größten Verbündeten werden, wenn du akzeptierst, dass sie der eindrückliche Beweis dafür sind, dass du die Fähigkeit besitzt, Dinge zu erschaffen. Der kränkste Mensch ist der größte Schöpfer, denn er hat die Macht seiner Gedanken besser als andere eingesetzt, um etwas zu erschaffen. Nur weil es etwas ist, das er eigentlich gar nicht wollte, sollte er nicht daraus schließen, dass er machtlos ist, sich selbst nicht trauen kann oder nicht liebenswert ist. Stattdessen sollte er sagen: »Schau nur, was für ein machtvoller Schöpfer ich bin.«

FRAGE: *Kann ich durch meine Gedanken etwas für einen anderen Menschen erschaffen?*

ABRAHAM: Nein, das kannst du nicht. Wenn du möchtest, dass andere Menschen verstehen, was du verstanden hast, dann kannst du sie dank deiner starken Intention und der Macht deines Einflusses zum Nachdenken anregen. Und wenn sie zum Nachdenken angeregt sind, ziehen sie wahrscheinlich bestimmte Erfahrungen an. Das nennen wir gute Beeinflussung. Angenommen, ein Freund von dir redet ständig über Krankheiten und du hörst ihm bereitwillig zu, dann bist du ein negativer Einfluss für ihn, denn du unterstützt ihn darin, Negatives zu erschaffen. Wenn du aber stattdessen ausschließlich über Gesundheit, Wohlstand oder die Dinge sprichst, die du erleben möchtest, dann bist du ein positiver Einfluss für ihn.

Die meisten Menschen verstehen das nicht und so unterstützen sie einander aus reiner Gewohnheit darin, Negatives zu erschaffen. Und dann glauben sie, die Gründe dafür lägen irgendwo außerhalb ihrer selbst. Da sie davon überzeugt sind, dass sie so etwas Schlimmes schließlich nicht absichtlich tun würden, muss jemand anderes schuld daran sein. Du ziehst aber alle deine Erfahrungen durch deine Gedanken an. Du ziehst Gesundheit und Krankheit, Wohlstand und Armut, gute Beziehungen und schlechte Beziehungen durch deine Gedanken an.

Wenn du genauer hinschaust, wirst du erkennen, dass jeder Mensch etwas von allem in sich hat – positives wie negatives. In jedem Menschen steckt etwas von dem, das du nicht willst, und etwas von dem, das du willst. Selbst mit deinem größten Feind hast du mehr Übereinstimmungen als Nichtübereinstimmungen. Wenn du also auf einen Menschen triffst, mit dem du dich nicht verstehst und der »alle deine Knöpfe drückt«, dann solltest du dich auf das konzentrieren, was du an ihm gut findest und was du an ihm magst. Dann wirst du jene Dinge von ihm anziehen.

FRAGE: *Könnt ihr etwas über Diskriminierung sagen?*

ABRAHAM: Diskriminierung wird von dem erzeugt, der sich diskriminiert und ungerecht behandelt fühlt. Diese Überzeugung zieht ein Verhalten von Leuten an, denen es sonst nie in den Sinn kommen würde, andere Menschen zu diskriminieren. Den meisten Menschen würde so etwas gar nicht einfallen, wenn es nicht von ihnen erwartet würde.

Wenn jemand meint, aufgrund seiner Hautfarbe automatisch schlechter behandelt zu werden als andere, so zieht er diese Erfahrung durch seine Erwartungshaltung geradezu an. Aber da er nicht weiß, dass es seine Gedanken sind, die seine Erfahrung bestimmen, gibt er den anderen die Schuld daran. Er wird wütend, weil er meint, die anderen würden ihn komisch anschauen. Er nimmt einfach an, dass ihn niemand mag, weil er eine andere Hautfarbe hat. Aber das hat nichts mit dem anderen Menschen zu tun. Er hat es durch seine Gedanken erst im anderen hervorgebracht. Verstehst du, dass du, wenn du in einer Beziehung eine unangenehme Erfahrung machst, diese Erfahrung dadurch angezogen hast, dass du deine Aufmerksamkeit darauf gerichtet hast?

Vielleicht kennst du ja die folgende Situation: Du lernst jemand kennen, der sich außerhalb seiner gewohnten Umgebung befindet, der nicht in der Stadt lebt, in der er aufgewachsen ist, der weg von seinen Eltern ist, weil er woanders zur Schule geht. Und wenn du diesen Menschen kennen lernst, findest du ihn einfach ganz wunderbar. In deinen Augen ist er einfach perfekt. Und weil du ihn so siehst, wird er jeden Tag wunderbarer und perfekter. Du kannst es kaum glauben, dass du einen so tollen Mann kennen gelernt hast. Aber dann nimmt er dich mit nach Hause zu seinen Eltern. Die Mutter erzählt dir aus seiner Kindheit und Jugend und weist auf alle seine Schwächen und Fehler hin, die er hatte und ganz gewiss noch immer hat. Und plötzlich siehst du diesen Menschen in einem völlig anderen Licht. Plötzlich fällt dir auf, dass er ja gar nicht so stark ist, wie du gedacht hattest, und auch nicht so klug, wie du angenommen hattest. Wenn du denselben Menschen mit dieser anderen Einstellung ansiehst, ziehst du das aus ihm heraus, was dir nicht gefällt, und irgendwann wirst du sagen: »Ich will nicht mehr mit dir zusammensein. Ich suche nämlich den perfekten Mann.«

Das ist der Grund, aus dem die meisten Beziehungen in die Brüche gehen. Wenn ihr euch kennen lernt, zieht euch das Positive an, das ihr im anderen seht. Aber wenn ihr eine Weile zusammen seid, dann verschiebt sich euer Fokus und ihr seht vor allem das Negative, das euch nicht gefällt. Hier ist ein Prinzip, das für alle Bereiche des Lebens gilt: Du siehst in einem Menschen so lange das, was dir gefällt, bis du entweder von deiner Gewohnheit oder von einem anderen Menschen dazu gebracht wirst, nach Fehlern zu suchen. Dann bringst du im anderen das hervor, was dir nicht gefällt. Vor der Beeinflussung hast du im anderen das hervorgebracht, was dir gefiel. Aber der andere Mensch hat sich nicht geändert. Lediglich deine Wahrnehmung von ihm hat sich verändert.

FRAGE: *Heißt das, ich bringe das alles in ihm hervor?*

ABRAHAM: Genau das. Er wird zu deiner Schöpfung. Je mehr Negatives du in ihm hervorbringst, desto weniger magst du ihn und fängst an, ihn schlecht zu behandeln. Du siehst, was du sehen willst. Er ist noch immer derselbe. Er – und jeder andere Mensch – ist eine Kombination aus vielen Dingen: aus Dingen, die du für gut hältst, und Dingen, die du für schlecht erachtest. Aber du bringst das in ihm hervor, du ziehst das von ihm an, auf das du deine Aufmerksamkeit richtest. Wenn du dich auf das konzentrierst, was du sehen willst, dann ziehst du das in deine Wirklichkeit hinein. Das gilt in Bezug auf einen einzelnen Menschen ebenso wie in Bezug auf das ganze Universum.

FRAGE: *Was kann ich tun, um gute Beziehungen zu allen meinen Mitmenschen zu haben?*

ABRAHAM: Die Menschen neigen dazu, dem anderen die Schuld an ihrer Unvollkommenheit zu geben. Wir möchten aber, dass du die Verantwortung für *seine* Unvollkommenheit übernimmst, da du sie in ihm hervorbringst. Du siehst etwas in einem anderen, bezeichnest es als Fehler oder Makel und gibst ihm die Schuld daran. Wir sagen dir aber, dass nur das da ist, was du siehst. Und nun? Nun bist du in der Position, wunderbare Beziehungen mit allen Menschen zu haben – wenn du dir klar darüber bist, was du willst, und wenn du verstehst, dass du nur das siehst, was du sehen willst. Wenn du etwas siehst, was dir nicht gefällt, dann schau einfach nicht hin. Wenn deine Warnsignale aufleuchten, weil du etwas siehst, was sich nicht im Einklang mit deinen Wünschen befindet, richte deine Aufmerksamkeit einfach auf etwas anderes.

Du bist mit *einer* übergeordneten Intention in dieses Leben gekommen: Du wolltest lernen zuzulassen. Du wirst dieses Ziel erreicht haben, wenn du einen anderen so sein lassen kannst, wie er ist, selbst wenn dieser andere dich nicht so sein lassen kann, wie du bist. Wenn du zulassen kannst, obwohl andere dies nicht können, dann hast du die absolute Freiheit erlangt. Das einzige, was dich unfrei macht, ist Negativität. Ohne sie bist du frei und glücklich. Wenn du einen anderen Menschen anschaust und nur das in ihm siehst, was dich glücklich macht, dann bist du frei. Wenn du aber einen anderen Menschen siehst und das siehst, was bei dir negative Gefühle auslöst, dann bist du ein Gefangener deiner eigenen Entscheidung, dich auf das Negative zu konzentrieren. Gib nicht anderen Menschen die Schuld dafür, was sie alles falsch machen und wie sie dein Leben durcheinander bringen. Übernimm selbst die Verantwortung dafür. Sie haben es nicht getan. Du hast es selbst getan!

FRAGE: *Wie kann ich die objektive Wahrheit von meiner Wahrnehmung der Wahrheit unterscheiden?*

ABRAHAM: Gibt es denn einen Unterschied? Du strebst nach der Wahrheit und möchtest nach ihr leben. Du möchtest wissen, was gut ist, aber du weißt nicht, wo du suchen sollst. Wem kannst du vertrauen? Wer ist im Besitz der Wahrheit? Es gibt so viele unterschiedliche Auffassungen darüber, was Wahrheit eigentlich ist, dass diese Suche meistens ein Leben lang dauert und du dir nie sicher sein kannst, ob du sie auch wirklich gefunden hast. Deine Frage war gut formuliert und unsere Antwort lautet: »›Wahrheit‹ kann nur das sein, was zu jedem beliebigen Zeitpunkt als wahr empfunden wird.«

Wenn dein Haus brennt und die Feuerwehrleute die Tür mit der Axt aufbrechen, Wasser in dein Haus pumpen und das Feuer löschen, dann würden alle Zuschauer sagen, dass es eine gute Sache war, dass sie es getan haben. Die Wahrheit ist, dass es gut war. Wenn die Feuerwehrleute aber die Tür aufbrechen und Wasser in dein Haus pumpen, obwohl es gar nicht brennt, dann würden alle Zuschauer sagen, dass das nicht gut war. Die Wahrheit ist, dass es nicht gut war, obwohl sie doch dasselbe getan haben. Aber die Zeit war anders und die Umstände waren anders; ihre Absichten und ihre Gründe waren ebenfalls andere.

Bitte akzeptiere, dass alle Erfahrungen des Lebens gut sind. Alle! Jede einzelne! Wir möchten jetzt nicht aufdringlich werden, aber wir wiederholen: Alle Erfahrungen des Lebens sind gut!!! Verstehe, dass in jeder Erfahrung Wahrheit liegt und dass sich die Wahrheit ständig wandelt, weil sich Erfahrungen, Umstände, Absichten und Erkenntnisse verändern. Du bist in eine Kultur hineingeboren worden, in der bestimmte Regeln gelten und bestimmte Dinge als gut und andere als schlecht bezeichnet werden. Aber so ist es nicht. Solange du die Wahrheit außerhalb deiner selbst suchst, wirst du sie immer in Frage stellen, weil du so viele verschiedene Antworten hörst, aber wenn du anfängst, nach der Wahrheit in dir selbst zu suchen, dann brauchst du sie nie wieder in Frage zu stellen. Du kannst dich darauf verlassen, dass dein inneres Wesen weiß, welche Wahrheit für dich richtig ist. Wenn du ein positives Gefühl verspürst, bist du im Einklang mit dem, was für dich im Augenblick wahr ist. Wenn du ein negatives Gefühl verspürst, entfernst du dich von dem, was für dich gut ist.

FRAGE: *Könnt ihr etwas über Schuld und Schuldgefühle sagen?*

ABRAHAM: Schuldgefühle sind immer negativ und sie entstehen meistens dann, wenn du etwas *nicht* tust, dass du nach der Meinung anderer Menschen hättest tun sollen. Bei euch gilt die Regel, dass, wenn das eine gut ist, das andere zwangsläufig schlecht sein muss. Wenn du also das »Schlechte« tust, fühlst du dich schuldig. Nicht weil es schlecht ist, sondern weil du glaubst, dass du etwas tust, was nicht gut ist, und weil dein inneres Wesen dir mitteilen will, dass das nicht stimmt. Wenn du Schuldgefühle verspürst, bist du nicht im Einklang mit deiner ursprünglichen Intention, Erfahrungen zu machen. Es gibt viele Menschen, die schreiend davonlaufen würden, wenn sie so etwas hören, da sie absolut überzeugt sind, dass es bestimmte Regeln geben muss, die man auf jeden Fall einzuhalten hat. Aber wenn sie nur einmal sagen könnten: »Ich bin ein Wesen, das nach Glück strebt« und spüren würden, wie sie sich dabei fühlen, dann würden sie vielleicht anfangen zu verstehen, was wir meinen.

Achte stets auf deine Gefühle. Wenn du dich gut fühlst, befindest du dich im Einklang mit dem, was du willst. Negative Gefühle bedeuten, dass du dabei bist, etwas zu erschaffen, was du nicht willst. So einfach ist das. Wenn du dich nicht gut fühlst, höre sofort auf, das zu tun, was du gerade tust. Wir wiederholen: Wenn du dich nicht gut fühlst, höre sofort auf, das zu tun, was du gerade tust. Es ist der Gedanke, den du gerade denkst, der das negative Gefühl auslöst. Nehmen wir ein Beispiel für Schuldgefühle: Die Mutter hat ihrem Sohn gesagt, dass er in die Hölle kommt, wenn er nicht zur Kirche geht. Sie glaubt fest daran und er möchte ihr den Gefallen tun. Aber er hat gar keine Lust, zur Kirche zu gehen. Sie glaubt, er ist im Gottesdienst, aber in Wirklichkeit ist er spielen gegangen. Und nun hat er Schuldgefühle. Diese sind aber nicht entstanden, weil er lieber spielt, statt zur Kirche zu gehen. Das Schuldgefühl entsteht, weil er glaubt, dass er etwas Falsches tut, und sein inneres Wesen ihm sagt, dass das nicht stimmt.

Wir wollen den letzten Abschnitt näher erläutern, weil wir gesagt haben: »Wenn du dich nicht gut fühlst, höre sofort auf, das zu tun, was du gerade tust«, und du vermutlich zum Schluss gekommen bist, dass der Junge mit dem Spielen aufhören und zur Kirche gehen sollte, denn dadurch ist ja das Gefühl entstanden. Aber stimmt das auch? Als der Junge nicht zur Kirche gegangen ist, hat er sich gefreut, weil er nun das tun konnte, was er eigentlich wollte. Das Schuldgefühl entstand erst, als er an seine Mutter dachte und daran, dass sie ihn in der Kirche sehen wollte. Es ist der Gedanke, dass du gesündigt hast, der das negative Gefühl auslöst. Höre auf, diesen Gedanken zu denken. Verstehst du das?

Es gibt viel Verwirrung zum Thema Schuld und Schuldgefühle. Bevor du es wirklich durchschauen kannst, musst du zunächst einmal erkennen, dass jedes negative Gefühl eine Botschaft von deinem inneren Wesen ist, die besagt, dass der Gedanke, den du gerade denkst, nicht mit deinen Wünschen übereinstimmt. Wenn du akzeptierst, dass das negative Gefühl des Schuldigseins dir lediglich sagt, dass dein gegenwärtiger Gedanke nicht in Harmonie mit deinem wahren Wesen ist, dann wirst du besser verstehen, wie Schuldgefühle entstehen. Höre damit auf, diesen negativen Gefühlen Namen wie Schuld, Eifersucht, Wut, Hass, Frustration, Angst, Stress oder Scham zu geben. Erkenne stattdessen, dass sie alle Warnsignale deines inneren Wesens sind. Dann wirst du besser verstehen, was dir dein inneres Wesen mitteilen will. Meistens entsteht das Schuldgefühl nicht, weil du etwas »Falsches« getan hast, sondern weil deine Freiheit eingeschränkt ist. Das Warnsignal ertönt nicht, damit du aufhörst zu spielen und stattdessen zur Kirche gehst, sondern um dich wissen zu lassen, dass der Gedanke des Falschseins, den du gerade denkst, nicht im Einklang mit deinem wahren Wesen ist.

Du fühlst dich schuldig und dann sagt man dir auch noch, dass du tatsächlich schuldig bist, weil du gesündigt hast. Aber du fühlst dich nicht schuldig, weil du gesündigt hast. Du fühlst das negative Gefühl, weil jemand versucht, dich zu kontrollieren und deine Freiheit einzuschränken, nach der du dich so sehr sehnst. Du bist ein Wesen, das sich verkörpert hat, um zu leben und freudvolle Erfahrungen zu machen. Schuldgefühle entstehen nicht, weil du sündigst, sondern weil du denkst, dass du sündigst. Schuldgefühle sind ein fester Bestandteil eurer Gesellschaft. Sie hindern dich daran, dich selbst zu lieben. Und wenn du einmal anfängst, dich schuldig zu fühlen, dann suchst du immer weiter nach sündigen Dingen in dir, damit du dich noch schuldiger fühlen kannst.

FRAGE: *Ich habe viele esoterische Bücher gelesen und bin ziemlich verwirrt, weil ich mich in folgendem Dilemma befinde. Wie kann ich in dieser Dimension leben und mich gleichzeitig auf die nächste vorbereiten? Ich habe das Gefühl, ich müsste eigentlich meine ganze Zeit darauf verwenden, mich auf die andere Dimension vorzubereiten.*

ABRAHAM: Gut, dass du dieses Thema angeschnitten hast, denn hier herrscht tatsächlich ziemlich viel Verwirrung. Du bist ein physisches Wesen in der materiellen Dimension, das sich ganz bewusst dafür entschieden hat, auf dieser Ebene zu leben. Das ist deine dominante Intention. Alles, was du hier in dieser Dimension, für die du dich absichtlich entschieden hast, tust und denkst, hast du bewusst gewählt. Wir möchten dich dazu ermutigen, dein normales Bewusstsein mit dem deines inneren Wesens zu vereinigen, aber nicht dazu, deinen Hauptfokus von dieser Dimension auf eine andere zu verlagern. Du musst verstehen, dass du hier bist, weil du es so gewollt hast. Deine Knochen und Muskeln sind der Beweis dafür. Du musst also nicht glauben, dass du irgendwo feststeckst, wo du gar nicht sein willst. Du hast dich dafür entschieden, hier zu sein.

Wenn du die Vereinigung erreichen möchtest – wenn du erwachen möchtest, wie es oft genannt wird –, dann solltest du dafür jeden Tag 15 bis 20 Minuten reservieren, aber nicht mehr. Die restliche Zeit über solltest du dich auf diese Dimension, auf dein Hier und Jetzt konzentrieren, denn hier und jetzt erschaffst du dein Leben. Es gibt viele Sucher, die das nicht verstehen – zum Teil deshalb nicht, weil sie dieser Wirklichkeit entfliehen möchten. Weil sie sich etwas erschaffen haben, das sie nicht mögen, wollen sie woanders hin. Aber damit stehen sie im Widerspruch zu ihrer ursprünglichen Intention. Und das fühlt sich gar nicht gut an. Lass dich stets von deinen Gefühlen leiten.

FRAGE: *Gibt es Bücher zu diesem Thema, die ihr empfehlen könnt?*

ABRAHAM: Wir empfehlen dir im Buch des Lebens zu lesen! Nur durch tatsächliche Erfahrung entstehen Wissen und Weisheit. Wörter und Bücher sind wertvoll, weil sie zum Nachdenken anregen, aber das trifft auf jedes Buch zu. Das eine ist kaum besser als das andere. Was auch immer dich dazu bringt, Erfahrungen zu machen, ist wertvoll. Wir ermutigen dich, deine Wünsche bewusst zu formulieren, damit du das, was für dich richtig ist, anziehst.

FRAGE: *Wie erreiche ich die Vereinigung mit meinem inneren Wesen?*

ABRAHAM: Du musst es erst einmal wirklich wollen und es dann zulassen. Das Wollen ist einfach, das tust du ja bereits. Und das Zulassen tust du, indem du jeden Tag 15 bis 20 Minuten still sitzt, um deinen Verstand zur Ruhe zu bringen. Wenn du versuchst, ihn länger zum Verstummen zu bringen, wird er sich dagegen wehren. Aber du darfst nicht an einem Tag üben und am nächsten wieder nicht. Du musst konsequent jeden Tag still da sitzen. Um die Verbindung zu deinem inneren Wesen herzustellen, sollten 20 Tage reichen. Wenn du sitzt, stelle die Füße fest auf den Boden und leg deine Hände bequem in den Schoß oder auf die Oberschenkel. Leg dich nicht hin, weil du dann einschlafen wirst. Setz dich auch nicht in einen zu bequemen Sessel, denn auch dann könntest du einschlafen. Wenn du schläfst, kannst du deine Aufgabe nicht erfüllen. Es sollte deine Absicht sein, alles Physische zur Ruhe zu bringen, damit du deine Innenwelt spüren kannst. Das setzt voraus, dass du nicht absichtlich über irgendetwas nachdenkst. Würden wir dir sagen: »Denke einfach an nichts!«, würdest du sofort anfangen zu denken, denn dein Verstand ist darauf trainiert worden.

Wenn du auf einem Stuhl in einem ruhigen Zimmer sitzt, wo du nicht von Geräuschen abgelenkt werden kannst, schließt du die Augen und konzentrierst dich auf deine Atmung. Du brauchst etwas, auf das du deine Aufmerksamkeit richten kannst, damit dein Verstand zur Ruhe kommt. Atme ein, atme aus, atme wieder ein und wieder aus. Wenn du mehr Sauerstoff als gewöhnlich aufnimmst, spürst du wahrscheinlich ein leichtes Kribbeln im Körper. Danach nimmst du wahrscheinlich wahr, wie sich die festen Grenzen deines Körpers aufzulösen beginnen und wie alles ein bisschen taub wird. Wenn sich dieses Gefühl einstellt und du vielleicht nicht einmal mehr den Stuhl unter deinem Hintern wahrnimmst, hast du deine Aufgabe erfüllt.

Wenn du dies nicht bei der ersten oder zweiten oder selbst bei der zehnten Sitzung spürst, mach dir keine Sorgen. Nimm dir einfach Folgendes vor: »Ich möchte meinen Verstand zur Ruhe bringen. Ich werde wissen, dass mein Verstand zur Ruhe gekommen ist, wenn sich mein Körper beinahe taub anfühlt.« Wenn du dieses Gefühl der Taubheit verspürst – eine Art Kribbeln, das sich von allen Empfindungen unterscheidet, die du je hattest –, dann wirst du wissen, dass etwas Neues geschieht. Damit hast du deinen Teil getan und dein inneres Wesen kann seinen Teil tun. Wenn du Körper und Verstand zur Ruhe gebracht hast, kann das innere Wesen den Kanal öffnen. Das ist weder unangenehm noch mit irgendwelchen Schmerzen verbunden. Es werden lediglich zwei Arten von Energie in Übereinstimmung gebracht.

Jedes körperliche Wesen besitzt einen Körper, der geschaffen wurde, und die Energie, die diesen Körper durchströmt. Das ist ja der Unterschied zwischen den Lebenden und den Toten. Du hast dich so sehr an diese Energie gewöhnt, die seit dem Tage deiner Geburt immer da gewesen ist, dass du sie gar nicht mehr wahrnimmst. Aber wenn sich der Kanal nun öffnet, erlebst du, wie sich eine neue Energie mit der alten verbindet. Du musst nichts mehr dazu tun. Du musst nicht wissen, wie es geschieht. Du musst nicht wissen, wo deine Chakren sind, was ihre Bedeutung ist und welche Farbe sie haben. Du brauchst dich nicht einzumischen. Lass zu, dass dein inneres Wesen alles tut. Dein inneres Wesen weiß mehr über dieses Thema als dein Verstand jemals wissen könnte. Du musst nur Körper und Verstand zur Ruhe bringen. Dann kann dein inneres Wesen den Rest erledigen.

Deine wichtigste Aufgabe ist es, still zu sitzen und darauf zu warten, dass sich das Kribbeln einstellt. Sobald das erreicht ist – wobei es keine Rolle spielt, wie lange es dauert –, ist der Verbindungskanal geöffnet. Und wenn dieser Kanal einmal offen ist, besteht keine Notwendigkeit mehr, noch weiter zu meditieren. Viele machen trotzdem weiter, einfach weil sie es mögen. Man kann Meditation schließlich aus vielerlei Gründen betreiben. Wir bezwecken damit lediglich die Öffnung des Verbindungskanals.

Was bedeutet es, wenn der Kanal offen ist? Bedeutet es, dass irgendetwas, das dort draußen ist, durch dich hindurchströmt? Nein, das bedeutet es nicht. Es bedeutet, dass du die Verbindung zu dir selbst hergestellt hast. Dein inneres Wesen, das dir bereits Botschaften in Form von Gefühlen sendet, kann nun deutlichere Gefühle und auch Gedanken senden. Es bedeutet aber auch, dass Alles-Was-Ist nun viel direkter und stärker von deinen Erfahrungen in der materiellen Dimension profitiert. Der Verbindungskanal ermöglicht es, dass Informationen und Erfahrungen in beiden Richtungen ausgetauscht werden. Das ist das Erwachen, von dem so viel die Rede ist.

Die meisten Menschen wissen nicht, dass jeder diese Erfahrung machen kann. Sie glauben, es gäbe einige wenige, die diese wunderbare Erfahrung machen, und die dann vom Rest verehrt und angebetet werden sollten. Aber das stimmt nicht. Jedes Wesen kann diese Erfahrung machen und erwachen. Jedes Wesen kann sein Normalbewusstsein mit dem seines inneren Wesens verschmelzen. Wenn es dir gelingt, dann wird dein ganzes Leben in der materiellen Dimension auf eine Weise bereichert werden, die du dir jetzt überhaupt noch nicht vorstellen kannst. Dein Leben wird wunderbarer sein als je zuvor. Du wirst ekstatisch vor Glück sein. Du wirst intensiver lieben können. Das Gefühl inneren Friedens wird über alles hinausgehen, was du je erlebt hast. Jede Erfahrung wird bereichert werden. Deine innere Führung wird stärker werden und wenn du es zulassen kannst, werden sich deine Gedanken schneller und dramatischer manifestieren als jemals zuvor. Alles, was du dir vorstellst, wird viel schneller Realität werden. Wunder über Wunder werden in dein Leben treten.

FRAGE: *Ihr habt gesagt, es gäbe verschiedene Gründe für Meditation, aber das man eigentlich nicht meditieren müsse, wenn die Verbindung einmal hergestellt wurde. Ich meditiere aber jeden Tag, weil ich das Gefühl habe, ich müsste die Verbindung aufrechterhalten.*

ABRAHAM: Wenn der Kanal einmal offen ist, reicht es aus zu wollen, dass er offen bleibt. Wenn irgendetwas einmal erschaffen wurde, reicht es völlig aus, es weiterhin zu wollen, damit es erschaffen bleibt. Das Einzige, was ihn wieder schließen kann, ist, dass du nicht mehr willst, dass er offen ist. Die meisten von euch verstehen nicht, dass keine Schöpfung jemals ein Ende hat. Wenn du etwas erschaffen hast, glaubst du, dass du es nun nicht mehr wollen müsstest, weil du es ja schon hast. Folglich fängst du an, andere Dinge zu wollen. Aber du musst das, was du erschaffen hast, auch weiterhin wollen und ihm deine Aufmerksamkeit schenken, da es sonst aus deinem Leben verschwinden wird. Das erleben doch viele von euch in Beziehungen. Ihr wollt eine Beziehung und zieht sie an. Aber dann habt ihr sie und richtet eure Aufmerksamkeit nicht mehr darauf. Weil ihr sie habt, meint ihr, sie nicht mehr wollen zu müssen. Und dann wundert ihr euch, wenn sie kaputtgeht.

Das trifft auch auf alle anderen Dinge zu. Sobald du dein

Auto nicht mehr willst, wird es anfangen, auseinander zu fallen. Richte deine Aufmerksamkeit auf eines, das du mehr willst, und beachte das, das du hast, nicht mehr, und es wird vor deinen Augen auseinander fallen. Wenn du etwas siehst, was du möchtest, fühle, wie sehr du es schätzt. Wenn du etwas hast, was du einmal gewollt hast, fühle weiterhin, wie sehr du es schätzt. Zieh das an, was du möchtest. Erschaffe es mit deinen Gedanken, aber denke daran, dass du alles erschaffst, auf das du deine Aufmerksamkeit richtest – im positiven wie im negativen Sinn.

FRAGE: *Ich habe kürzlich ein älteres esoterisches Buch gelesen und ich wollte eure Meinung dazu wissen.*

ABRAHAM: Ja, wir haben zu allem eine »Meinung«! Aber viel wichtiger ist doch, dass du darauf achtest, was du fühlst, während du es liest. Deine Gefühle werden dich wissen lassen, ob es richtig für dich ist, es zu lesen. Euer Verständnis der geistigen Dimension entwickelt sich fortlaufend weiter. Als das Buch, von dem du sprichst, geschrieben wurde, war es durchaus richtig, denn es entsprach eurem damaligen Erkenntnisstand. Wenn wir »eurem« sagen, meinen wir euch in eurer Gesamtheit als Menschheit auf dem Planeten Erde. Es gab einmal eine Zeit, da existierte alles, was ihr nicht sehen, hören, riechen, schmecken oder anfassen konntet, für euch einfach nicht. Wenn ihr es nicht durch eure Sinnesorgane wahrnehmen konntet, dann war es eurer Meinung nach einfach nicht da. Aber dann machten genug von euch bestimmte Erfahrungen und ihr habt angefangen zu glauben, dass es noch etwas anderes gibt.

Ihr fingt an, dieses Andere als Gott oder Engel zu bezeichnen. Dann hieß es: »Die Toten kommunizieren mit uns«, obwohl ihr eigentlich nicht so recht wusstet, was ihr damit meintet. Plötzlich mischten sich die tote Tante und der tote Onkel wieder in euer Leben ein. Sie waren zwar nicht klüger als zuvor, aber wenigstens waren sie bereit, mit euch zu reden. Und als ihr fandet, dass aus der geistigen Dimension gute Ratschläge kamen, nanntet ihr solche Ratgeber »geistige Führer«. Geistführer sind aber nicht nur für einige Auserwählte da. Geistige Führung ist für alle da, die sie wollen. Ihr braucht zum Beispiel nicht irgendwohin zu kommen, um geführt zu werden. Geistige Führung ist immer in euch. Ihr müsst sie nur zulassen. Es wird eine Zeit kommen, da werden wir nicht länger durch Esther sprechen, weil es dann nicht mehr unserer Wahrheit entsprechen wird. Wir möchten lieber, dass jeder von euch von seinem inneren Wesen die Führung erhält, die für ihn angemessen ist. Aber da die meisten Menschen sich in der heutigen Zeit nicht auf sich selbst verlassen mögen, ist es im Augenblick noch richtig, dass ihr von uns zum Nachdenken angeregt werdet.

Es findet ein ununterbrochener Entwicklungsprozess statt. Irgendwann wird der Zeitpunkt kommen, an dem du nicht mehr sagst: »Einerseits bin ich hier als Körper und andererseits bin ich ein geistiges Wesen. Wir sind voneinander getrennt.« Es wird eine Zeit kommen, da wirst du sagen: »Ich bin Gott. Ich bin der Schöpfer.« Aber die meisten von euch sind noch nicht so weit. Viele würden sich lieber die Zunge abschneiden, als so etwas zu sagen. Deshalb sagen wir es auch nicht so häufig. Die meisten von euch sind noch nicht bereit, das zu hören, aber es wird eine Zeit kommen, da sie bereit sein werden.

Jedes Buch, jeder Mensch, jede Erfahrung trägt etwas zum geistigen Entwicklungsprozess der Menschheit bei. Deshalb raten wir dir, die Bücher zu lesen, die dich ansprechen. Wenn dich ein Buch fasziniert und du es nicht mehr aus der Hand legen kannst, wenn es dich mitreißt, dann lies es. Du wirst davon profitieren. Aber wenn du es liest und es mehr negative als positive Reaktionen in dir auslöst, dann schmeiß es weg. Wenn du eine instinktive Ablehnung dagegen verspürst, schmeiß es weg. Höre nicht auf die Meinung anderer, das verwirrt dich nur. Höre auf das, was aus deinem Inneren kommt. Wenn du andere nach ihrer Meinung fragst, wem sollst du da trauen? Alle haben eine andere Meinung. Vertraue dir selbst. Dann liegst du immer richtig. Auch im Bereich »gechannelter« Bücher gibt es nicht zwei, die genau gleich sind, denn wir alle haben einen unterschiedlichen Entwicklungsstand. Nur weil jemand tot ist, heißt das noch lange nicht, dass er auch weise ist. Mit der geistigen Welt ist es genauso wie mit deinen Nachbarn. Es gibt einige, deren Worte etwas in dir ansprechen, und andere, die dich kalt lassen. Lies das, was mit dir im Einklang ist. Den Rest schmeiß weg.

FRAGE: *Ihr habt einmal gesagt, dass andere Menschen das werden, was wir in ihnen sehen. Aber ich dachte, niemand kann in der Wirklichkeit eines anderen etwas erschaffen.*

ABRAHAM: Du ziehst das von einem anderen an, was du in ihm siehst. Wenn du ihn als unwillig siehst, wird er unwillig sein, um dir den Gefallen zu tun. Wenn du sie als schön siehst, wird sie dir zu Gefallen schön sein. Wenn du ihn als fett siehst, wird er dir zuliebe fett sein. Wenn du sie als klug siehst, wird sie klug sein; wenn du sie als dumm siehst, wird sie dumm sein. Wenn du jemanden für tot hältst, wird er tot sein. Aber du erschaffst das nicht, du setzt nur deinen Einfluss ein. Die anderen haben immer die Wahl, ob sie deinem Einfluss erliegen wollen oder nicht. Die anderen treffen die

Entscheidung. Hast du das nicht schon selbst erlebt? In der Gesellschaft mancher Menschen bist du immer der Beste, der du sein kannst; in der Gesellschaft anderer immer der Schlechteste, der du sein kannst. Hinterher sagst du dann verblüfft: »Ich weiß nicht, was über mich gekommen ist!« Du wirst von der Macht ihres Einflusses mitgerissen. Wenn du also möchtest, dass jemand etwas Bestimmtes ist, dann sieh ihn so, als ob er es wäre. Durch deine Beeinflussung wird er das sein, was du in ihm siehst – wenn er es will. Wenn er den Schöpfungsprozess nicht versteht, wird er unbeabsichtigt zu dem werden, was du in ihm siehst.

FRAGE: *Könntet ihr etwas über »parallele Welten« und »mögliche Zukünfte« sagen? Ist es möglich, dass es verschiedene Realitäten gibt?*

ABRAHAM: Natürlich gibt es viele verschiedene Realitäten, denn nicht zwei von euch machen genau dieselben Erfahrungen. Das, was du dir vorstellst, wirst du anziehen. Das, an das du denkst, wird Teil deiner Realität werden. Es gibt viele Menschen, die Angst vor den Herausforderungen der Zukunft haben. Und da sie ängstliche Gedanken denken und diese in die Zukunft projizieren, erschaffen sie genau die Erfahrungen, vor denen sie sich fürchten. Aber wenn du dich in der Zukunft so siehst, wie du jetzt sein möchtest, dann wirst du diese positiven Erfahrungen auch anziehen.

Wir wollen dieses Thema in einen größeren Zusammenhang stellen, weil hier Prinzipien zum Tragen kommen, die für jede deiner Schöpfungen gelten. Wenn du einen Gedanken denkst, dann ziehst du genau die Erfahrung an, über die du nachdenkst – gleich, ob du dies nun willst oder nicht. Es gilt immer, dass du das anziehst, an das du denkst. Wenn du dir also eine Zukunft erschaffen möchtest, die im Einklang mit deinen Wünschen steht, dann musst du dir eine solche Zukunft vorstellen. Du musst dich selbst als gesund, wohlhabend, gut genährt und von den Menschen umgeben sehen, die sich mit dir im Einklang befinden. Du musst dich glücklich sehen. In eurer Zukunft gibt es so viele unbekannte Größen und so viele Dinge, die ihr euch gar nicht vorstellen könnt. Daher ist es natürlich schwierig für dich, dir deine Zukunft detailliert vorzustellen. Aber eines ist uns aufgefallen: Immer wenn du an das Unbekannte denkst, beschleicht dich Furcht, und dann denkst du ängstliche Gedanken. Schließlich gibt es so vieles, was du nicht verstehst und meinst, nicht kontrollieren zu können. Und schon fängst du an, Negatives zu erschaffen. Woran erkennst du das? Weil du dich unglücklich dabei fühlst. Dann ist für dich die Zeit gekommen, um einen Schritt zurückzutreten und alles von einer umfassenderen Perspektive aus zu betrachten.

Du solltest das, was du willst, von einer höheren Warte aus sehen und allgemeiner denken. Also zum Beispiel: »Ich möchte gesund sein. Ich möchte glücklich sein. Ich möchte ein harmonisches Leben führen.« Dann wirst du diese Erfahrungen anziehen, ohne dass du dich um die Details kümmern musst. Wenn dir bestimmte Einzelheiten wichtig sind, dann kannst du sie hinzufügen, um präzise das zu erschaffen, was du willst. Aber wenn dir das Mühe macht, weil es so viele unbekannte Faktoren gibt – und das Unbekannte löst immer negative Gedanken und negative Gefühle aus –, dann höre sofort damit auf und trete geistig einen Schritt zurück. Fange dann wieder mit allgemeinen Formulierungen an.

Vertraue einfach darauf, dass du später schon in der Lage sein wirst, detaillierte Entscheidungen zu treffen. Vertraue dir selbst. Sage zu dir selbst: »Ich bin der Schöpfer. Ich bin sehr weise und ich werde jeden Tag die für diesen Tag richtigen Entscheidungen treffen.« Lass alles los, was dir Sorgen macht. Denke in allgemeineren Zusammenhängen. Wirst du die möglicherweise dramatischen Veränderungen um dich herum wahrnehmen? Natürlich. Du bist auch jetzt ein mehrdimensionales Wesen, das gleichzeitig in verschiedenen Dimensionen Erfahrungen macht. Der Teil von dir, der sich in dieser materiellen Dimension verkörpert hat, wird mit den dramatischen Veränderungen auf der Erde konfrontiert werden. Die anderen Teile von dir mögen diese Veränderungen wahrnehmen oder auch nicht. Das hängt ganz davon ab, wie eng sie miteinander verbunden sind.

FRAGE: *Meine Schwiegermutter leidet seit langem unter hohem Blutdruck. Neulich war ich mit ihr beim Arzt und sie beklagte sich bei mir darüber, dass sie einen völlig steifen Nacken hatte. Ich zeigte ihr, wie sie sich entspannen kann, und als sie von der Untersuchung zurückkam, war ihr Blutdruck niedriger als jemals zuvor. Könnt ihr mir dazu etwas sagen?*

ABRAHAM: Das verdankt sie deinem Einfluss. Ihr alle habt euch für diese Dimension entschieden, weil ihr in ihr nicht allein seid. Ihr wolltet von vielen anderen Wesen umgeben sein, denn ihr wolltet andere beeinflussen und sie dahin bringen, das zu erkennen, was ihr erkannt habt. Während deines Lebens stehst du immer in Beziehung zu anderen Menschen. Aber die meisten von euch verstehen nicht, wie sie andere beeinflussen und worum es in diesen Beziehungen eigentlich geht. Was ist der Sinn? Der Sinn einer Beziehung liegt einfach darin, dass sie dir Freude bringt und dich glücklich macht. Indem du deine Erfahrungen mit anderen teilst, wird dein ganzes Leben bereichert. Aber es gibt noch einen weiteren Aspekt. Du musst verstehen, dass du in diesem Leben lernen willst, zuzulassen. Du willst lernen, dich selbst genauso zu akzeptieren, wie du bist, und du willst lernen, andere Menschen genauso zu akzeptieren, wie sie sind – und das selbst dann, wenn diese dich nicht so akzeptieren, wie du bist.

Wir haben bereits ausführlich über den Schöpfungsprozess gesprochen, denn wir möchten, dass du verstehst, wie du die Erfahrungen, die dein Leben ausmachen, anziehst. Die meisten Menschen verstehen das nicht und erschaffen ihre Wirklichkeit unabsichtlich. Sie senden Gedanken aus und ziehen Erfahrungen an, aber sie verstehen nicht, dass sie selbst es getan haben. Deshalb denken sie auch immer, dass irgendjemand anderes dafür verantwortlich sein muss – im Guten wie im Schlechten. Wenn du verstanden hast, dass du der Schöpfer deiner Erfahrungen bist und dass nichts ohne deine ausdrückliche Einladung Teil deiner Wirklichkeit werden kann, dann bist du vollkommen frei. Ganz gleich wie schrecklich andere Menschen sich dir gegenüber verhalten oder wie nahe sie dir stehen mögen, du weißt, dass du keine Angst mehr vor ihnen zu haben brauchst, da sie nicht in deine Wirklichkeit eindringen können, wenn du sie nicht durch deine Gedanken einlädst.

Wenn du das wirklich begriffen hast, dann kannst du sie so sein lassen, wie sie sind, da sie nun keine Bedrohung mehr für dich darstellen. Es gibt keinen Grund mehr, sich von ihnen abzugrenzen oder Krieg gegen sie zu führen. Du brauchst dich nicht mehr mit anderen verbünden, um stark zu sein, denn du bist allein stark genug, um das zu sein, zu bekommen oder zu tun, was du willst, und zwar unabhängig davon, was um dich herum passiert. Wenn du verstehst, dass du Gedanken aussendest und dadurch bestimmte Erfahrungen anziehst, dann wirst du auch verstehen, warum andere Leute in einer bestimmten Weise auf dich reagieren. Selbst dein größter Feind hat viel mehr Gemeinsamkeiten als Unterschiede mit dir. Du betrachtest ihn nur deshalb als Feind, weil du dich auf eure Unterschiede konzentrierst – auf die Aspekte von ihm, die dir nicht gefallen. Wenn du also einen Menschen siehst, mit dem du nichts zu tun haben willst, weil du ihn nicht magst und weil du ihn als Feind betrachtest, dann ziehst du mehr von dem an, was du nicht willst. Du kannst wunderbare Beziehungen sogar mit Menschen haben, die du heute als Feinde betrachtest, wenn du dich nur auf eure Gemeinsamkeiten konzentrieren würdest – von denen es ganz sicher eine Menge gibt.

FRAGE: *Wenn ich denke: »Ich möchte mein Einkommen verdreifachen«, dann kommt sofort der nächste Gedanke: »Aber wie soll das wohl gehen?«. Müssen wir aufhören, uns über die Einzelheiten Sorgen zu machen? Also darüber, wie wir von Punkt A zu Punkt B kommen?*

ABRAHAM: Wir wollen nicht, dass du die Einzelheiten außer Acht lässt. Der Schöpfungsprozess funktioniert folgendermaßen: Du willst etwas, du lässt es zu und es ist. Wenn du etwas willst und zulassen kannst, dass du es bekommst, dann wirst du es auch bekommen. Es gibt eine Menge Dinge, die du willst, und deine Wünsche unterdrückst du nur sehr selten. Was nicht funktioniert ist das Zulassen und das gilt für alle Bereiche deines Lebens. Wenn du nicht daran glaubst, dass du etwas erreichen kannst oder verdient hast, dann wirst du es auch nicht bekommen. Nehmen wir ein Beispiel: Du möchtest ein neues Auto haben. Wenn du diesen Wunsch nur allgemein formulierst – »Ich will 'ne neue Karre!« – und ihn dir nicht in allen Einzelheiten ausmalst, wirst du dich nicht besonders darauf freuen und keine Begeisterung spüren können. Es sind die Einzelheiten, die Gefühle ins Spiel bringen, und deshalb sind Einzelheiten so wichtig. Wenn du etwas wirklich unbedingt haben willst, dann wird es schnell zu dir kommen, und wenn du dich vor etwas wirklich sehr fürchtest, dann wird auch das sehr schnell zu dir kommen.

Also nehmen wir an, du wünschst dir ein neues Auto. Damit ist es bereits auf dem Weg zu dir, aber wenn du konkreter daran denkst, welches Auto es sein soll, dann wirst du gefühlsmäßig stärker daran beteiligt sein, und dann wird es schneller zu dir kommen. Nehmen wir an, du fährst durch die Stadt. Du hast am Morgen deine Absicht bereits formuliert: »Ich will einen neuen roten Mercedes. Ich will das neueste Modell und ich möchte, dass es mit Folgendem ausgestattet ist…« Während du die Straße entlang fährst, schaust du aus dem Fenster – und da ist es! Als du es siehst, gerätst du vor Freude ganz aus dem Häuschen. Du fährst langsamer, damit du es besser sehen kannst. Je mehr du es ansiehst, desto mehr freust du dich. Du fährst etwas schneller und schaust es dir im Rückspiegel an; du wirst langsamer und schaust es dir von hinten an. Du rufst begeistert aus: »Was für ein tolles Auto! Ich kann schon das Leder der Polster riechen! Ich kann direkt spüren, wie wohl ich mich darin fühlen werde. Ich will es haben und ich werde es bekommen. Es ist schon auf dem Weg zu mir!« Und weil du diese starken Gefühle verspürst, wird es schneller zu dir kommen.

Wenn du dein Traumauto aber siehst und wütend wirst, weil du es dir schon so lange wünschst und es bisher nicht bekommen hast, dann schiebst du es noch weiter von dir weg. Oder wenn du verbittert denkst: »Wahrscheinlich hat ihm sein Vater das Auto geschenkt, aber ich muss es mir selbst verdienen!«, dann rückt es in immer weitere Ferne.

Wenn du beim Betrachten des Autos etwas Negatives fühlst statt etwas Positives, wenn dich der Anblick deprimiert statt dich zu erfreuen, dann schiebst du es von dir weg. Du kannst immer anhand deiner Gefühle überprüfen, ob du etwas anziehst oder abstößt. Wenn du es aber nicht schaffst, positive Gefühle in dir zu wecken, dann ist es allerdings besser, überhaupt nicht mehr an irgendwelche Einzelheiten zu denken, sondern zu deinem ursprünglichen, allgemein formulierten Wunsch »Ich will ein neues Auto« zurückzukehren.

Es passiert tatsächlich sehr häufig, dass ihr etwas Falsches erschafft, wenn ihr euch zu sehr mit den Einzelheiten eures Wunsches beschäftigt. Das liegt daran, dass ihr dazu euren Verstand gebraucht, aber der kann euch nur das geben, was er schon aus eigener Erfahrung kennt. Wenn du also noch nie ein so tolles Auto besessen hast, dann wird dein Verstand sagen: »Du kannst es nicht haben, weil du noch nie eines hattest!« Dein Verstand wird viele Gründe finden, warum du das Auto nicht haben kannst. »Die Versicherung wird teurer werden; es verbraucht mehr Benzin; rote Autos bekommen leichter Strafzettel und so weiter.«

FRAGE: Und *was mach ich, wenn ich ein eigenes Haus will, es mir aber absolut nicht leisten kann? Wenn ich mich trotzdem darauf freue, erschaffe ich es dann?*

ABRAHAM: Wenn du dich *nicht* darauf konzentrierst, dass du es dir nicht leisten kannst, dann wirst du es anziehen. Wenn du dich darauf freust, dann erschaffst du es – ganz gleich, wie dein gegenwärtiger Kontostand aussehen mag. Sobald du dir aber Sorgen machst oder denkst: »Das kann ich mir ja doch niemals leisten!«, stößt du es weg. Und das geschieht mit den meisten eurer Schöpfungen. Sie befinden sich im Schwebezustand und hängen irgendwo in einem Schattenreich herum. Sie sind bereits erschaffen, können aber nicht in deine Wirklichkeit kommen, weil du sie erst anziehst, dann wieder abstößt, von Neuem anziehst und abstößt und so weiter. Achte auf deine Gefühle. Wenn du ein negatives Gefühl verspürst, halte sofort inne. Höre auf, das zu denken, was du denkst. Höre auf, das zu tun, was das negative Gefühl ausgelöst hat. Das bedeutet aber nicht, dass du den Gedanken ins Gegenteil verkehren sollst. Also versuche nicht, dich selbst davon zu überzeugen, dass du dir das große Haus doch leisten kannst. Höre einfach auf zu denken, dass du es dir nicht leisten kannst. Denke lieber an etwas ganz anderes.

FRAGE: *Heißt das, man soll sich ablenken?*

ABRAHAM: Genau. Wir wollen an diesem Punkt noch einmal die Prinzipien des Schöpfungsprozesses wiederholen: Wenn du etwas willst, lass es zu und es wird sein. Formuliere zunächst deinen Wunsch: »Ich beabsichtige…« »Beabsichtigen« ist stärker als »wünschen«, denn es beinhaltet den Wunsch *und* die Erwartung, dass er sich erfüllen wird. Schreibe also auf ein Blatt Papier: »Ich beabsichtige … aus den folgenden Gründen.« Schreibe alle Gründe auf, die von dir stammen, aber nicht die Gründe anderer Leute. Schreibe auf, warum *du* es willst. Deine Wünsche besitzen Macht, die Wünsche anderer Leute haben keine Macht für dich. Wenn du ihn nicht auch erfüllt haben willst, dann hat ein Wunsch keine Macht. Schreibe auf der Rückseite auf, warum du dir sicher bist, dass sich der Wunsch erfüllen wird. Das wird deine Erwartungshaltung verstärken. Nun ist es vollbracht. Steck das Papier in deine Tasche und sage zu dir selbst: »Das war leicht. Also, was kommt nun?« Wenn du den Prozess nicht durch Sorgen oder Ängste aufhältst, wird sich der Wunsch verwirklichen. Wenn du oft und voller Vorfreude daran denkst, wird er sich schneller verwirklichen.

Und nun lebst du einfach ganz normal weiter. Solange du entweder positive oder keine Gefühle verspürst, ist das Objekt deiner Sehnsucht auf dem Weg zu dir. Aber sobald du negative Gefühle verspürst, schiebst du es von dir weg. Wenn du dich ablenkst und an etwas anderes denkst, dann ist das sehr gut, denn dadurch wirst du aufhören, etwas zu erschaffen, was du nicht willst. Taucht das negative Gefühl aber immer wieder auf, solltest du dich fragen: »Welcher Gedanke hat dieses Gefühl ausgelöst?« Es wird möglicherweise einige Zeit dauern, bis du den betreffenden Gedanken identifiziert hast, da du, wie du ja weißt, viele Gedanken gleichzeitig denkst. Wenn du das negative Gefühl so schnell wie möglich wahrnimmst, kannst du leichter herausfinden, welcher Gedanke dafür verantwortlich war. »Ich habe an das gedacht und vorher an das, weil ich davor an Folgendes gedacht habe…« Wenn du auf den Gedanken stößt, der verantwortlich war, wirst du das Gefühl haben, eine schmerzhafte Wunde aufgerissen zu haben, weil das negative Gefühl sich dann einen Moment lang noch verstärkt. »Aha, das war also der auslösende Gedanke. Ich habe mich gerade daran erinnert, dass meine Mutter sich früher immer über meinen Wunsch nach einem neuen Auto lustig gemacht hat. Aber wichtig ist nur, was ich will. Und was will ich? Ich will ein neues Auto! Wenn ich das Auto nicht bekomme, tue ich meiner Mutter damit bestimmt keinen Gefallen, weil es ohnehin viele Dinge gibt, über die wir unterschiedlicher Meinung sind. Ich bin der Schöpfer *meiner* Wirklichkeit. Sie ist die Schöpferin *ihrer* Wirklichkeit. Ich will dieses Auto und ich werde es bald haben!« So baust du dir selbst eine Brücke von negativen Gefühlen und negativen Gedanken zu positiven Gedanken und positiven Gefühlen. So veränderst du nachhaltig deine Denkmuster.

Auch ein Denkmuster ist schließlich eine Schöpfung und keine Schöpfung ist jemals abgeschlossen. Du veränderst ständig deine Überzeugungen, indem du neue Informationen verarbeitest. Wenn du das getan hast, wird dich die Überzeugung nicht mehr einschränken, da du sie an deine gegenwärtige Realität angepasst hast. Wenn du dich aber dafür entscheidest, dich abzulenken und den ursprünglichen Gedanken nicht zu verändern, dann kommt er möglicherweise immer wieder hoch.

Wenn du im Lauf des Tages plötzlich ein negatives Gefühl verspürst und nicht herausfinden kannst, welcher Gedanke dafür verantwortlich ist, dann gibt es wahrscheinlich in deiner Wirklichkeit etwas, das du willst, von dem du aber gar nichts weißt. Ein Beispiel: Du gehst spätabends über einen leeren Parkplatz. Du hast gerade an den tollen Film gedacht, den du gesehen hast, oder freust dich schon auf dein warmes Bett, als dich plötzlich eine unbestimmte Angst überkommt. Es kann durchaus sein, dass dein inneres Wesen etwas spürt, dessen du dir nicht bewusst bist. Am besten ist es, wenn du auf das Gefühl reagierst, indem du schneller ausschreitest oder dich sorgsam umschaust. Wenn du aber spätabends über einen leeren Parkplatz gehst und plötzlich Angst bekommst, weil du an den Horrorfilm vom Parkplatzmonster gedacht hast, den du vor kurzem gesehen hast, dann kannst du sicher sein, dass es dieser Gedanke war, der dieses negative Gefühl erzeugt hat.

Alle deine Gefühle sind Botschaften deines inneren Wesens. Wenn du aufmerksam auf sie achtest, hast du den Vorteil, dass du vieles wissen wirst, was dein Verstand nicht weiß. Dein inneres Wesen wacht immer von seiner höheren Warte aus über dich und kennt alle deine vielen Wünsche und

Absichten. Wenn du plötzlich Furcht verspürst, dann gibt es dafür immer einen Grund. Daher ist es gut, sich die Zeit zu nehmen, herauszufinden, welcher Gedanke wohl für dieses Gefühl verantwortlich ist.

FRAGE: *Immer wenn ich meine Mutter besuche, kommen all diese Gefühle bei mir hoch. Aber ich kann doch nicht aufhören, mich um meine Mutter zu kümmern, obwohl sie so negativ ist und obwohl ich mich vor ihrer Negativität schützen möchte. Wie kann ich mit meinen widerstreitenden Gefühlen umgehen?*

ABRAHAM: Dein Verhalten wird immer durch deine dominanten Intentionen bestimmt. Es scheint deine dominante Intention zu sein, nur an das zu denken, was dir Freude macht. Da du aber dennoch jemanden besuchst, der deine Gedanken in eine von dir nicht gewünschte Richtung lenkt, existiert anscheinend noch eine andere Absicht, die noch dominanter ist. Du möchtest vor allem in Harmonie mit deiner Mutter leben. Du solltest erkennen, dass du mit deiner Mutter mehr Gemeinsamkeiten als Unstimmigkeiten hast. Wenn du dich auf diese Tatsache konzentrierst, wird es dir nicht mehr so schwer fallen, sie zu besuchen. Dein größter Wunsch ist es immer, zulassen zu können, da dir das absolute Freiheit bringen wird. Du möchtest deine Mutter genauso akzeptieren, wie sie ist, obwohl sie dich nicht so akzeptiert, wie du bist. Wenn sie über Dinge spricht, mit denen du nicht übereinstimmst, nimm sie dir nicht zu Herzen. Sie sind nicht das eigentliche Problem. Deine Alarmsignale klingeln dann am lautesten, wenn deine Mutter darüber spricht, wie du leben solltest; wenn sie dir sagt, dass du nie das tust, was du ihrer Meinung nach tun solltest. Sobald du in der Lage bist, zu ihr zu sagen: »Mutter, es ist in Ordnung, dass du so denkst. Ich verstehe dich« und es auch wirklich meinst, dann kann dir ihre Negativität nichts mehr anhaben.

Natürlich wäre es am leichtesten, dich ganz zurückzuziehen und sie nicht mehr zu besuchen. Hättest du nicht den übergeordneten Wunsch nach Harmonie, wäre deine Mutter schon lange aus deinem Leben verschwunden, aber da du ihn nun einmal hast, musst du dir immer wieder bewusst machen, dass du dich nicht an ihrer Negativität zu beteiligen brauchst. Das heißt natürlich nicht, dass du ihr den Mund verbieten sollst. Das liegt außerhalb deiner Macht, aber du kannst deine eigenen Ohren verschließen. Du kannst aufhören, die Dinge zu hören, die dich aufregen. Du hörst zwar noch die Worte, aber sie berühren dich dann nicht mehr, wenn du bereit bist zu sagen: »Es ist in Ordnung. Ich höre, was du sagst, Mutter, aber ich weiß auch, was für mich wahr ist.« Dann werden die negativen Gefühle keine Macht mehr über dich haben und du wirst frei sein.

Wahre Freiheit stellt sich erst ein, wenn du bist, wer du bist, und wenn du andere sein lassen kannst, wer sie sind. Du hast deine Mutter durch dein Denken in deine Wirklichkeit eingeladen und du hast das, was dir weh tut, selbst in dein Leben gelassen. Selbst jetzt, wo wir darüber reden, spürst du den Schmerz, obwohl deine Mutter gar nicht da ist. Es sind deine Gedanken, die dir den Schmerz verursachen, nicht deine Mutter.

FRAGE: *Was haltet ihr vom Ouija-Brett?*

ABRAHAM: Wenn dein inneres Wesen mit deinem Normalbewusstsein vereint ist, dann kannst du alle möglichen Spiele spielen, auch das mit dem Ouija-Brett. Wenn du genau weißt, was du willst, kannst du durchaus deinen Spaß damit haben. Wir empfehlen es normalerweise deshalb nicht, weil es ein Spiel ist und weil es viele Wesen in der geistigen Dimension gibt, die ebenfalls wissen, dass es ein Spiel ist, und die sich einen Spaß daraus machen, euch in die Irre zu führen. Dein inneres Wesen wird keine Spielchen mit dir spielen, Witzbolde aus der anderen Dimension aber schon. Nur weil jemand tot ist, heißt noch lange nicht, dass er auch weise ist. Und es heißt schon gar nicht, dass er sich in Harmonie mit dir befindet. Deshalb ist es wichtig, dass du einen direkten Weg zu deiner inneren Führung findest.

FRAGE: *Gibt es so etwas wie Feen und Elfen oder auch Tiere, die sich bestimmter Menschen als Medium bedienen, um zu kommunizieren?*

ABRAHAM: Du musst verstehen, dass jede gedankliche Kommunikation mit der geistigen Dimension – das sogenannte Channeling – ihre Ausdrucksform durch die Erwartungen des Empfängers erhält. So ist ja auch Abraham nicht etwas, was man in euren materiellen Begriffen beschreiben könnte. Wir sind Energie. Wir sind Gedankenformen. Abraham manifestiert sich für euch in einer bestimmten Weise, weil Esther eine bestimmte Erwartungshaltung hat, derzufolge Abraham ein weiser, fürsorglicher und liebevoller Lehrer ist. Hätte sie etwas Elfenähnliches erwartet, wären wir mehr wie Elfen. Die Erwartungshaltung des Empfängers bestimmt immer, was er empfängt.

Ihr seid physische Wesen in einer Zeit des Erwachens. Über dieses Erwachen wurde viel geschrieben, aber es ist nicht so, wie es viele von euch erwartet haben. Das Erwachen findet in jedem von euch statt und ist nichts weiter als die Verschmelzung eures Normalbewusstseins mit eurem inneren Wesen. Es könnte in dem Satz ausgedrückt werden: »Ich erkenne an, dass ich mehr bin als mein Auge sieht. Ich möchte, dass mein Leben in der materiellen Dimension durch meine innere Weisheit bereichert wird.«

Es ist noch nicht lange her – damit meinen wir vor ein paar hunderttausend Jahren –, dass der Mensch nicht wusste, dass es über das hinaus, was er sehen, riechen, hören, schmecken und berühren konnte, noch etwas anderes gab. Folglich bat er den Himmel auch nicht um Hilfe. Irgendwann fingen die Menschen dann an, an Götter zu glauben. An diesen Gott und an jenen Gott. Nicht nur an einen Gott, sondern an viele Götter. Und dann – jetzt machen wir einen Riesensprung – kam eine Zeit in eurer Evolution, da fingt ihr an zu begreifen, dass es etwas Göttliches geben muss. Es gab lebende Menschen, durch die tote Menschen sprachen. Dann habt ihr angefangen, an die Führung aus dem Jenseits zu glauben und an geistige Führer. Ihr dachtet, dass jeder von euch seinen eigenen Schutzengel hat, und wenn ihr nur lange genug daran glauben würdet, dann würde er sich euch auch irgendwann offenbaren. Was wir euch begreiflich machen möchten, ist, dass jeder von euch Zugang zur unendlichen Intelligenz des Universums hat und dass eure physische Existenz durch das Öffnen des Verbindungskanals ungeheuer bereichert wird. Wir wollen euch nicht vom materiellen Leben ablenken oder eure Aufmerksamkeit auf eine andere Dimension lenken. Wir wollen, dass ihr das erlebt, was ihr euch zu erleben vorgenommen habt, und dass dieses Erleben durch die Öffnung des Verbindungskanals bereichert wird.

FRAGE: *Mir ist noch nicht klar, wozu Meditation genau dient. Könntet ihr das noch einmal erläutern? Bestehen dabei irgendwelche Gefahren?*

ABRAHAM: Wir wollen also noch einmal über die Öffnung des Verbindungskanals zu deinem inneren Wesen sprechen. Mach dir keine Sorgen. Wenn du es aus irgendeinem Grund nicht willst, dann wird es auch nicht passieren. Dies ist nicht etwas, das dir aufgedrängt wird, wenn du es nicht willst. Wie bei jeder Schöpfung gilt auch hier der Grundsatz: Wenn du es willst und es zulässt, dann wird es sein. Du hast also die Hauptarbeit schon geleistet, wenn du die Öffnung willst. Meditation ist dazu da, die Öffnung zuzulassen. Nimm dir jeden Tag Zeit, um deinen Verstand zur Ruhe zu bringen und deine Aufmerksamkeit auf die innere Welt zu richten. Du musst nichts weiter tun als still zu sitzen und einfach zu *sein*.

Nun wirst du vielleicht sagen: »Aber ich bin doch immer. Wie kann ich denn nicht sein?« Darauf antworten wir: »Versuche nicht, irgendetwas zu tun. Sitz still und denke an nichts.« Sobald wir sagen: »Denke an nichts«, fängst du an daran zu denken, nicht zu denken. Du bringst deinen Verstand dadurch zur Ruhe, dass du dich auf etwas konzentrierst, was keine Gedankentätigkeit erfordert – zum Beispiel auf deine Atmung. Lass einfach zu, dass die Luft in deinen Körper ein- und ausströmt und sei dir dessen bewusst. Wenn du deine Aufmerksamkeit auf diesen einfachen Vorgang richtest, wirst du schon bald eine Art Kribbeln verspüren oder ein Gefühl der Taubheit im Körper wahrnehmen. Das ist ein Signal von deinem inneren Wesen, dass dein Verstand so weit zur Ruhe gebracht ist, dass du nun die innere Welt wahrnehmen kannst. Sobald du wieder denkst, wird das Gefühl verschwinden; wenn du wieder still wirst, wird die Taubheit zurückkehren. Nach einiger Zeit wird es dir gelingen, in diesem Zustand der Stille und Taubheit zu verbleiben. Nun befindest du dich im Zustand des Zulassens. Damit ist deine Arbeit getan. Dein inneres Wesen wird den Rest erledigen.

Wenn du gewisse Körperempfindungen wie das Kribbeln in bestimmten Körperteilen wahrnimmst, wirst du wissen, dass dein inneres Wesen dabei ist, den Verbindungskanal zu öffnen und deine inneren und äußeren Energien in Einklang zu bringen. Wenn du spürst, wie sich dein Körper bewegt, dann ist der Kanal geöffnet. Sobald er einmal offen ist, ist es nicht mehr nötig, dich zur Meditation hinzusetzen. Sobald du offen bist, kannst du jederzeit Botschaften von deinem inneren Wesen empfangen, indem du einfach denkst: »Ich will empfangen.« Meditation ist einfach der Prozess des Öffnens des Verbindungskanals. Darüber hinaus halten wir sie nicht für erforderlich – es sei denn, du benutzt sie zu anderen Zwecken. Es gibt viele Gründe, aus denen Menschen meditieren. Manche meditieren, weil sie genug von der Welt haben und eine Pause brauchen. Das ist in Ordnung, aber glaube nicht, dass du meditieren müsstest, um Botschaften zu empfangen. Esther befindet sich nicht im Zustand der Meditation, wenn wir durch sie sprechen. Sie hat ihren Verbindungskanal durch Meditation geöffnet und nun empfängt sie, wann und was immer sie will. Das kannst auch du.

FRAGE: *Was hindert andere Wesenheiten daran, durch Esther zu sprechen?*

ABRAHAM: Ihre klare Absicht. Sie weiß, dass sie nur Botschaften von denen erhalten will, von denen sie abstammt. Sie will nur Botschaften von ihrer »Familie« empfangen. Sobald sie den Kontakt zu ihrer geistigen Familie hergestellt hat, mischen sich keine anderen Wesenheiten ein. Solange du den Kontakt mit denen, von denen du abstammst, nicht hergestellt hast, bist du sozusagen Freiwild. Aber sobald du Kontakt mit deiner Familie hast, halten sich alle anderen Wesenheiten von dir fern. Angenommen, Esther würde nicht sagen: »Ich will mit Abraham sprechen oder mit denen, von denen ich abstamme«, sondern: »Hallo Universum, hier bin ich, bitte sprich mit mir. Hallo, ist dort draußen jemand? Bitte kann sich irgendjemand melden?«, dann könnte es sein, dass sie etwas empfängt, was sich nicht im Einklang mit ihr befindet. Davon raten wir ab. Wir empfehlen dir zu sagen: »Ich möchte durch die Öffnung des Kanals mit denen kommunizieren, von denen ich abstamme.« Wenn du das tust, werden dich keine anderen Wesenheiten belästigen.

FRAGE: *Seid ihr als eins zu Esther gekommen?*

ABRAHAM: Das sind wir, denn das entsprach ihrer Erwartungshaltung. Sie verstand nicht, wer wir sind. Sie hatte gesagt: »Ich möchte meinen geistigen Führer kennen lernen.« Und als wir Kontakt mit ihr aufnahmen, haben wir gesagt: »Ich bin Abraham. Ich bin dein geistiger Führer.«

FRAGE: *Was aber, wenn viele verschiedene Wesenheiten zu einem kommen. Unterschiedliche Wesen mit unterschiedlichen Gedanken. Wie bringe ich sie alle unter einen Hut?*

ABRAHAM: Indem du es beabsichtigst; indem du es willst. Falls sie sich weigern, brich den Kontakt ab. Sage ihnen unmissverständlich, dass du der Hüter deines Wesens und der Schöpfer deiner Erfahrungen bist. Das wird ausreichen.

Diejenigen, die sich im Einklang mit dir befinden, werden sich niemals weigern. Von denen, die nicht im Einklang mit dir sind, solltest du dich fernhalten. Mach dir keine Sorgen, du könntest besessen werden. Das war auch Esthers größte Angst. Aus diesem Grund hat es auch so lange gedauert, bis wir zu ihr durchdringen konnten.

FRAGE: *Was wäre aber, wenn vorherbestimmt wäre, dass verschiedene Wesen zu mir kommen?*

ABRAHAM: Nichts ist vorherbestimmt. Du bist der Schöpfer deines Lebens. Du hast dir vorgenommen, mit deinem inneren Wesen zu verschmelzen. Für alle, die sich die Kommunikation mit der inneren Welt wünschen, ist das Folgende besonders wichtig: Deine Erwartungshaltung und deine Überzeugungen bestimmen, was du zulassen kannst und was du demzufolge empfangen wirst. Wenn du eine bestimmte Vorstellung hast, wirst du nichts anderes zulassen können. Weil aber dein inneres Wesen die Kommunikation will, wird es – zumindest zu Anfang – genau das sein, was du erwartest. Später werden dir nach und nach Informationen gegeben, die deinen Horizont erweitern.

Als Abraham Esther begegnete, sah Esther Abraham als ein einziges Wesen, als den einen Führer, der ihr zugeteilt war. Sie war so glücklich, dass sie endlich einen Führer gefunden hatte, der ihr sagte, was sie tun sollte. Aber dann musste sie entdecken, dass Abraham gar nicht vorhatte, ihr irgendetwas vorzuschreiben. Abraham ist ein Lehrer und möchte die Richtung weisen, aber Esther ist die Schöpferin ihres Lebens und muss selbst entscheiden, was sie tun will. Schon bald hatte sie aufgehört zu fragen: »Abraham, soll ich das oder jenes essen? Soll ich links oder rechts abbiegen?«, weil sie verstanden hatte, dass Abraham ihr nur Prinzipien und Richtlinien anbot, aufgrund derer sie ihre Entscheidungen selber treffen konnte. Im Lauf der Zeit hat sich die Beziehung von Esther und Abraham ständig verändert und dieser Entwicklungsprozess ist noch lange nicht abgeschlossen. Esther wird im Lauf der Zeit immer besser verstehen, wer wir eigentlich sind.

Wir wollen, dass ihr euch die Erfahrungen erschafft, die ihr machen wollt. Wir sagen euch, was die Intentionen eures inneren Wesens sind. Jeder, der sich gegenwärtig auf dem Planeten Erde verkörpert hat, stammt von einem inneren Wesen ab – von einem inneren Wesen, das die Entscheidung getroffen hat, sich zu dieser Zeit an diesem Ort zu verkörpern. Ihr alle habt euch ganz gezielt für den Planeten Erde entschieden, weil ihr euch bewusst wart, dass sich der Zustrom schöpferischer Energie gewaltig erhöht hat, was es euch nicht nur ermöglicht, den Kontakt zur inneren Welt leichter herzustellen, sondern auch schneller in der materiellen Realität zu erschaffen.

Wir sprechen hier von dir und deinem inneren Wesen immer so, als ob ihr voneinander getrennt wäret, aber das ist nicht der Fall. Wir möchten, dass du dich *bewusst* mit deinem inneren Wesen vereinigst und Harmonie mit dir selbst findest. Wir möchten, dass du erkennst, was für ein großartiges, wunderbares Wesen du bist, und dass du bewusst den Kontakt zu deiner Ganzheit herstellst. Du solltest dich nicht als Instrument sehen, durch das jeder, der dies beabsichtigt, sprechen kann. Du bist der absichtsvolle Schöpfer deiner Erfahrungen und wir ermutigen dich, bewusst die Kommunikation mit deinem inneren Wesen, deinem höheren Selbst, deiner Seele oder deinem Gott herzustellen. Es ist ganz gleich, wie du es nennst. Das, was du erwartest, das wirst du nämlich auch bekommen.

FRAGE: *Es geht um Schuld. Wenn jemand zum Beispiel einen Menschen ermordet hat, fühlt er sich dann automatisch schuldig? Und warum fühle ich mich so furchtbar, wenn ich so etwas im Fernsehen sehe?*

ABRAHAM: Ob er sich schuldig fühlt oder nicht, hängt ganz von seiner Entwicklung ab. Das innere Wesen, von dem du abstammst, verfügt über ein ungeheures Wissen. Schließlich hat es unzählige Male gelebt. Wenn du siehst, dass andere etwas tun, was dich abstößt, dann liegt das daran, dass du diese Erfahrung schon einmal gemacht hast. Jeder von euch hat in irgendeinem Leben schon einmal getötet oder ist getötet worden. Deshalb ruft der Anblick eines Ermordeten so starke Gefühle bei dir hervor. Wenn Schuldgefühle in dir hochkommen, dann liegt das sicherlich daran, dass du dabei bist, etwas zu tun, das dein inneres Wesen nicht möchte. Du bekommst selbst dann Schuldgefühle, wenn du nur daran denkst, so etwas zu tun.

FRAGE: *Gibt es für jeden Menschen ein inneres Wesen oder kann sich ein inneres Wesen in mehreren Menschen gleichzeitig ausdrücken?*

ABRAHAM: Sowohl als auch. Es gibt innere Wesen, die sich nur durch einen Menschen ausdrücken und andere, die sich durch mehrere ausdrücken. Es hängt alles von den Intentionen des betreffenden inneren Wesens ab. Grundsätzlich gilt aber, dass ihr alle denselben Ursprung habt, dass ihr alle eins seid.

FRAGE: *Ich habe gehört, dass die Erde in naher Zukunft eine Achsenverschiebung durchmachen und dass es dabei zu großen Katastrophen kommen wird. Wenn wir wirklich unsere Erfahrungen wählen können, sollten wir dann nicht auch in der Lage sein, diese Erdachsenverschiebung zu verhindern?*

ABRAHAM: Das ist genau die Frage, die Esther uns einmal gestellt hat. Sie sagte damals: »Abraham, ihr habt mich davon überzeugt, dass ich unbesiegbar bin. Ich sage euch deshalb folgendes: ›Ich werde diese Katastrophe nicht zulassen! Ihr könnt tun, was ihr wollt, aber ich werde sie verhindern!‹« Darauf sagten wir: »Gut. Gibt es noch andere, die deiner Ansicht sind?« »Die gibt es.« Daraufhin haben wir geantwortet: »Sammle deine Freunde und halte die Achsenverschiebung auf. Und wenn ihr schon einmal dabei seid, sorgt auch gleich dafür, dass es nie mehr Nacht wird und dass der Winter dieses Jahr komplett ausfällt.« Ihr habt die Erde miterschaffen und ihr seid ein Teil von ihr. Ihr alle seid Mitschöpfer der Erde, aber ihr habt sie auf einer Ebene erschaffen, zu der ihr gegenwärtig keinen Zugang habt. Ihr seid übereingekommen, euch hier zu verkörpern und auf einen Teil eurer Macht zu verzichten. Die Erde und das ganze All wurden aufgrund einer großen Sehnsucht erschaffen. Teil des Planes ist es, dass die Erde lange, lange Zeit existiert.

Ihr lebt auf einer lebenden, sich entwickelnden Erde. Die Erde lebt, so wie alles auf ihr lebt. Und weil sie lebt, wächst sie. So wie ihr neue Haut wachsen lasst, so lässt auch die Erde neue »Haut« wachsen. Während sich die Erde weiterentwickelt und ständig verändert, versucht sie immer wieder, ihr Gleichgewicht zu finden. Dein inneres Wesen weiß, dass es ihre völlige Zerstörung bedeuten würde, wenn es der Erde nicht gelingt, ihr Gleichgewicht zu finden. Die Achsenverschiebung ist Teil des Versuchs, wieder ins Gleichgewicht zu kommen. Die kommenden Ereignisse werden nicht so dramatisch sein wie frühere Ereignisse. Eure Erde hat schon oft solche Veränderungen durchgemacht. Aber da eure Aufzeichnungen nicht überlebt haben, wisst ihr nichts davon. Es gibt allerdings geologische »Aufzeichnungen«, die erhalten geblieben sind. Eure Geologen wissen, dass derartige Veränderungen nichts Neues sind. Aber sie befinden sich außerhalb eurer Einflusssphäre. Was ihr aber beeinflussen könnt, ist eure individuelle Rolle bei diesen Veränderungen. Du solltest dir vorstellen, wie du in Freude überlebst. Dann wird genau das deine Erfahrung sein.

Ihr habt viele Vereinbarungen getroffen, bevor ihr geboren wurdet. So habt ihr vereinbart, die Schwerkraft und Körperlichkeit zu erfahren. In der geistigen Dimension verschmilzt man einfach miteinander und trennt sich wieder, aber in der materiellen Dimension stößt man gegeneinander, wenn man nicht aufpasst. In der geistigen Dimension kannst du vieles beeinflussen, was du in der materiellen nicht kannst. Die Erdachsenverschiebung zu verhindern ist etwas, was du nicht kannst. Dein inneres Wesen hat damit überhaupt kein Problem. Dein inneres Wesen sagt: »Ich will Teil des Planeten Erde während dieser großen Umwälzung sein, da ich weiß, dass mir dies mehr Möglichkeiten gibt, schöpferisch tätig zu sein. Ich weiß, dass jede Veränderung meine Kreativität stimuliert und dass daraus neue Schöpfungen entstehen. Und aus dem Erschaffen ziehe ich meine Freude. Ich will während des Erwachens Teil des Planeten Erde sein, weil ich die Glückseligkeit erleben will, die sich einstellt, wenn ich wie andere Menschen dann auch mit meinem inneren Wesen verschmelze.«

Du hast auf dieser Erde viele Leben gelebt, die nicht so erfüllend waren wie dein jetziges. Dies ist die ersehnte Zeit des Erwachens. Die Erdachsenverschiebung ist ein Teil davon. Du hast sie von deiner inneren Perspektive aus erschaffen und du würdest sie nicht aufhalten wollen, da du weißt, dass sie für das Überleben der Erde absolut notwendig ist. Du weißt, wie lange es dauert, bis ein Planet wie die Erde bewohnbar wird. Sicherlich willst du das nicht leichtfertig aufs Spiel setzen und wieder ganz von vorne anfangen. Auch wenn sich dein inneres Wesen in dieser Sache sehr sicher ist, so ist es für dich doch ziemlich schwer, dieses komplexe Thema mit deinem Normalbewusstsein zu verstehen.

FRAGE: *Vor kurzem war ich in einer Blockhütte in den Bergen. Dabei ist mir aufgefallen, dass ich das einfache Leben wirklich schätze und dass ich mit meinem alltäglichen Leben nicht glücklich bin.*

ABRAHAM: Ist es dir als Kind einmal passiert, dass du zur Schule gegangen bist und der Unterricht aus irgendeinem Grund ausfiel? Sicher hast du dich gefreut, oder? Der Grund dafür ist einfach der, dass du nun den ganzen Tag für dich hattest. Niemand anderes hat ihn für dich verplant. Deine Mutter schickte dich zur Schule, die Schulleitung schickte dich heim. Einen Tag lang warst du frei, das zu tun, was du wolltest. Erinnerst du dich, wie froh du darüber warst, dass du den Tag nun nach Belieben gestalten konntest?

Die meisten von euch erschaffen aus reiner Gewohnheit. Ihr tut so, als ob ihr lebt, aber es macht euch nicht glücklich. Glück und Erfüllung entstehen nur, wenn man etwas will, es zulässt und es dann bekommt. Aber ihr rennt herum wie kopflose Hühner und tut das, was alle anderen auch tun, nur weil irgendjemand gesagt hat, so wäre das Leben nun einmal. Befriedigung zieht ihr daraus nicht. Was du mehr als alles andere willst, ist Freiheit. Die meisten von euch sind an die materiellen Dinge gebunden, die sie angehäuft haben. Sie haben sich ihre Freiheit nehmen lassen.

Du erschaffst, weil du etwas willst. Aber die meisten von euch unterdrücken ständig ihre wahren Wünsche. Ihr wünscht euch eher weniger als zu viel, da ihr euch vor der Enttäuschung schützen wollt, nicht genug zu bekommen. Weil sie nicht verstehen, wodurch sie bekommen, was sie bekommen, haben viele von euch das Wünschen ganz aufgegeben. Weil ihr nicht versteht, dass ihr die Schöpfer eurer Erfahrungen seid und kontrollieren könnt, was ihr bekommt, trefft ihr gar keine bewussten Entscheidungen mehr. In der Folge bekommt ihr von allem etwas. Du bist Teil einer Welt, die völlig überfordert ist. Du bist überfordert, weil du so viele Dinge bekommst, die dir gar nichts bedeuten, und weil du gar nicht mehr weißt, was du eigentlich willst.

Du bist nicht aus Versehen hier. Du bist nicht hier, weil du die kosmische Lotterie gewonnen hast. Du hast dich zur gegenwärtigen Zeit auf diesem Planeten verkörpert, weil du dich verkörpern wolltest. Weil du es wolltest und zugelassen hast, bist du hier. Und nun stehst du vor wunderbaren neuen Erfahrungen. Dein Leben wird einfacher werden, denn Einfachheit bringt dir die größte Freude. Kompliziertheit bringt dir den größten Stress.

FRAGE: *Wenn ich mich hinsetze, um die Rechnungen zu bezahlen, stelle ich immer wieder fest, dass nie genug Geld da ist. Wenn mich meine Kinder um etwas bitten, ist nie genug Geld da. Täglich bin ich damit konfrontiert, dass nie genug Geld da ist. Wie kann ich es schaffen, mich vom Mangel auf den Überfluss zu konzentrieren? Seit ich mich erinnern kann, habe ich nie etwas anderes als Mangel erlebt.*

ABRAHAM: Hörst du die Macht deiner Worte? »Es ist nie genug da!« Wir bieten dir eine Eselsbrücke an. Ändere den Satz folgendermaßen: »In der Vergangenheit war nie genug da. Das war meine Erfahrung. Aber das war lange, bevor ich verstanden habe, was ich jetzt verstehe. Heute weiß ich, dass genug da ist, weil ich das am Beispiel anderer Menschen sehe. Ich sehe, dass andere Geld haben, es ausgeben, es sogar verschwenden. Ich weiß, dass es einen Überfluss an Geld gibt. Und ich weiß, dass ich einen Weg finden werde, es in mein Leben zu bringen. Es gibt genug. Ich habe es bisher nur nicht angezogen, aber ab jetzt tue ich es. Ich weiß, dass es genug gibt. Ich weiß, dass mehr als genug für alle da ist. Ich weiß, dass es nicht nur einen begrenzten Vorrat gibt, der für alle reichen muss. Wir selbst sind die Schöpfer des Überflusses und das Universum wird uns alles geben, was wir wollen, wenn wir es nur zulassen. Ich stelle mir vor, vor einem Wasserfall zu stehen. Bisher bin ich nur mit einem ganz kleinen Gefäß zu diesem Wasserfall gegangen, um Wasser zu schöpfen. Heute weiß ich, dass dieses kleine Gefäß Schuld daran war, dass ich nie genug hatte. Es ist genug für alle da. Ich nehme anderen nichts weg, wenn ich ein größeres Gefäß zum Wasserschöpfen mitnehme. Dass ich bisher nie genug Geld hatte, liegt nicht daran, dass nicht genug da ist, sondern dass ich nicht mehr zulassen konnte. Ab heute lasse ich es zu. Ich öffne den Verbindungskanal zu meinem inneren Wesen, um Überfluss zuzulassen. Obwohl in der Vergangenheit nicht genug da war, wird in der Zukunft mehr als genug da sein, denn das ist mein Wille und meine Intention. Ich bin der Schöpfer meiner Wirklichkeit. Es ist mehr als genug da. Es ist mehr als genug da. Es ist mehr als genug da. Es ist mehr als genug da!« Nun ist der Überfluss auf dem Weg zu dir.

FRAGE: *Wie kann ich den Leuten, die zu mir kommen, um meinen Rat einzuholen, am besten helfen?*

ABRAHAM: Das größte Geschenk, dass du einem Menschen machen kannst, ist, ihn als perfekt anzusehen und ihn zu ermutigen, seine Wünsche zu formulieren. Wenn jemand zu dir kommt und davon spricht, was er nicht will, dann solltest du zu ihm sagen: »Ich habe erkannt, welche Macht meine eigenen Gedanken und Worte besitzen. Ich weiß, dass deine ebenso mächtig sind. Wenn du darüber sprechen möchtest, was du nicht willst, muss ich dich bitten, damit aufzuhören, denn ich möchte dir bei deinem negativen Erschaffen nicht helfen. Lass uns stattdessen darüber sprechen, was du willst.« Wahrscheinlich wird er daraufhin aus lauter Gewohnheit weiter darüber sprechen, was er nicht will. Dann musst du ihn sofort unterbrechen und sagen: »Du verstehst nicht. Ich meine es sehr ernst. Wir müssen darüber sprechen, was wir wollen, nicht darüber, was wir nicht wollen.« Schon bald wird er merken, dass du nicht zuhörst, wenn er darüber spricht, was er nicht will.

Hast du schon einmal mit jemandem gesprochen und gemerkt, dass er dir gar nicht zuhört? Dass er an dir vorbeischaut oder sich mit seinen Fingernägeln beschäftigt, statt sich auf das zu konzentrieren, was du sagst? Wie hast du dich dabei gefühlt? Hattest du noch Lust, weiter mit ihm zu reden? Wenn die Leute, die zu dir kommen, erkennen, dass du nicht mehr zuhörst, wenn sie jammern und sich beklagen, dann werden sie woanders hingehen. Deine Worte besitzen große Macht, aber das Beispiel, das du gibst, ist noch viel machtvoller. Sei, wer du bist. Drücke aus, was du weißt.

Wir haben dir eine Methode aufgezeigt, wie du dein Leben Moment für Moment absichtsvoll gestalten kannst.

Wenn du einmal verstanden hast, dass deine Gedanken deine Wirklichkeit erschaffen, dann wirst du verstehen, dass es sinnvoll ist, deine Gedanken bewusst zu wählen. Es wäre natürlich ideal, wenn du dies in jedem Augenblick machen könntest, aber das ist wahrscheinlich unmöglich und auch etwas umständlich. Daher schlagen wir dir vor, den Tag in kleinere Abschnitte zu unterteilen, und am Anfang jedes Abschnitts klar zu formulieren, was du willst. Ein solcher Abschnitt beginnt zum Beispiel, wenn du ins Auto steigst, um irgendwo hinzufahren. Wenn du das Telefon abnimmst, wenn jemand ins Zimmer kommt, wenn du deine Zähne bürstest, beginnt jeweils ein neuer Abschnitt. Nimm dir zu Beginn eines jeden Abschnitts einen Augenblick Zeit, um deine Wünsche zu formulieren. Wenn das Telefon klingelt, sage zu dir selbst, bevor du abnimmst: »Ich möchte mit dem Anrufer klar und deutlich kommunizieren und ihm meine Interessen mitteilen.« Dann wirst du das, was du ausdrücken möchtest, auch ausdrücken können. Grundsätzlich gibt es zwei Dinge, die dich daran hindern, deine Absichten umzusetzen: der Einfluss anderer Menschen und deine alten Angewohnheiten. Aber wenn du dir die Zeit nimmst herauszufinden, was du willst, dann werden andere Menschen und deine alten Angewohnheiten weniger Einfluss auf dich haben.

FRAGE: *Heißt das, dass ich immer daran denken sollte, was ich will, statt einfach irgendwie mit dem umzugehen, was gerade auf mich zukommt?*

ABRAHAM: Genau. Wenn du ins Auto steigst und dich anschnallst, stelle dir vor, dass du sicher, frisch und pünktlich an deinem Bestimmungsort ankommst. Wenn du

Sicherheit willst, pass auf, dass du auch an Sicherheit denkst. Stelle dir *nicht* vor, dass du *keinen* Unfall haben möchtest. Denn dadurch würdest du einen anziehen. Der Schlüssel zu absichtsvollem Erschaffen liegt darin, dir vorzustellen, was du am Ende erreicht haben willst. Vielleicht nicht ganz am Ende, aber in absehbarer Zukunft.

Sieh dich an deinem Zielort ankommen. Sieh dich mit dem Kontostand, der dir gefällt. Stelle dir vor, du gehst einkaufen und hast dabei mehr Geld in der Tasche als jetzt. Stelle dir vor, wie du deine Rechnungen bezahlst und wie sehr du dich darüber freust, dass du noch reichlich Geld übrig hast. Stelle dir dies alles bildhaft vor und bitte darum, dass diese Bilder von positiven Gefühlen begleitet werden. Je stärker das begleitende Gefühl, desto schneller wirst du das erschaffen, was du willst. Wenn du etwas nur halbherzig willst, dann wird es auf dem Weg zu dir herumtrödeln und wahrscheinlich nie bei dir ankommen, weil du schon lange vorher das Interesse daran verloren hast. Aber das, was du wirklich willst, das begeistert dich auch, und so kommt es schneller in dein Leben.

Wenn du dir also vorstellst, was du empfangen möchtest, dann erzeuge Begeisterung dafür. Stelle dir das »Endergebnis« vor und sieh dich selbst als glücklich, weil es eingetroffen ist. Tu alles Nötige, um in dir Begeisterung zu erzeugen. Bisher hast du dich meistens auf den Mangel konzentriert. Das ist besonders in Geldangelegenheiten durchaus normal. Inneres Erfülltsein entsteht aus Wollen, Zulassen und Empfangen. Du willst etwas, du lässt zu, dass es sich verwirklicht, und du empfängst es. Dieser Prozess garantiert tiefe innere Befriedigung. Aus den Schöpfungen anderer ziehst du keine Befriedigung. Nur das, was du selbst willst, zulässt und empfängst, erfüllt dich ganz und gar. Wenn du etwas erschaffen möchtest und ein Schuldenberg entsteht, dann ist der Schöpfungsprozess aus dem Gleichgewicht geraten, denn du hast zwar bekommen, was du (unbewusst) wolltest, aber nun musst du dich auf das Zurückzahlen konzentrieren – also auf einen neuen Mangel. Das aber ist äußerst unbefriedigend.

In eurer Gesellschaft ist es so leicht, Schulden zu machen und bevor du dich versiehst, wächst dir der Schuldenberg bereits über den Kopf. Aber das Zurückzahlen befriedigt dich niemals – schon deshalb nicht, weil du oft nicht einmal mehr weißt, wofür du die Schulden überhaupt gemacht hast. Erinnere dich daran, was du möchtest. Du möchtest frei sein. Und die Schulden hindern dich daran, frei zu sein. Begeistere dich für die Idee, frei von allen Schulden zu sein. Stelle dir vor, dass du mehr Geld verdienst. Bisher hat dich deine Schuldenlast bedrückt, weil du sie abzahlen musstest. Aber wollen und müssen sind Gegensätze. Wenn du etwas erschaffst, weil du es willst, dann stellen sich auch Begeisterung und Freude ein. Wenn du aber etwas erschaffst, weil du es musst, dann ist dies eine negative Schöpfung, die dich nie im Leben befriedigen wird. Überlege dir also, was du wirklich willst. Freiheit! Freiheit von der Schuldenlast. Wenn du dir vorstellst, wie wunderbar es sich anfühlt, frei zu sein, dann wirst du auch Begeisterung dafür aufbringen. Stelle dir vor, wie du den Bankauszug zerreißt, auf dem die letzte Rate abgebucht wurde, und ausrufst: »Hurra! Ich habe es geschafft!« Dann wird es viel schneller gehen, als du dir jetzt wahrscheinlich vorstellen kannst.

FRAGE: *Manche Leute geben ihrem Karma die Schuld an all den Dingen, die sie an ihrem Leben nicht mögen.*

ABRAHAM: Genau, das nennen wir die Karma-Ausrede: »Ich bin fett in diesem Leben, weil ich im letzten verhungert bin.« Weil ich weiß, dass es nichts bringt, mir selbst die Schuld zu geben, weise ich meinem höheren Selbst die Schuld zu. Das ist sicherer, denn niemand kann es sehen. Und ich bin fein aus dem Schneider.

FRAGE: *Es scheint mir, als ob ihr überhaupt nichts wollt. Gibt es irgendetwas, das ihr erreichen möchtet?*

ABRAHAM: Eure Wünsche entstehen zumeist aus einem Mangel heraus. Wenn ihr dann auf Wesen trefft, die überhaupt keinen Mangel wahrnehmen, dann seid ihr euch nicht sicher, ob wir überhaupt etwas wollen. Wir werden dir sagen, was wir wollen.

Wir wollen euch, die ihr in der materiellen Dimension lebt, die absoluten und ewigen Gesetze des Universums auf so vielfältige Weise wie möglich nahe bringen. Wir wollen, dass ein jeder von euch, der es will, ein perfektes Beispiel für die Anwendung dieser Gesetze wird. Wir wollen, dass alle Wesen des Universums in jedem von euch ein kristallklares Beispiel für die Anwendung dieser Gesetze sehen können. Wir wollen, dass jeder von euch die Prinzipien des Schöpfungsprozesses versteht und voller Überzeugung sagen kann: »Weil ich diese Dinge wollte und weil ich daran glaubte, dass ich sie bekommen würde, habe ich sie.« Wir wollen, dass die ganze Welt daraufhin sagt: »So einfach ist das also!« Wir wollen, dass jedes Wesen im ganzen Universum glücklich ist, weil Glückseligkeit der Himmel ist, nach dem ihr euch so sehr sehnt. Wir wollen, dass eure innere Führung euch die negativen Gefühle nur so lange fühlen lässt, wie es dauert, um eure Aufmerksamkeit zu erregen. Wir wollen, dass ihr euch daraufhin sofort auf das Positive konzentriert, und dass das Negative nicht mehr als ein kurzes Aufblitzen ist, das ihr benutzen könnt, um euren geistigen Fokus neu auszurichten. Wir wollen, dass die Menschen auf der Erde eines Tages aufstehen und sagen: »Krankheit ist ein Geisteszustand und hat nichts mit Viren oder Vererbung zu tun. Jeder erzeugt sie selbst durch sein Denken.« Wir wollen, dass alle Wesen des Universums freudig anerkennen, dass sie ihre Erfahrungen selbst anziehen. Dann gäbe es keinen Grund mehr für Barrikaden, für Gefängnisse, Mauern oder Kriege. Wir wollen, dass alle Wesen erkennen, dass es die Konzentration auf das Negative ist, die Negatives in unser Leben bringt.

Wir freuen uns schon darauf, wenn alle auf Erden erkannt haben, dass sie selbst die Schöpfer ihres eigenen Lebens sind, denn dann wird es weder Schuldzuweisung noch Verurteilung geben. Dann wird reine Glückseligkeit herrschen. Wir wissen, dass ihr euch alle im Augenblick in einem perfekten Gleichgewicht befindet. Wir beklagen uns nicht darüber, dass die Welt nicht so ist, wie wir sie haben wollen, denn wir wissen, dass ihr in einer Welt lebt, in der es jederzeit so sein könnte – wenn ihr es wollt. Damit es für dich wahr wird, muss der Rest des Universums es nicht verstehen. Damit es für uns wahr ist, musst du es nicht verstehen. Aber wir würden uns freuen, wenn du es für dich selbst entdeckst.

Niemand soll also sagen, dass wir nichts wollen. Aber wir sind angesichts der Vollkommenheit eures Seins vollkommen glücklich. Und wir möchten betonen, dass sich jeder von euch – ganz gleich wie seine Lebensumstände sind, wie krank er ist, wie einsam oder wie arm er ist – in der perfekten Position befindet, um das anzuziehen, was er will. Wir unterscheiden uns nicht von euch, wir haben nur mehr Übung darin, unsere Gedanken auf das zu richten, was wir wollen.

FRAGE: *Ich habe erkannt, dass ich vieles aus reiner Rebellion erschaffe. Ich will frei sein, aber nicht viele Menschen teilen meine Ansichten. Ich habe mich immer wieder bemüht, mich anzupassen, aber es gelingt mir einfach nicht. Immer wieder muss ich rebellieren. Wenn alle etwas auf eine bestimmte Art und Weise tun, will ich es auf keinen Fall auf diese Weise tun.*

ABRAHAM: Das trifft natürlich auf viele junge Leute zu. Sie machen alle dasselbe durch. Sie wollen frei sein, aber ihre Freiheit wird ständig unterdrückt. Deshalb rebellieren sie gegen alles und jeden. Es ist aber keine gute Idee, diese Anti-Haltung zu lange zu behalten. In Wirklichkeit hindert dich niemand an irgendetwas. Was ist mit den Menschen, die sich durch deine Rebellion verletzt oder unterdrückt fühlen? Wer hat Recht, wer Unrecht? Bist du mehr im Recht oder sind sie es? Was andere tun, hat nichts mit dir zu tun. Wenn du verstehst, dass du absolut frei bist und dass dein Verhalten nicht durch andere Menschen bestimmt werden kann, dann brauchst du auch nicht mehr zu rebellieren.

Was wäre, wenn die ganze Welt dasselbe glauben würde? Es gibt heute kein einziges Thema, über das sich alle einig sind. Wir freuen uns über eure Vielfalt und eure Unterschiede. Die meisten Menschen sind sich ihrer selbst so unsicher, dass sie andere ständig davon überzeugen müssen, auf dieselbe Weise zu denken wie sie. Ihr alle versucht ständig, eure Ansichten zu rechtfertigen, aber wenn ihr eure eigene Meinung rechtfertigt, kritisiert ihr damit automatisch die Meinung anderer. Sobald du in einen Körper hineingeboren wirst, spürst du sofort diese der materiellen Dimension eigene Verunsicherung, denn in der äußeren materiellen Welt gibt es nun einmal keine Sicherheit. Weil du glaubst, in der Menge Sicherheit zu finden, schließt du dich einer Gruppe oder einer Organisation an. Ihr schreibt euch auf eure Fahnen: »Wäre es nicht wunderbar, wenn alle so denken würden wie wir?« Dann versucht ihr anderen Völkern eure Regierungsform, eure Lebensart oder eure Religion aufzudrängen.

Kürzlich gab jemand Esther ein Flugblatt, auf dem stand, dass alle Menschen auf Erden zu einem bestimmten Zeitpunkt innehalten und für den Weltfrieden meditieren sollten. Sie fragte uns, was wir davon halten. Wir sagten ihr: »Esther, du maßt dir an zu glauben, dass alle Menschen auf Erden Frieden wollen. Und du maßt dir an zu wissen, dass Frieden das ist, was die Erde gegenwärtig braucht.« Natürlich ist Frieden eine wunderbare Sache und natürlich ziehst du ihn dem Krieg vor, aber du solltest nicht glauben, dass du die Macht besitzt, deine Auffassungen anderen Menschen aufzwingen. Das ist keine Freiheit. Wenn du die Macht besitzt, anderen den Frieden aufzuzwingen, haben sie die Macht, dir den Krieg aufzuzwingen. Aber weder das eine noch das andere ist wahr, denn ihr alle seid vollkommen frei.

Wenn du deine Freiheit spürst, weil du dich mit deinem inneren Wesen verbunden hast, das sich seiner Freiheit immer bewusst ist, dann wirst du das Verlangen verlieren, irgendjemand von der Richtigkeit deiner Ansichten zu überzeugen. Du wirst das Bedürfnis verlieren, deine Überzeugungen zu rechtfertigen. Wenn du einmal frei bist, bist du unter allen Umständen frei. Du musst dir nie wieder Gedanken darüber machen, was ein anderer von dir hält, weil du weißt, dass das einzig und allein sein Problem ist. Es hat nichts mit dir zu tun. Wenn du das nicht nur intellektuell erkannt hast, sondern mit jeder Faser deines Wesens fühlst, dann kannst du alle anderen so sein lassen, wie sie sind. Du kannst klar sehen, dass ein anderer Mensch dich nicht so akzeptiert, wie du bist, und du kannst ihn so sein lassen. Wir sprechen hier nicht über Toleranz mit zusammengebissenen Zähnen. Es geht hier nicht um zähneknirschende Akzeptanz. Es geht hier darum, dass du akzeptieren kannst, dass dich andere nicht akzeptieren, weil du verstehst, dass sie ihre eigene Welt erschaffen und dass das keinen Einfluss auf deine Welt hat.

Wenn du gegenüber irgendjemand Negativität verspürst, dann ändere sofort dein Denken. Denke einfach an etwas anderes. Wenn du wieder einmal das Gefühl hast, die Welt zwinge dich, dich anzupassen, tritt einen Schritt zurück und schau dir die Sache von einer höheren Warte aus an. Du hast Angst, in eine bestimmte Schublade gesteckt zu werden und in eine Familie, Kirche oder Gesellschaft hineingezwängt zu werden und ihrem Einfluss ausgesetzt zu sein. Und du meinst nur die Wahl zu haben, dich entweder anzupassen oder dagegen zu rebellieren. Aber wenn du diesen beschränkten Standpunkt aufgibst und die Situation von einer höheren Warte aus betrachtest, dann wirst du erkennen, dass es unzählige Menschen gibt, die die unterschiedlichsten Dinge wollen. Konformität kann es also gar nicht geben. An wen willst du dich anpassen? Wir möchten, dass du verstehst, dass es absolut keinen Sinn hat, sich anzupassen. Mehr noch, der Gedanke der Konformität ist dem Sinn deiner Existenz sogar diametral entgegengesetzt. Du hast dich auf dieser Ebene verkörpert, weil du in der Vielfalt einen Vorteil für dich als schöpferisches Wesen gesehen hast. Du wusstest aus deiner inneren Perspektive, dass alles Erschaffen durch Gedanken geschieht. Je mehr Gedanken, je mehr Ideen und je mehr Überzeugungen es gibt, desto besser ist das Umfeld, in dem du erschaffst. Je mehr Informationen du verarbeiten kannst, desto klarer wird dir werden, was du wirklich willst und was dich glücklich macht.

Wenn du also einen Schritt zurücktrittst und erkennst, dass dich Unterschiede nicht bedrohen, dann wirst du dich an ihnen erfreuen können. Du fühlst dich nur bedroht, weil du die kosmischen Gesetze nicht verstehst. Du fühlst dich bedroht, weil du glaubst, dass es deine Wirklichkeit beeinträchtigt, wenn jemand anderes etwas tut, das nicht mit deinen Interessen übereinstimmt. Wir aber sagen dir, dass andere Menschen deine Wirklichkeit nur dann beeinträchtigen können, wenn du sie durch deine Gedanken einlädst und wenn du deine Aufmerksamkeit auf das richtest, was du nicht willst. Jedes Mal wenn du etwas einlädst, Teil deiner Wirklichkeit zu werden, indem du daran denkst, sendet dir dein inneres Wesen eine Botschaft in Form eines Gefühls. Wenn du dich nicht gut fühlst, dann ist das immer ein Hinweis darauf, dass sich der betreffende Gedanke nicht im Einklang mit deinen wahren Interessen befindet. Tu dir das nicht an. Höre auf, solche Gedanken zu denken.

Was tust du, wenn wir sagen, denke nicht daran? Du denkst sofort daran, nicht daran zu denken. Also denkst du immer noch an das, woran du eigentlich nicht denken willst. Was bleibt zu tun? Du musst an etwas anderes denken. Du kannst einen Gedanken nicht unterdrücken, aber du kannst einen anderen denken. Du kannst deinen geistigen Fokus nicht darauf richten, nicht an etwas zu denken – so sehr du dich auch bemühen magst. Denn je mehr du daran denkst, nicht mehr daran zu denken, desto mehr wirst du daran denken. Aber du kannst jederzeit das Thema wechseln und dich auf das konzentrieren, was du willst.

Frage: *Wie kann ich als Mensch, der sich verändern möchte, in einer Gesellschaft leben, der jede Veränderung gleich suspekt ist, weil sie am Althergebrachten festhalten möchte?*

Abraham: Wahrscheinlich nicht sehr gut, weil das gegen deine Sehnsucht nach Freiheit geht. Da du dich durch die Gesetze und Regeln der Gesellschaft eingeengt fühlst, lehnst du sie ab und versuchst sie so gut es geht zu umgehen. Oder du rebellierst offen dagegen und versuchst ständig, deinen eigenen Standpunkt zu verteidigen. Aber nichts davon macht dich glücklich. Ob du es nun weißt oder nicht: Du bist immer vollkommen frei. Du bist so frei, dass sich jeder Gedanke, den du denkst, verwirklicht. Könntest du noch freier sein? Gesetze schränken dich nicht ein; die Aufmerksamkeit, die du den Gesetzen schenkst, schränkt dich ein. Deine Nachbarn schränken dich nicht ein; die Aufmerksamkeit, die du dem Verhalten deiner Nachbarn schenkst, schränkt dich ein. Deine Freiheit ist absolut. Es wäre schön, wenn du das anerkennen könntest.

Du, der du dich so sehr nach Freiheit sehnst, aber in einer Gesellschaft lebst, die will, dass du dich ihren Regeln anpasst, wirst so lange Schwierigkeiten damit haben und dich dagegen wehren, bis du endlich anerkennst, dass du frei bist und immer frei warst. Irgendwann wirst du dann sagen: »Es ist mir egal, was andere sagen oder tun.« Irgendwann wirst du an einen Punkt kommen, an dem du aufhörst, es anderen Menschen Recht machen zu wollen, weil du endlich weise genug geworden bist, um zu erkennen, dass dir das nicht gelingen kann und zwar unabhängig davon, wie sehr du dich auch anstrengen magst. Es gibt zu viele »Andere« mit zu vielen unterschiedlichen Interessen, Meinungen und Überzeugungen. Irgendwann wirst du dich von den Kämpfen zurückziehen, die du nicht gewinnen kannst, und dich auf die

Kämpfe beschränken, die du immer gewinnst: die Kämpfe, in denen du herausfindest, was du willst, und dann ganz diszipliniert daran gehst, deine Wünsche in Wirklichkeit zu verwandeln.

FRAGE: *Ich schnalle mich im Auto nicht gern an. Wenn ich das anderen Leuten sage, reagieren sie immer mit dem Hinweis auf die Unfallstatistik darauf. Ich glaube aber nicht an Statistiken. Ich bin ein Individuum und nur weil einer Million anderer Menschen etwas passiert ist, heißt das noch lange nicht, dass mir das auch passieren wird.*

ABRAHAM: Das ist korrekt, denn die Statistiken ziehen nicht die Intentionen derjenigen in Betracht, die durch die Windschutzscheibe fliegen. Es gibt viele Faktoren, die Statistiken nicht einbeziehen. Je mehr Aufmerksamkeit auf die Statistiken gerichtet ist, desto mehr steigen die in den Statistiken verfolgten Unglücksfälle an. Das gilt natürlich für jedes Thema, auf das du deine Aufmerksamkeit richtest. Warum glaubst du wohl, dass es zur Zeit so viele Busunglücke gibt? Warum stürzen so viele Flugzeuge ab? Warum nimmt die Zahl der Krebsfälle angesichts unserer hoch technologisierten Medizin eher zu statt ab? Warum breiten sich AIDS und SARS aus? Warum hören wir plötzlich überall von Stromausfällen? Weil wir unsere Aufmerksamkeit darauf richten.

Wie gehst du mit deiner Energie um, wenn du in dein Auto steigst, dich anschnallst und wütend bist, weil du dich anschnallen musst? Es wäre besser, sich nicht anzuschnallen und nicht wütend zu sein, als sich anzuschnallen und wütend zu sein. Du musst die ganze Sache umkehren und dich anschnallen, weil du es willst, und nicht, weil es vorgeschrieben ist.

Es gibt viele Gesetze, von deren Existenz du nicht einmal etwas weißt. Sie ziehen keine Aufmerksamkeit auf sich. Niemand interessiert sich dafür. Sie sind irgendwann einmal verabschiedet worden, aber sie wirken sich überhaupt nicht auf dich aus, weil du ihnen keine Aufmerksamkeit schenkst. Dann gibt es jene Gesetze, denen du deine ganze Aufmerksamkeit schenkst und die sich auf dein Leben auswirken. Wie wäre es, wenn du einfach sagen würdest: »Wir haben Gesetze, die mich betreffen, und andere, die mich nicht betreffen. Ich entscheide mich dafür, keinem davon Aufmerksamkeit zu schenken.« Würde es dir dann nicht emotional viel besser gehen? Wenn ein neues Gesetz erlassen wird, das den Datenschutz verletzt oder die Bürgerrechte einschränkt, dann sagen viele von euch: »Wohin soll das noch führen? Wenn die heute schon so etwas machen, was werden sie dann wohl als nächstes tun?« Wir aber fragen: »Was machst du mit deiner Energie?«

Wenn du dich damit beschäftigst und dagegen rebellierst, dann setzt du deine Energie negativ ein. Dein Widerstand gegen ein Gesetz wird sich negativer auf dein Leben auswirken als das Gesetz selbst. Stelle dir einfach vor, es beträfe dich nicht. Stelle dir vor, dass du nur das anziehst, was du willst. Wenn du einer Sache gegenüber negativ eingestellt bist, musst du nicht versuchen, deine Einstellung zu rechtfertigen und dir selbst weiszumachen, die anderen hätten Unrecht und du Recht. Das richtet deine Aufmerksamkeit nur auf das, was du nicht willst. Damit trägst du dazu bei, dass noch mehr Gesetze erlassen werden, die du ablehnst und gegen die du meinst rebellieren zu müssen. Du musst weder deine Einstellung noch deine Gefühle rechtfertigen. Du fühlst dich, wie du dich fühlst. Das ist genug. Und ganz gleich, wie gerechtfertigt deine negativen Gefühle auch sein mögen, sie verderben dir trotzdem deine Zukunft.

Wir stimmen mit dir darin überein, dass es Dinge und Menschen gibt, die nicht zu tolerieren sind. Aber weil sie so unerträglich sind, lassen die Gesetze des Universums gar nicht zu, dass sie sich auf deine Wirklichkeit auswirken. Also mach dir ihretwegen keine Sorgen. Sie können schreien, so viel sie wollen, sie können dir zehntausend Mal erzählen, dass das Gesetz so und so lautet, wenn du ihnen keine Beachtung schenkst, wird sich ihr Gezeter niemals auf deine Wirklichkeit auswirken. Nur indem du ihnen Beachtung schenkst, lädst du sie in dein Leben ein. Also, wenn wieder einmal ein Gesetz erlassen wird, das dir nicht gefällt, wirf es in den großen Topf zu den anderen. Es wird keinen Einfluss auf dein Leben haben. Aber wenn du glaubst, deine Ablehnung rechtfertigen zu müssen, wird sich das negativ auf dein Leben auswirken.

Richte deine Aufmerksamkeit auf das, was du willst. Zieh sie von dem zurück, was du nicht willst. Lebe deine Freiheit aus, die dir niemand nehmen kann – ganz gleich, wie sehr man es auch versuchen mag. Wenn dich die Worte anderer Menschen stören, dann bist du nicht frei. Wenn du zulässt, dass dich ihre Worte stören, dann bist du ein Gefangener dieser Worte. Die meisten Menschen lassen sich von den Worten anderer Menschen stärker beeinflussen als von ihrer eigenen Erfahrung. Es gibt zurzeit eine Kontroverse über bestimmte Musikrichtungen wie Rap und Musikgruppen, die von vielen als gewalttätig oder obszön angesehen werden. Aber wir sagen dir, dass du die Wahl hast, ob du diese Musik in deine Ohren lassen willst oder nicht. Du entscheidest, ob du die entsprechenden CDs kaufst oder nicht. Du hast die freie Wahl. Nimm dein Recht in Anspruch, das zu hören, zu sagen und zu denken, was du willst. Diese Freiheit kann dir niemand nehmen.

FRAGE: *Da ihr es schon angesprochen habt. Was soll ich als Mutter tun, wenn meine Kinder diese obszöne Musik hören wollen? Muss ich diesen schädlichen Einfluss nicht von ihnen fernhalten?*

ABRAHAM: Es fällt Eltern nie leicht, ihre Kinder loszulassen. Den meisten Eltern gefällt der Gedanke der Freiheit, solange er sie selbst betrifft, aber wenn es um ihre Kinder geht, halten sie gar nichts davon. Sie sagen ihren Kindern: »Ich bin frei, aber du nicht. Ich bin frei zu denken, was ich will, und zu sein, was ich bin, aber du bist das nicht, weil du zu klein und nicht klug genug bist, um herauszufinden, was gut für dich ist.« Das war in deiner Kindheit nicht anders und noch heute behandeln dich viele Leute so, obwohl du inzwischen erwachsen bist. Aber entweder bist du frei oder nicht. Und entweder sind alle frei oder alle sind nicht frei.

Eltern müssen ihren Kindern die Freiheit lassen, Erfahrungen zu machen. Wie soll ein Kind denn sonst das tun, weswegen es auf diese Welt gekommen ist? Wenn einem Kind alle Entscheidungen abgenommen werden, wird es nie lernen, selbststständig zu entscheiden. Es wird nie der bewusste Schöpfer sein können, der es sein wollte. Natürlich wird sich ein Kind dagegen wehren, wenn es nicht genug Freiheit hat. Aus diesem Grund existiert diese Art von Musik ja überhaupt. Diese Gruppen wollen damit ausdrücken: »Wir können sein, wie wir wollen, und sagen, was wir wollen! Wir können so ätzend sein, wie wir wollen!« Wir sagen: »Seid ihr ruhig so ätzend, wie ihr sein wollt, und wir werden so lieb sein, wie wir sein wollen, oder so ätzend – je nachdem.« Beides steckt doch in jedem von uns, oder? Niemand kann uns daran hindern, also warum versuchen wir, unsere Kinder daran zu hindern? Warum hören wir nicht damit auf, andere kontrollieren zu wollen? Warum sind wir nicht einfach, was wir sind, und suchen nach Übereinstimmungen statt nach Unterschieden?

Wenn wir an deiner Stelle wären, würden wir unsere Kinder einfach fragen, wie sie sich fühlen, wenn sie diese Musik hören. Wenn es sie glücklich macht, sollen sie sie ruhig hören. Wenn es sie deprimiert macht, sollten sie damit aufhören. Es ist ihre Entscheidung. Die Kinder fühlen sich hauptsächlich wegen all der negativen Aufmerksamkeit zu dieser Musik hingezogen. Sage deinen Kindern: »Das darfst du nicht sehen oder tun«, und du kannst sicher sein, dass sie alles tun werden, um das Verbotene zu sehen oder zu tun. Sie wollen doch nichts verpassen. Ihr Geist will schließlich wachsen. So sind also diejenigen, die am stärksten dagegen kämpfen, genau die, die diese Musik am meisten fördern. Je mehr negative Aufmerksamkeit die CDs bekommen, desto besser verkaufen sie sich. Viele Menschen, die sonst nie davon gehört hätten, wissen nun alles darüber.

FRAGE: *Kürzlich war ich beim Augenarzt und ich fühlte mich eigentlich sehr wohl. Aber als er dann etwas in meinen Augen entdeckte und meinte, ich müsse mich unbedingt operieren lassen, da stürzte ich in tiefste Verzweiflung. Aber ich habe trotzdem abgelehnt.*

ABRAHAM: Ärzte können einen sehr gut darin unterstützen, verzweifelt zu sein, nicht wahr? Du musst verstehen, dass sie gelernt haben, nach Krankheiten zu suchen. Wenn du zum Arzt gehst, wird er schauen, ob er nicht irgendetwas finden kann, was mit dir nicht stimmt. Und weil du so brav bist, versuchst du nach Kräften, ihm dabei zu helfen. Aber du warst klug genug, die Operation abzulehnen. Du warst klug genug, seine Meinung abzulehnen. Du wusstest, dass du glücklich und gesund sein wolltest. Du wusstest, dass du einen wunderbaren, lebendigen, gesunden Körper haben wolltest, dem es einfach gut geht.

Wäre die Operation richtig für dich gewesen, dann hättest du »Ja« gesagt. Du hättest ein Gefühl der Erleichterung verspürt. Aber da du einen so starken Widerstand dagegen gespürt hast, wäre die Operation absolut nicht im Einklang mit deinen Interessen gewesen. Du hast dich von der Meinung eines Arztes nicht beeinflussen lassen. Es gibt so viele Meinungen, so viele Menschen, die dich von allem Möglichen überzeugen wollen. Eine Idee, die einen besonders starken Einfluss auf euch alle hat, ist die, dass der Körper verfallen muss, wenn er älter wird. Ihr alle habt diese Idee akzeptiert. Sowohl als Individuen als auch als Gesellschaft insgesamt habt ihr akzeptiert, dass ihr mit den Jahren immer mehr abbauen werdet. Wenn ihr das hört, spürt ihr keinen Widerstand dagegen? Ihr solltet es, denn in eurem Innersten wisst ihr, dass es gar keinen Grund gibt zu verfallen. Es gibt keinen Grund dafür, nicht ständig auf dem Höhepunkt seines Lebens zu sein – außer einem: weil ihr es erwartet.

Die sogenannte zweite Lebenshälfte ist nicht anders als die erste. Sie wird so sein, wie ihr es von ihr erwartet. Als ihr klein und jung wart, habt ihr erwartet zu wachsen und größer und stärker zu werden. Ihr müsst nicht akzeptieren, dass ihr nun, da ihr angeblich den Höhepunkt eures Lebens überschritten habt, verfallen müsst. Stattdessen solltet ihr sagen: »Das mag für dich zutreffen, aber für mich nicht. Ich entscheide mich anders. Mein Leben ist das Produkt meines Denkens. Mein Denken ist ein Produkt meiner Entscheidungen. Meine Entscheidungen sind Produkte meines Wollens. Und mein Wollen ist ein Produkt meines Wissens.« Ihr solltet wissen, dass es nichts gibt, was ihr nicht haben, tun oder sein könnt. Und das gilt für alle Bereiche eures

Lebens, auch für das Altern, für Gesundheit, Wohlstand und glückliche Beziehungen.

FRAGE: *Wie kann es uns gelingen, uns die Ansichten und Überzeugungen der Gesellschaft nicht zu Eigen zu machen? Schließlich sind wir doch überall von ihnen umgeben.*

ABRAHAM: Ihr, die ihr heute hier seid, seid lebende Beispiele dafür. Ihr wisst, dass die Ansichten und Überzeugungen der Gesellschaft euch nicht zwangsläufig beeinflussen müssen. Natürlich sind sie stark und sie haben euch das Leben schwer gemacht, aber jetzt, wo ihr klüger geworden seid, braucht ihr euch nicht mehr von ihnen beeinflussen lassen. Sie beeinflussen euch nur, solange ihr sie akzeptiert. Wir werden euch einige Beispiele geben, was ihr ruhigen Gewissens akzeptieren könnt.

Ihr könnt die Idee der Körperlichkeit akzeptieren. Ebenso die Idee der körperlichen Liebe. Ihr könnt akzeptieren, dass ihr gerne schmackhaftes Essen esst. Ihr könnt akzeptieren, dass es schön ist, barfuss durchs Gras zu laufen. Ihr könnt akzeptieren, dass es äußerst belebend ist, in kristallklares Wasser einzutauchen. Ihr könnt akzeptieren, dass es ganz wunderbar ist, die frische Luft und den köstlichen Sauerstoff zu atmen. Es gibt so viele Dinge auf der Erde, die ihr akzeptieren könnt. Und es gibt andere, die ihr nicht akzeptieren müsst. Die materielle Dimension gleicht einer gut bestückten Küche, in der es alle möglichen Zutaten für den Kuchen des Lebens gibt. Ihr entscheidet, welche ihr wählt, um euren ganz speziellen Kuchen zu backen.

Gehst du vielleicht in ein Restaurant und bestellst einfach alles? Oder schaust du dir zuerst die Speisekarte an und wählst das aus, was dir zusagt? Stopfst du einfach alles blind in dich hinein oder schaust du es dir zuerst an? Du brauchst einen Gedanken erst dann zu akzeptieren, wenn du ihn gegen deine größeren Intentionen abgewogen hast. Und während du ihn abwägst, kannst du an deinen Gefühlen sofort erkennen, ob du diesen Gedanken in deinem Leben haben möchtest oder ob du ihn lieber wieder loslassen möchtest. Und wie lässt du ihn los? Indem du ihm deine Aufmerksamkeit entziehst. Du lässt ihn ganz sicher nicht dadurch los, dass du sagst: »Das ist falsch! Ganz falsch! So etwas darf es nicht geben. Das müsste verboten werden! Irgendjemand muss etwas dagegen unternehmen. Wir brauchen mehr Polizisten, mehr Gesetze, mehr Gefängnisse. Irgendjemand muss doch etwas tun!« Das alles wird das, woran du denkst, ganz sicher in dein Leben bringen. Je mehr Beachtung du dem schenkst, was du nicht willst, desto größer ist die Chance, dass es Teil deiner Wirklichkeit werden wird.

Es gibt keinen besseren Weg, etwas in dein Leben zu bringen, als davon begeistert zu sein. Je begeisterter du bist – in positivem wie negativem Sinn – desto schneller wird es verwirklicht. Je aufgeregter du wirst, wenn du daran denkst, desto schneller wird es zu dir kommen. Und wie erzeugst du starke Gefühle? Indem du mit anderen Menschen darüber redest, die ebenfalls starke Gefühle zu diesem Thema haben. Ihr alle liebt doch Horrorgeschichten. Kaum hat einer erzählt, dass er ein paar Schwierigkeiten mit etwas hat, gibt ein anderer seinen Senf dazu und erzählt, dass er noch viel größere Probleme hat. Und ein Dritter erzählt, dass er jemanden kennt, der wirklich gewaltige Probleme hat. So schaukelt ihr euch gegenseitig hoch und aufgrund des Gesetzes der Anziehung bringst du mehr von dem Problem in dein Leben. Daher raten wir dir, die Tür zu deiner Wirklichkeit auch nicht einen Millimeter zu öffnen, denn wenn sie erst einmal geöffnet ist, wird das Problem seinen Fuß hineinschieben und du wirst sie nur noch mit größter Anstrengung wieder schließen können.

FRAGE: *Ich habe Probleme mit meiner Tochter. Ich bin ein sehr optimistischer Mensch und sie ist das genaue Gegenteil. Ich weiß nicht, wie ich damit umgehen soll.*

ABRAHAM: In jedem Menschen – deine Tochter eingeschlossen – existieren sowohl negative wie auch positive Tendenzen. Keiner von euch ist ausschließlich positiv oder negativ. Wenn du an etwas denkst, das du haben möchtest, dann denkst du gleichzeitig auch daran, dass du es gegenwärtig noch nicht hast. Wenn du an mehr Geld denkst, denkst du doch auch daran, dass du nicht genug Geld hast, oder? Immer wenn du an Gesundheit denkst, taucht sofort der Gedanke an Krankheit auf. Es ist schwer, an Gesundheit zu denken, ohne dass dir jemand einfällt, der krank ist. Es ist schwer an Reichtum zu denken, ohne dass du an jemanden denken musst, der kein Geld hat. Die Gedanken des Universums befinden sich nämlich immer im Gleichgewicht.

Erkenne einfach an, dass es in deiner Tochter negative wie positive Tendenzen gibt. Wenn du ein negatives Feedback von ihr bekommst, dann frage dich, welche Gedanken du ausgesandt hast, um eine solche Reaktion zu bekommen. Frage dich, ob du dich nicht nur auf das Negative konzentriert hast und ob du sowieso nichts anderes von ihr erwartest. Um damit aufzuhören, musst du zunächst einmal verstehen, dass sie kein schlechter Mensch ist, auch wenn sie auf dich überwiegend negativ reagiert. Sie ist nicht anders als der Rest des Universums. Sie hat immer beide Möglichkeiten und gegenwärtig entscheidet sie sich für die eine davon. Gegenwärtig ist das Negative der bestimmende Faktor in ihrem Leben.

Bist du ein schlechter Mensch, weil du negative Reaktionen in ihr auslöst? Nein, ganz sicher nicht. Es bedeutet nur, dass du dem, was du nicht willst, gegenwärtig zu viel Beachtung schenkst. Und deshalb ist es da. Wie geht es dir damit? Gefällt es dir oder nicht? Die Frage ist einfach zu beantworten, oder? Es fühlt sich gar nicht gut an, was bedeutet, dass du es nicht willst. Und wie wirst du etwas los, das du nicht willst? Indem du deine Aufmerksamkeit auf etwas anderes richtest. Sobald du dem Negativen keine Beachtung mehr schenkst, wird es dich in Ruhe lassen.

FRAGE: *Mit welcher Einstellung sollen wir nörgelnden Eltern, rebellierenden Kindern, mürrischen Ehegatten oder unfreundlichen Kollegen begegnen?*

ABRAHAM: Du brauchst nichts weiter zu tun, als zu sagen oder zu denken: »Ich finde dich wunderbar. Wir alle versuchen unseren eigenen Ausdruck zu finden und unseren speziellen Weg zu gehen. Ich weiß, dass in jedem von uns ein ganz wunderbares Wesen steckt. Ich möchte es in dir sehen und ich möchte, dass du es auch in mir siehst.« Ob du ihnen das nun ins Gesicht sagst oder es nur denkst, sie werden die Botschaft verstehen. Und ihr beide werdet davon profitieren.

Trag das Buch der positiven Dinge stets bei dir oder leg es irgendwo hin, wo du es so oft wie möglich sehen kannst. Denn wenn du dir die positiven Aspekte deines Lebens klarmachst, dann sorgt das Gesetz der Anziehung dafür, dass mehr von diesen positiven Dingen in dein Leben treten. Du musst das Gesetz nicht verstehen, damit es wirkt, du musst es nicht einmal kennen.

Das Leben soll Freude machen. Das war zumindest dein

Plan, bevor du dich verkörpert hast. Du sagtest damals: »Ich werde mich verkörpern und die Wunder der materiellen Welt erkunden.« Du hast nicht gesagt: »Ich werde wohl nicht darum herumkommen, mich zu verkörpern und irgendetwas zu erleben. Natürlich werde ich mir den Kopf und die Zehen stoßen und die Knie aufschürfen, aber ich werde tapfer sein und nicht weinen. Ich weiß, es wird der reinste Horror, aber ich werde schon irgendwie damit fertig. Ich weiß, dass ich keine Chance habe, aber was soll's?«

Als du beschlossen hattest, dich zu verkörpern, da wusstest du, dass du niemandem Rechenschaft schuldig sein würdest, dass niemand über dein Leben Buch führen würde, dass du niemandem irgendetwas beweisen müsstest. Du hast voller Begeisterung ausgerufen: »Ich werde mich in der materiellen Dimension verkörpern und ich werde ein ganz wunderbares Leben haben. Und so ganz nebenbei werde ich ein leuchtendes Beispiel dafür sein, wie die Gesetze des Universums funktionieren. Manchmal werde ich Mist bauen. Und wenn andere das sehen und sagen: ›Haha, schau dir bloß den Mist an!‹, dann werde ich antworten: ›Na und? Ich habe eben daran gedacht, ich habe mir Sorgen gemacht und deshalb habe ich es mir erschaffen. Ist es nicht toll, dass die kosmischen Gesetze immer und unter allen Umständen funktionieren?‹«

Du bist nicht hier, um für irgendjemanden perfekt zu sein. Du bist hier, um die kosmischen Gesetze anzuwenden und Spaß dabei zu haben. Du kannst selbst in den »fürchterlichsten« Situationen noch Spaß haben. Selbst wenn du etwas erschaffst, was du nicht willst, so bist du doch ein wunderbares Beispiel für das Wirken der kosmischen Gesetze. Und meine Freunde, wir können euch gar nicht sagen, wie wertvoll euer Leben ist. Niemand von uns lacht über euch. Wir alle applaudieren euch!

Wenn du ein kleines Kind siehst, das gerade das Laufen lernt und wieder und wieder hinfällt, sagst du dann: »Du Idiot! Kannst du nicht einmal laufen?« Oder sagst du: »Das macht doch nichts. Wir sind alle hingefallen, als wir laufen gelernt haben. So ist das nun einmal.« Du weißt die Antwort. Warum machst du dich dann selbst fertig, wenn du dich in einer neuen Situation befindest und nicht weißt, was zu tun ist? Warum hast du nicht einfach Freude an der neuen Erfahrung und konzentrierst dich auf ihre positiven Aspekte? Denn positive Aspekte gibt es immer und überall. In allem gibt es positive wie negative Aspekte. Nichts im Universum ist davon ausgenommen. Das gilt für alle Menschen, die du kennst; das gilt für den Gott, den du kennst. Was du willst, sind vollkommenes Gleichgewicht und perfekte Ausgewogenheit, manchmal aber eben auch das Fehlen des Gleichgewichts. Du bringst immer das in dein Leben, auf das du deine Aufmerksamkeit richtest.

FRAGE: *Abraham, ich glaube ich verstehe, dass ich der alleinige Schöpfer meiner Erfahrungen bin. Gleichzeitig sehe ich mich aber auch als Kind Gottes, das von seinem gütigen Vater behütet und beschützt wird. Ich fühle eine starke Verbindung zu Jesus. Ich werde das Gefühl nicht los, dass sich beides eigentlich nicht miteinander verträgt, oder?*

ABRAHAM: Da hast du vollkommen Recht. Und damit kommen wir zu dem Teil unserer Botschaft, den die meisten Menschen nicht hören wollen. Einerseits willst du Freiheit, andererseits ist es schön, das Gefühl zu haben, jemand Älteres und Weiseres passt auf dich auf und behütet dich. Das eine verträgt sich tatsächlich nicht mit dem anderen. Du kannst nur das eine haben, denn du bist mit der eindeutigen

Absicht auf diese Welt gekommen, ein Schöpfer zu sein. Du wusstest um deine Macht und dir war vollkommen klar, was du wolltest, als du in diesen Körper hineingeboren wurdest. Jetzt ist es zu spät, die Spielregeln zu ändern. Du hast damals gesagt: »Ich werde mich verkörpern und durch die Macht meiner Gedanken die Gesetze des Universums anwenden und ein ganz wunderbarer Schöpfer sein.« Außerdem hast du gesagt: »Ich will mich jetzt verkörpern, weil sich die Entwicklung der Erde beschleunigt hat, weil das Energieniveau auf diesem Planeten höher ist als je zuvor und weil alles viel schneller geht.«

Du spürst eine starke Verbindung zu dem, den du Jesus nennst, weil diese Energie zu der »Familie« gehört, der auch dein inneres Wesen angehört. Das ist vielleicht schwer zu verstehen, da du dich aus deiner materiellen Perspektive immer mit deinem jetzigen Körper identifizierst. Selbst wenn du anerkennst, dass du mehr bist, dann denkst du doch immer noch in Begriffen wie »tot« und »lebendig«. »Jetzt bin ich hier und vorher war ich woanders.« Du glaubst, dass dein jetziger Körper irgendwie die Fortsetzung anderer Verkörperungen ist. Aber so ist das nicht. Wir wollen einmal sehen, ob wir dir das auf eine Weise erklären können, die dir hilft, nicht gleich wegzurennen und uns nicht mehr zuzuhören.

Vor kurzem sind Jerry, Esther und Tracy in Boston gewesen. Wir sagten ihnen: »Es wird euch dort gefallen, denn dort habt ihr euch letztes Mal verkörpert.« Und jeder von ihnen fragte ganz aufgeregt: »Wer war ich? Wer war ich?« Wir haben geantwortet: »Wenn ihr vor dem Denkmal steht, das euch repräsentiert, dann werdet ihr es wissen.« Sie wurden angesichts des Gedankens, dass sie so wichtig gewesen waren, dass man ihnen zu Ehren ein Denkmal errichtet hatte, noch aufgeregter. Sie rannten von einem Denkmal zum anderen, um zu sehen, ob sie etwas spüren könnten. Als sie vor dem Denkmal von John Quincy Adams standen, sagten alle drei wie aus einem Munde: »Ich war John Quincy Adams!« Dann sahen sie einander an und riefen alle durcheinander: »Nein, nicht du. Ich!« Und wir sagten: »Ihr alle!«

Die Energie, die sich zur Zeit durch diese drei Individuen ausdrückt, drückte sich früher einmal durch einen einzigen Menschen aus. Und mit deiner Verbindung zu Jesus verhält es sich ganz ähnlich. Diese Gedankenenergie drückt sich fortwährend in der materiellen Dimension aus, um sich zu vervollkommnen und um Glückseligkeit zu erfahren. Wenn du zum ersten Mal mit dieser Vorstellung konfrontiert wirst, fühlst du dich wahrscheinlich ziemlich verloren, weil deine Identität bedroht ist. Du fragst vielleicht: »Heißt das etwa, dass ich nicht immer ich war? Ich bin also nicht die Leiter der Evolution hinaufgeklettert, um mich vom Wurm zum Gott zu entwickeln?« Und wir antworten: »Nein, das bist du nicht. Du hast als Gott angefangen und du willst immer neue Erfahrungen machen, weil du dein Wissen vergrößern willst. Wachstum hat niemals ein Ende.«

Ihr Menschen spekuliert so gern über die Existenz eines großen Lehrers, der alles weiß, weil ihr euch nach einem allmächtigen Vater sehnt, der euch sagt, was ihr tun sollt. Wir aber sagen euch, dass auch Gott nicht in alle Ewigkeit allwissend ist. Er ist nur das, was er jetzt ist, und du hast ganz sicher Zugang dazu, aber der Grund deiner Existenz liegt darin, darüber hinauszugehen. Du bist hierher gekommen, um herauszufinden, wer du bist, warum du hier auf Erden bist und wie du dein Leben verbessern kannst. Wir sagen dir, dass du hier bist, um das Wunder der Körperlichkeit zu erfahren und um das Instrument deines Denkens zu verfeinern. Es ist leichter, dies in einem Körper zu tun, als nebelhaft herumzuschweben. Du hast dieses Leben gewählt, weil du deine Denkinstrumente noch feiner abstimmen wolltest.

Dein inneres Wesen gibt dir das Gefühl, geborgen und in Sicherheit zu sein, so wie eine Mutter ihr Kind in den Armen halten und flüstern würde: »Alles ist gut.« Es gibt dir auch dieses Gefühl des Selbstvertrauens und der Kraft, so wie ein Vater seinem Kind in die Augen schauen und sagen würde: »Gut gemacht. Ich bin stolz auf dich.« Dein inneres Wesen wird dir all diese Gefühle schenken, aber erwarte nicht von ihm, dass es dir Anweisungen gibt, wie du dein Leben führen sollst, denn das ist nicht seine Aufgabe. Dafür bist du selbst verantwortlich, denn *du* nimmst die Informationen der materiellen Dimension auf und verarbeitest sie. Du hast dich auf diese Zeit und ihre Überzeugungen eingelassen. Du bist derjenige, der verantwortlich ist. Du besitzt mit deinem Verstand ein Werkzeug, mit dem du die geistige Energie in deine jetzige Wirklichkeit übersetzen kannst. Dein inneres Wesen beobachtet dich ständig und nimmt ständig Anteil an deinen Erfahrungen. Es liegt am Strand mit dir und genießt das Gefühl der Sonne auf deiner Haut. Genieß die Verbundenheit mit deinem inneren Wesen, aber erwarte nicht, dass es dir vorschreibt, was du zu tun hast.

Oft haben wir Esther mit ihrer Tochter Tracy beobachtet. Beide sind sehr kreativ und talentiert. Nichts regt Tracy mehr auf, als wenn ihre Mutter sagt: »Gib her! Ich mach das schon.« Wenn Esther die Geduld verliert und Tracy etwas aus der Hand nehmen will, dann verliert Tracy sofort jegliches Interesse an dem Projekt. Es macht einfach keinen Spaß, wenn jemand anders dir sagt, was du tun sollst, weil du aus deiner inneren Perspektive weißt, dass nur du selbst das kannst. Niemand sonst kann deinen Platz einnehmen. Niemand sonst kann für dich denken. Niemand sonst kann deine Gefühle fühlen. Daher kann auch niemand sonst für dich Erfahrungen anziehen. Niemand kann dir dabei helfen, das zu tun, was du dir zu tun vorgenommen hast.

Da wir Lehrer sind, werden wir mit unzähligen Fragen bombardiert und ständig um Rat gebeten. Natürlich geben wir euch gerne Ratschläge, aber wir achten immer darauf, dass wir euch die Prinzipien erklären, wie ihr bekommt, was ihr bekommt. Wenn wir das nicht täten, würden wir vermutlich in Versuchung geraten zu sagen: »Das, woran du gerade denkst, solltest du nicht tun. Das, was der und der vorgeschlagen hat, das solltest du tun.« Und es würde eine Zeit kommen, da würdest du zu uns sagen: »Ich fand das gar nicht hilfreich, denn eigentlich wollte ich es ja selbst herausfinden. Wer glaubt ihr eigentlich, wer ihr seid?« Und wir würden antworten: »Wir dachten, wir wären der Vater, nach dem du dich so sehr sehnst.«

Jeden Tag triffst du die Wahl, was du zur Zeit willst, und aufgrund dieser Entscheidungen ziehst du die Erfahrungen an, die dein Leben ausmachen. Sei achtsam in der Wahl deiner Entscheidungen und triff mehr bewusste Entscheidungen, dann wirst du dir selbst der beste Führer sein.

FRAGE: *Welche Rolle spielt der Heilige Geist in euren Lehren?*

ABRAHAM: Immer wenn wir einen eurer Begriffe gebrauchen, ist es hilfreich, ihn zunächst einmal zu definieren. Denke daran, dass die Worte, die wir sprechen, Bezeichnungen sind, die ihr erschaffen habt, um bestimmte Gedankenblöcke zu beschreiben. Es passiert häufig, dass ihr unterschiedlichen Gedankenblöcken dieselbe Bezeichnung verpasst. Aus dem zu schließen, was ihr unseren Beobachtungen nach als »Heiliger Geist« bezeichnet, würden wir sagen, dass der Begriff »Heiliger Geist« dein inneres Wesen in Verbindung mit der Macht des Universums bezeichnet. Mit anderen Worten, der Heilige Geist ist jener Strom geistiger Energie, den du zu deinen Zwecken einsetzen kannst. Der Heilige Geist ist nicht dazu da, dir Ratschläge zu geben. Er ist dazu da, dass du ihn zur Verwirklichung deiner Wünsche benutzt. Er lässt sich durchaus mit dem elektrischen Strom in deiner Wohnung vergleichen. Er wird immer fließen, ganz gleich welches Gerät du daran anschließt. Aber wenn du diese Energie im Zusammenhang mit deinem inneren Wesen siehst, das alle Erfahrungen speichert, die du jemals gemacht hast, dann würden wir sagen, dass der Heilige Geist die umfassende Perspektive deines inneren Wesens bezeichnet. Du bist aus dem Ursprung allen Lebens gekommen und hast aufgrund deiner Erfahrungen aus vielen Leben beschlossen, dass du lieber glücklich als traurig bist, lieber frei als gefangen und dass du lieber wächst als stagnierst. Wenn du ein negatives Gefühl verspürst, dann ist dies immer ein Hinweis darauf, dass du die geistige Energie nicht auf eine Weise einsetzt, die mit deinen umfassenderen Intentionen übereinstimmt. Wir benutzen den Ausdruck »Heiliger Geist« nicht gern, weil er Vorstellungen auslöst, die mit unseren nicht übereinstimmen.

FRAGE: *Könntet ihr etwas über Wunder und göttliche Fügungen sagen?*

ABRAHAM: Es stellt sich tatsächlich die Frage, wie es sein kann, dass Wunder passieren, obwohl du doch der Schöpfer deiner Erfahrungen bist und du immer das bekommst, worauf du deine Gedanken richtest. Es sind deine umfassenderen Intentionen, die den momentanen Mangel an Intentionen in einem bestimmten Augenblick wettmachen.

Nehmen wir ein Beispiel: Du steigst ins Auto und rast los, weil du dich verspätet hast. Das Einzige, woran du denken kannst, ist, nicht zu spät zu kommen und so schnell wie möglich zu fahren. Du denkst überhaupt nicht an Sicherheit oder ähnliches. Weil du im Augenblick also lediglich die Intention hast, so schnell wie möglich an dein Ziel zu kommen, und überhaupt nicht an deine umfassenderen Intentionen denkst, sicher, frisch und gesund an dein Ziel zu kommen, wirst du in die Einflusssphäre eines anderen Fahrers hineingezogen, der gerade einen Unfall verursacht. Obwohl deine gegenwärtige Absicht nicht machtvoll genug ist, um dich zu retten, so hast du doch über lange Zeit deine umfassendere Intention formuliert, so dass ein »Wunder« geschehen kann.

Wenn man von göttlicher Fügung spricht, dann werden sich jene Menschen, die leben wollen, aber am Krebs sterben, fragen, warum Gott nicht zu ihren Gunsten eingreift. »Was habe ich nur falsch gemacht? Warum geschieht denn kein Wunder? Ich habe doch jeden Tag gebetet. Wie gut muss man denn sein, um gerettet zu werden?« Es gibt so etwas wie göttliche Fügung oder göttliches Eingreifen nicht in dem Sinn, wie es die meisten Menschen verstehen. Diejenigen, denen ein »Wunder« widerfahren ist, haben es als solches bezeichnet, weil sie sich nicht erklären konnten, was wirklich passiert ist. Alles, was dir geschieht, geschieht dir ausnahmslos aufgrund deiner unterschiedlichen Intentionen und Überzeugungen.

Wenn du von Eltern großgezogen wurdest, die sich selbst für wertlos hielten und die dich bei deiner Geburt als ebenso wertlos angesehen haben und dir jeden Tag deines Lebens gesagt haben, dass aus dir zwar nie etwas werden wird, dass du aber trotzdem hart arbeiten musst, was wird dann wohl aus dir werden? Du machst dir ihre Überzeugungen zu Eigen und glaubst an das, was sie sagen. Und du siehst es in ihrem Leben verwirklicht, weil sie anziehen, was sie denken. Und dann sagst du: »Ja, es stimmt schon. Wir sind eben Pechvögel. Bei uns läuft eben alles schief.« Und dann kommen wir und sagen, dass du nur deshalb negative Erfahrungen anziehst, weil du es nicht anders erwartest. Und jemand anders, der in dem Glauben erzogen wurde, dass er alles erreichen kann, was er sich vornimmt, zieht nur Gutes an, weil er dem Guten nicht im Weg steht und erwartet, dass es eintritt.

Aber die geistige Energie fließt euch allen in gleichem Maß zu. Durch dein Denken lenkst du sie, fokussierst sie und formst sie zu materieller Realität um. Wenn du sagst: »Das will ich, das bin ich mir wert, das kann ich«, und dabei alle deine Gedanken in eine einzige Richtung gehen, dann gibt es nichts, was dich daran hindern könnte, es auch zu bekommen. Aber wenn du sagst: »Na ja, wollen tu ich ja irgendwie schon, aber ich darf doch nicht, ich kann doch nicht«, dann stehst du dir selbst im Weg und verhinderst, dass das Gewünschte zu dir kommt. Niemand sonst steht dir im Weg! Nur du selbst! Wenn etwas nicht klappt, geben die meisten Menschen einem anderen die Schuld daran. Solange du glaubst, dass jemand anderes im positiven wie im negativen Sinn für deine Erfahrungen und Lebensumstände verantwortlich ist, bleibst du machtlos, denn du kannst niemals kontrollieren, was ein anderer tut. Je mehr du versuchst, die Kontrolle über andere zu erlangen, desto mehr wirst du merken, dass das völlig unmöglich ist.

Du bist in dem Augenblick frei, in dem du erkennst, dass es an dir und nur an dir liegt, ob du dich von anderen beeinflussen lässt. Wenn dir jemand begegnet und er in dir nur einen Versager sieht, brauchst du nicht darauf einzugehen. Wenn sein Einfluss so stark ist, dass du dich ihm nicht entziehen kannst, dann solltest du dich von dem Betreffenden fernhalten. Du bist frei. Du bist frei, alles zu sein, zu tun und zu haben, was du willst. Du stehst vor einer Entscheidung. Du bist dir noch nicht sicher, was du glauben und tun sollst. Spürst du, wie erschöpft du bist? Wie müde und deprimiert? Wie du am Morgen aufwachst und nicht aufstehen willst? Das liegt daran, dass deine Energie völlig zersplittert ist. Da du nicht weißt, was du eigentlich willst, zerstreut sich diese unglaublich mächtige Energie in tausend verschiedene Richtungen gleichzeitig. Kannst du dich erinnern, wie gut es sich anfühlt, wenn du eine Entscheidung getroffen hast? Sobald du dich entschieden hast – ganz gleich wie groß oder wie klein die Entscheidung ist –, spürst du, wie dich eine neue Kraft durchströmt, weil du »Ja« zu etwas gesagt hast. Du hast nicht »Ja, nein, na ja, lieber nicht, ja, also vielleicht« gesagt.« Du hast »Ja!« gesagt und deshalb kann die Energie fließen. Das ist göttliche Fügung, das ist göttliches Eingreifen. Wenn du alle deine Gedanken auf ein Ziel richtest, dann rufen wir dir alle ein »Jawohl, auf geht's!« zu und das ganze Universum unterstützt dich. Solange deine Gedanken aber so chaotisch sind, schenkt dir niemand von uns viel Beachtung. Schließlich macht es keinen Sinn, diese kostbare Energie zu verschleudern, oder?

FRAGE: *Wenn ihr ein brennender Busch wärt und ich Moses, welche zehn Gebote würdet ihr mir dann geben?*

ABRAHAM: Wir haben ein paar gute Ideen zu diesem Thema. Wir würden dir nicht befehlen, irgendetwas nicht zu tun, weil sich sowieso niemand daran hält. Wir würden auch nicht Gebote sagen, sondern eher Hinweise. Wir würden dir einfach sagen, was unserer Erfahrung nach eine ziemlich gute Art zu leben ist. Wir würden sicher nicht sagen: »Du sollst dies nicht tun und das nicht tun!«. Statt dir zu sagen, was du *nicht* tun sollst, würden wir dir eher sagen, was du tun sollst.

* Strebe vor allem danach, glücklich zu sein.
* Finde tausend Gründe, um zu lachen.
* Finde tausend Gründe, um dich selbst und andere zu loben.
* Erkenne die Schönheit in der Natur, in Tieren und Menschen.
* Finde tausend Gründe, um zu lieben. Strebe während jedes Tagesabschnitts danach, etwas zu finden, was in dir das Gefühl der Liebe entstehen lässt.
* Tue und denke erhebende Dinge.
* Suche nach Möglichkeiten, andere zu erheben.
* Strebe danach, dich wohl zu fühlen.
* Erkenne, dass sich dein Wert nur daran messen lässt, wie glücklich du bist.
* Anerkenne, dass du vollkommen frei bist, dies alles zu tun oder es nicht zu tun. Du allein triffst in jedem Moment deines Lebens die Entscheidung.

Das ist das Rezept für immerwährende Glückseligkeit. Gleichzeitig ist es das Rezept für ein wunderbares Erschaffen. Ihr glaubt immer, dass sich euer Wert daran misst, wie viel ihr erreicht oder verdient habt, aber euer wahrer Wert lässt sich nur daran messen, wie glücklich ihr seid. Sobald du dich einmal auf die Suche gemacht und gefunden hast, wirst du voller Freude sein. Das Schöne am Suchen ist ja, dass du gar nicht anders kannst, als das, wonach du suchst, auch zu finden. Anders geht es nicht. Das, woran du denkst, kommt immer zu dir. Sobald du die erste Idee umgesetzt hast, ist die zweite schon leichter. Und nach der zweiten, wird die dritte noch leichter umzusetzen sein. Sie hängen alle voneinander ab.

FRAGE: *Sollen wir denn nur noch in der Sonne herumliegen und gar nichts mehr tun? Das riecht irgendwie nach Rückzug und Faulheit. Und dann die ständige Beschäftigung mit den eigenen Gedanken. Ist das nicht purer Egoismus?*

ABRAHAM: Wenn du sagst, das riecht nach Rückzug und Faulheit, dann antworten wir, dass wir euch den Weg zu wahrer Macht zeigen. Wenn du sagst, das wäre purer Egoismus, dann antworten wir, dass du ganz Recht hast. Wenn du nicht egoistisch genug bist, um dich selbst glücklich zu machen, denn hast du der Welt auch nichts zu bieten. Wenn du etwas anderes als Glück ausstrahlst, dann befindest du dich nicht im Einklang mit deinen höheren Intentionen. Dann arbeitest du gegen das, wofür wir arbeiten. Wir wollen alle Menschen erheben und ihnen den Weg zum Glück zeigen.

Wir sagen nicht, dass Handeln überhaupt keinen Wert hat. Wir weisen nur darauf hin, dass sich der Großteil deiner Handlungen nicht im Einklang mit deinen höheren Intentionen befindet. Die meisten Menschen handeln aus einer negativen Motivation heraus und nicht aus Freude am Handeln. Der größte Teil deiner Handlungen ruft negative Gefühle hervor, keine positiven. Wenn wir uns die Umfragen anschauen, dann sind die meisten Menschen nicht glücklich mit ihrer Arbeit. Dabei verbringen sie den Großteil ihrer Zeit am Arbeitsplatz. Und selbst nach Feierabend denken sie noch an ihre Arbeit und reden darüber. Die meisten Menschen handeln, um die Folgen falschen Denkens zu korrigieren. Da wäre es tatsächlich besser, du würdest am Strand liegen und die Sonne genießen. Dann würdest du zumindest ein positives Gefühl ausstrahlen, von dem Alles-Was-Ist profitiert.

FRAGE: *Macht es einen Unterschied, ob ich sage: »Ich will einen gesunden und vitalen Körper« im Gegensatz zu: »Mein Körper wird gesund und vital« oder: »Mein Körper ist gesund und vital.«*

ABRAHAM: Die Worte sind nicht so wichtig, was zählt ist die Absicht, mit der du sie sagst, und das Gefühl, das du dabei hast. Jeder Mensch drückt sich etwas anders aus. Auf keinen Fall solltest du die Worte »ich brauche« oder »ich muss« verwenden, denn die entstammen einem Mangelbewusstsein. Dem gegenüber stehen die Worte »ich wünsche«, »ich will« und »ich beabsichtige«. Die Worte »wünschen« und »wollen« weisen auf ein Ziel hin. Das Wort »beabsichtigen« ist etwas stärker, weil es wünschen und daran glauben beinhaltet. Viele von euch haben sich schon viel gewünscht, es aber nicht bekommen. Deshalb ist »wünschen« für manche von euch schon fast ein negatives Wort. Wenn du in einem bittenden, beinahe weinerlichen Ton sagst: »Ich wünsche mir das so sehr«, dann hört das Universum nicht die Worte, sondern nur das Gefühl und die Erwartung (doch wieder enttäuscht zu werden) dahinter. Sagst du: »Ich bin«, dann ist das am stärksten – wenn du tatsächlich davon überzeugt bist. Wenn du aber laut sagst: »Ich bin« und dich anschaust und dann leise hinzufügst: »Schön wär's«, dann widersprechen sich deine Worte und dein Gefühl. Entscheidend ist immer, wie du dich fühlst. Benutze die Worte, die dein Gefühl am besten beschreiben.

FRAGE: *Also wenn ich mich nicht gesund fühle, aber sage: »Ich bin gesund«, dann gibt es offensichtlich ein Problem. In der Situation wäre es wohl angebrachter zu sagen: »Ich werde gesund«, weil das eher mit meinen Gefühlen übereinstimmt, oder?*

ABRAHAM: Genauso ist es. Nehmen wir einmal an, du wiegst ein paar Kilo zu viel. Dann siehst du einen Menschen, der dir als Vorbild dienen kann, und sagst: »Das will ich auch.« Wenn du dann das nächste Mal in den Spiegel schaust, gehen deine Gedanken wieder in die entgegengesetzte Richtung. Diesen Konflikt kannst du lösen, indem du dir sagst: »Was ich heute bin, ist das Ergebnis dessen, was ich früher gedacht und gefühlt habe. Aber was ich sein werde, entsteht aus meinen heutigen Gedanken und Gefühlen.« Stelle dir vor, wie du dich langsam in deinen Wunschkörper verwandelst. Dann wird dich der Anblick anderer Menschen, die deinem Wunschbild entsprechen, inspirieren, statt dich zu deprimieren.

Wenn du neidisch auf irgendetwas bist – sei es auf den Körper, das Haus, den Job oder die Beziehung eines anderen –, ist das ein Signal deines inneren Wesens, das dir sagt, dass du zwar dasselbe willst, dich aber auf den Mangel konzentrierst. Wenn das passiert, musst du deine Gedanken in die andere Richtung schicken. Fange mit den Worten »Ich wünsche mir« an und verstärke sie mit »Ich will es und ich werde es bekommen«. Wenn du bei »Weil ich es will, ist es so« angekommen bist, hast du es erreicht.

Wir möchten dich ermutigen, mehr und mehr Entscheidungen zu treffen. Eine Entscheidung bedeutet immer, dass deine Energie in eine einzige Richtung geht. Entscheide dich morgens, was du zu Mittag essen willst, und lass das Universum die Umstände arrangieren. Wenn du weißt, dass du in zwei Wochen um drei Uhr nachmittags eine Verabredung hast, dann schick deine Gedanken schon einmal in diese Richtung. Setze die Macht deiner Gedanken und die Macht deiner Erwartungen ein, um den Boden zu bereiten. Dann brauchst du nicht mehr so viel zu tun, wenn die Zeit gekommen ist.

FRAGE: *Wie sollen wir mit bösen Menschen umgehen?*

ABRAHAM: Auf eurem Planeten bezeichnet jeder, der bestimmte Ansichten vertritt, alle, die eine andere Ansicht vertreten als er, als böse. Glaubt ihr nicht alle, dass ihr die Guten wärt? Eines der größten Missverständnisse auf eurem Planeten ist, dass es nur *eine* Wahrheit gibt. Wenn ihr sie gefunden habt, dann wollt ihr sofort alle anderen bekehren. Ihr denkt: »Was für ein wunderbarer Ort die Erde doch wäre, wenn alle so denken würden wie ich.« Aber das lässt sich nicht mit dem vereinbaren, was du als Schöpfer deiner Erfahrungen eigentlich wissen solltest. Es sind ja gerade die Unterschiede, die dich stimulieren. Und die Stimulation deiner Gedankentätigkeit führt zur Unendlichkeit und zur Ewigkeit, während Konformität nur zu Stillstand führt.

Wenn du das begriffen hast, dann wirst du nicht länger jene unterdrücken wollen, die nicht mit dir übereinstimmen. Du weißt ja inzwischen, dass sie nicht deshalb Teil deiner Wirklichkeit werden, weil sie so übermächtig sind, sondern weil du sie einlädst, indem du deine Gedanken auf sie richtest. Also um deine Frage zu beantworten: Du gehst mit »bösen« Menschen am besten so um, dass du ihnen keine Beachtung schenkst. Du hast nicht die Macht, sie zu erledigen oder sie zu eliminieren, weil sie frei sind, so zu sein, wie sie wollen, so wie auch du frei bist, das zu sein, was du sein willst.

FRAGE: *Dann gibt es also nichts, wovor man Angst haben müsste?*

ABRAHAM: Es gibt nichts dergleichen. Es gibt nur zwei Gefühle. Eines, das sich gut anfühlt, und eines, das sich schlecht anfühlt. Aber du gibst ihnen – je nach dem Kontext, in dem sie auftreten – alle möglichen Namen. Angst ist nichts weiter als ein negatives Gefühl, das dir sagt: »Dies ist ein wichtiges Thema und das, was du darüber denkst, befindet sich nicht in Harmonie mit dem, was du willst.« Wenn du deine Gedanken auf etwas anderes richtest, wird die Angst verschwinden. »Böses« wird nur dadurch angezogen, dass du deine Aufmerksamkeit darauf richtest. Wenn du also Angst vor etwas hast und deine Gedanken auf etwas anderes richten kannst, dann wirst du das, wovor du Angst hattest, nicht mehr anziehen.

Zum Glück lebt ihr in einer Dimension, in der sich nichts augenblicklich verwirklicht. Deshalb seid ihr auch noch nicht gestorben, obwohl ihr wahrscheinlich schon oft gesagt habt: »Ich hab mich totgelacht!« Es dauert eine Weile, bis sich Gedanken in materielle Realität umsetzen. Deine Gedanken müssen schon ziemlich stark sein und sie werden nur dadurch stark, dass du ihnen häufig deine Aufmerksamkeit schenkst. Wenn du dein Leben lang Angst vor etwas hast, wird es früher oder später eintreten. Wenn du dich bewusst auf etwas konzentrierst, kannst du es auch erschaffen – im »Guten« wie im »Bösen«.

FRAGE: *In den letzten Jahren habe ich vieles getan, was mir selbst nicht gefallen hat. Seit etwa neun Monaten habe ich damit aufgehört und mich von vielem getrennt, aber ich weiß nicht, wie ich diese innere Leere jetzt füllen und was ich stattdessen tun soll. Wie finde ich heraus, was ich will?*

ABRAHAM: Du bist nicht der Einzige, dem es so geht. Viele von euch werden deprimiert, wenn sie uns sagen hören: »Du bist überaus mächtig und kannst alles sein, tun und haben, was du willst.« Wenn du nicht einmal weißt, was du eigentlich willst, bekommst du leicht das Gefühl, dass du deine Macht verschwendest und ein Versager bist. Der Grund deiner Verunsicherung liegt darin, dass du wie jeder andere Mensch auch glaubst, du müsstest etwas tun. Fange innen an und geh erst dann nach außen. Die meisten Menschen erschaffen sozusagen im Rückwärtsgang. Sie sagen: »Ich werde das Folgende tun und dann werde ich dies oder das haben und dann werde ich glücklich sein. Ich werde diesen Job machen und dadurch viel Geld verdienen. Dann wird mein Leben einen Sinn haben und ich werde bestimmt glücklich sein.« Manchmal funktioniert das sogar, besonders wenn man sich lange darauf konzentriert hat, glücklich zu sein. Aber normalerweise funktioniert das überhaupt nicht, weil du dich plötzlich mit einem Job konfrontiert siehst, der dich alles andere als glücklich macht. Und obwohl du jede Menge Geld hast, fragst du dich immer wieder: »Warum mach ich das alles eigentlich?« Statt dann alles Äußere aus deinem Leben rauszuschmeißen, was dir nicht passt, solltest du lieber im Innern anfangen.

Wir reden immer wieder über dein inneres Wesen. Wir nennen es »inneres Wesen«, weil es in dir existiert und weil es in einem Zustand reinen Seins existiert. Wir werden oft gefragt, wo wir denn eigentlich leben, an welchem Ort wir zu Hause sind. Wir antworten dann gewöhnlich, dass Ort ein Begriff aus der materiellen Dimension ist, dass wir aber geistige Wesen sind, die an einem Nicht-Ort leben. Wir existieren in einem Zustand reinen Seins. Dein inneres Wesen existiert in einem Zustand der Freude und Freiheit, in den es immer mehr hineinwächst. In diesen Zustand möchtest auch du zurückkehren. Wenn du Mühe hast, etwas zu tun, komm zurück zum Sein.

Du weißt oft sehr genau, was du nicht tun willst. Wenn du wieder einmal feststellst, dass du etwas nicht tun willst, gehe einen Schritt weiter und frage dich: »Warum will ich das nicht tun?« Dann stößt du meistens auf das in dir, was durch das Tun eingeschränkt wird. »Weil ich mich nicht frei fühle.« »Weil ich das Gefühl habe, mein Potenzial zu verschwenden.« »Weil ich mich nicht weiterentwickle.« Oder ganz einfach: »Weil ich dabei nicht glücklich bin.« Manchmal ist es auch eine Kombination all dieser Dinge. Du bist in einer sehr guten Position, wenn du weißt, was du *nicht* willst, weil du ein starkes Gefühl der Ablehnung verspürst. Wenn du einen Beruf, eine Wohnung oder eine Beziehung hast, die nicht so sind, wie du sie gerne hättest, dann halte in dem Moment, in dem du das negative Gefühl spürst, inne und frage dich: »Was will ich? Was fehlt mir? Was will mir mein negatives Gefühl sagen?« Jedes Mal, wenn du dich schlecht fühlst, weil du den Mangel an etwas spürst, dann finde heraus, was du eigentlich willst. Und dann richte deine Aufmerksamkeit darauf, bis du dich besser fühlst.

Das nennt man »Umwandeln«. Benutze die negativen Dinge in deinem Leben, um herauszufinden, was du willst. Darin liegt auch der Wert der sogenannten »bösen« Menschen. Sie helfen dir, herauszufinden, wie und was du sein möchtest. Wenn dir ein Mensch begegnet, in dessen Gegenwart du dich schlecht fühlst, hilft dir das zu erkennen, dass du dich gut fühlen möchtest. So sind auch Krankheiten eigentlich etwas Gutes, denn sie helfen dir zu erkennen, dass du gesund sein möchtest. Wenn dir dein Körper nicht gefällt, dann gehst du ins Fitnessstudio – aber sicher nicht eher. Dann änderst du plötzlich deine Ernährungsgewohnheiten. Dann kümmerst du dich endlich mehr um dich selbst. Wenn du also negative Gefühle spürst, dann benutze sie für das, wozu sie da sind: Sie wollen dir helfen herauszufinden, was du eigentlich willst.

FRAGE: *Ich wurde in der Überzeugung erzogen, dass es meine Pflicht ist, Gutes zu tun, die Hilflosen zu beschützen und anderen Menschen und der Umwelt zu helfen. Und ihr sagt, das soll ich alles lassen?*

ABRAHAM: Das sagen wir ganz sicher nicht. Wir sagen: Wenn es deinen Intentionen entspricht, wirst du zu bestimmten Handlungen inspiriert sein. Aber du erreichst nichts, indem du anderen Leuten auf die Füße trittst und sie davon zu überzeugen suchst, dass sie aufhören sollen, das zu tun, was sie tun. Wir sagen nicht, dass du nicht für die Dinge einstehen sollst, an die du glaubst. Eines der wunderbarsten Dinge an eurem Planeten ist es ja gerade, dass ihr hier eine Umgebung habt, in der so viele andere Wesen leben, so dass ihr euren Einfluss ausüben könnt. Aber in welche Richtung wollt ihr sie beeinflussen? In Richtung auf Freude und Glückseligkeit. Es gibt aber viele Wege zur Glückseligkeit. Ihr irrt euch, wenn ihr meint, ihr könntet anderen vorschreiben, wie sie zu leben haben. Jeder von euch ist hier auf Erden, um für sich selbst herauszufinden, was ihm die größte Freude macht.

Wenn die Umweltschützer der Umwelt wirklich etwas

Gutes tun wollen, dann sollten sie sich vorstellen, wie die Welt sein könnte, statt ihre Aufmerksamkeit auf das zu richten, was alles falsch gelaufen ist. Wenn die Friedensaktivisten ihre Aufmerksamkeit auf den Frieden statt auf den Krieg richten würden, dann würden sie der Sache des Friedens einen besseren Dienst erweisen. Die meisten von euch kämpfen nur gegen sich selbst. Eure Ärzte, die doch angeblich im Dienst der Gesundheit stehen, erzeugen mehr Krankheiten als alle anderen Menschen zusammengenommen. Ständig werdet ihr darüber informiert, was im Leben alles schief gehen kann, welche Krankheiten ihr euch holen könntet, wie verletzlich der menschliche Körper ist. Dadurch richten Ärzte und andere Gesundheitsapostel eure Aufmerksamkeit auf Krankheit statt auf Gesundheit. Natürlich würden die meisten Ärzte dem widersprechen und sagen: »Ich bin Arzt geworden, weil ich den Menschen helfen will«, aber die Statistiken sprechen eine andere Sprache. Je mehr ihr über Krebs redet, desto mehr Menschen erkranken an Krebs. Je mehr Artikel über Aids veröffentlicht werden, desto mehr Menschen bekommen Aids. Je mehr ihr darüber diskutiert, wie anfällig der menschliche Körper doch ist, desto anfälliger werden eure Körper.

Wenn ihr also Einfluss auf die Welt ausüben wollt, solltet ihr euch über eure Ziele klar werden. Ist es ein schönes Haus für alle? Ist es ein neues Auto für alle? Glückliche Beziehungen für alle? Eine heile Welt für alle? Gesundheit für alle? Das höchste Ziel des Lebens ist Freude und Glückseligkeit. Natürlich tragen alle diese Dinge zum Glücklichsein bei, aber ihr könnt den Zustand der Glückseligkeit nicht erreichen, indem ihr auf Nebenschauplätzen kämpft und alles attackiert, was euch falsch erscheint.

FRAGE: *Ich habe irgendwie das Gefühl, das alles läuft darauf hinaus, dass das Böse schon aus unserer Welt verschwinden wird, wenn wir einfach so tun, als ob es gar nicht da wäre. Heißt das nicht im Klartext, wir sollen den Kopf in den Sand stecken?*

ABRAHAM: Zunächst etwas Grundsätzliches: Ihr lebt nicht in *einer* Welt. Ihr teilt eine Dimension miteinander und jeder von euch erschafft sich seine eigene Welt. Dein ganzes physisches Dasein wird durch deine Wahrnehmung bestimmt. Wie hat sich die Abnahme der Ozonschicht bisher auf dich persönlich ausgewirkt? Erzähl uns, wie sich deine Erfahrung verändert hat. Es geht uns um deine persönliche Erfahrung damit und nicht um deine Einstellung dazu, die durch jene manipuliert wurde, die ein Interesse daran haben, dass sie dich von ihren Ansichten überzeugen.

Wenn du einem kleinen Mädchen sagen würdest: »Dir wird viel Böses passieren, denn du wirst dich innerhalb deiner Hauthülle ausdehnen. Du wirst nicht so bleiben, wie du jetzt bist, du wirst immer größer werden. Du wirst anfangen zu bluten und dein Brustkorb wird Beulen bekommen.« Was meinst du, wie sich das kleine Mädchen wohl fühlen wird? Es wird Angst bekommen und zu Tode erschrocken sein. Warum erschreckt ihr euch dann selbst, wenn es um die Evolution der Erde geht? Warum lasst ihr nicht einfach zu, dass sie sich weiterentwickelt und ein neues Gleichgewicht findet? Warum kümmert ihr euch nicht lieber um eure eigene Entwicklung?

Als du ein Kind warst, war deine Welt sehr klein und du hast dich vor allem auf dein Spielzeug konzentriert. Wenn du größer wirst, nach und nach die Welt entdeckst und hörst, wie die anderen über all das reden, was an der Welt falsch ist, dann fühlst du dich schon nicht mehr so sicher und geborgen. Wenn du dann in der Schule bist und mitbekommst, wie du mit anderen verglichen wirst und wie du andere mit dir vergleichst, dann fängst du an zu urteilen. Wenn ein Junge ein Mädchen an den Haaren zieht, dann muss er mit Sicherheit ein ganz übler Typ sein. Du fängst an, die Welt in gut und böse zu unterteilen. Du musst aber verstehen, dass jede Erfahrung an sich gut ist – was aber nicht heißt, dass du jede Erfahrung auch machen musst.

Wir vergleichen euer Universum gern mit einer gut gefüllten Vorratskammer. Angenommen du hast beschlossen, Apfelkuchen zu backen. Er ist so köstlich geworden, dass du dir vornimmst, nie wieder etwas anderes zu essen. Deiner Meinung nach ist es vollkommen unsinnig, dass die Vorratskammer auch andere Lebensmittel enthält. Nun kommt ein anderer Koch daher und will einen Schokoladenkuchen backen. Du denkst: »Wie böse er doch ist. Er will etwas backen, was doch offensichtlich überhaupt nicht gut schmeckt.« Du rufst alle Apfelkuchenliebhaber zusammen und organisierst eine Kampagne, deren Ziel es ist, alle Zutaten für Schokoladenkuchen aus der Küche zu entfernen. Weil du ihn nicht magst, findest du, dass auch niemand sonst ihn mögen sollte.

Natürlich ist der Sprung vom Schokoladenkuchen zum Krieg etwas gewagt, aber du glaubst fest, dass alle Menschen Frieden wollen sollten statt Krieg. Aber kannst du durch die Augen eines anderen Menschen sehen? Du kannst nicht wissen, was in ihm vorgeht. Die Politiker richten mehr Aufmerksamkeit auf Krieg als auf Frieden, und zwar ungeachtet dessen, was sie sagen. Krieg kurbelt die Wirtschaft an und eine blühende Wirtschaft ist die beste Garantie dafür, dass sie an der Macht bleiben. Lass dich nicht von schönen Worten täuschen, du weißt nie, welche Absichten jemand wirklich hat. Du kannst trotzdem ein wunderschönes, glückliches Leben haben, das deine kühnsten Erwartungen übertrifft, wenn du dich auf die Schönheit konzentrierst, die Teil deiner tatsächlichen Erfahrung ist. Wenn du dich auf das konzentrierst, was dich glücklich macht, dann bist du wie ein Magnet, der weitere Erfahrungen anzieht, die dich glücklich machen. Du denkst, *wir* leben im Fantasieland? Was ist denn Realität? Deine Realität ist nur deine Wahrnehmung dessen, was ist.

Ihr, die ihr hier versammelt seid, teilt eine Erfahrung miteinander, aber ihr alle nehmt dieselbe Erfahrung völlig anders wahr, da sich nicht zwei von euch auf demselben Entwicklungsstand befinden. Was ihr wahrnehmt, hat mehr mit euren Überzeugungen und Glaubenssätzen zu tun, als mit dem tatsächlichen Erlebnis. Euer vergangenes Leben bestimmt eure heutige Erfahrung stärker als die Ereignisse des heutigen Tages. Wenn ihr alle ein Buch über den heutigen Abend schreiben würdet, würden sie sich so sehr voneinander unterscheiden, dass ein Leser nicht einmal erkennen könnte, dass ihr über dasselbe Ereignis geschrieben habt. Aber diese unterschiedlichen Sichtweisen sind gut, denn wenn wir alle dieselbe Perspektive hätten, gäbe es nur die Notwendigkeit für einen einzigen Menschen und nicht für Milliarden von euch. Würde eine Sicht die richtige sein, würde das Ziel des Lebens darin bestehen, dass alle Menschen dieselbe Perspektive haben, dann würdest du nicht hier sein.

Bist du nicht erleichtert, wenn du hörst, dass du nicht für alles verantwortlich bist? Fühlst du dich nicht besser, wenn wir dir sagen, dass es nicht deine Aufgabe ist, die Welt zu retten? Und wie fühlst du dich, wenn wir dir sagen: »Rette sie, wenn du willst. Gib dein Bestes!« Mach deinen Einfluss geltend, wo immer du willst. Aber tu alles aus Freude, nicht aus Wut oder Frustration. Du tust der Welt mehr Gutes, wenn du faul am Strand liegst und dich eins mit ihr fühlst, als wenn du schreiend durch die Straßen tobst und gegen den Krieg protestierst. Das eine ist auf Harmonie ausgerichtet und trägt dadurch zur Harmonie bei, das andere ist auf Disharmonie ausgerichtet und erzeugt nur noch mehr Disharmonie.

FRAGE: *Ich leide unter Arthritis. Ich bin mir ganz sicher, dass ich die völlige Kontrolle über meinen Körper habe, aber ich verstehe nicht ganz, warum sie nicht endlich verschwindet.*

ABRAHAM: Wir wollen deine Aussage etwas korrigieren: Du würdest gerne die völlige Kontrolle über deinen Körper haben. Hättest du sie, hättest du auch keine Arthritis. Nun wirst du vielleicht sagen: »Abraham, da kann doch etwas nicht stimmen. Du musst etwas Wichtiges vergessen haben. Ich möchte seit langem gesund sein, aber es gelingt mir einfach nicht.« Wir sagen: »Lass dich von deinen eigenen Worten nicht in die Irre führen. Du sagst vielleicht: ›Ich will‹, aber was du wirklich meinst, ist: ›Wäre es nicht irgendwie schön, wenn…‹« Du bettelst darum, gehst aber in Wirklichkeit davon aus, dass du es sowieso nicht bekommen wirst. Das Universum spricht kein Deutsch. Das Universum reagiert auf Gedankenblöcke und die sie begleitenden Gefühle, aber Deutsch versteht es nicht. Du kannst: »Ich will, ich möchte, ich beabsichtige, ich bin« so oft sagen, wie du willst, das Universum reagiert nur darauf, wie du dich dabei fühlst. Wenn du sagst: »Ich will«, aber gleichzeitig davon ausgehst, dass sich dein Wunsch doch nicht erfüllen wird, dann bekommst du das, was du fühlst.

Natürlich ist es nicht leicht, sich auf einen gesunden Fuß zu konzentrieren, wenn dein großer Zeh schmerzt, aber je mehr du an ihn denkst, desto mehr wird er wehtun. Schmerz ist eine Frage der Wahrnehmung, selbst der größte Schmerz kommt und geht. Und wenn du dich aufmerksam beobachtest, dann wirst du feststellen, dass der Schmerz immer dann schwächer wird, wenn du an etwas anderes denkst. Wenn du wenig Interesse an irgendetwas anderem hast, wird er wieder stärker werden. Akzeptiere, dass dein Körper auf deine Gedanken reagiert, und richte deine Gedanken statt auf den Schmerz auf etwas, das sich gut anfühlt. Nach einiger Zeit wird auch die Ursache des Schmerzes behoben sein.

FRAGE: *Ich arbeite mit schwer erziehbaren Jugendlichen. Ihre Energie ist extrem negativ und oft fällt es mir schwer weiterzumachen, aber ich habe das Gefühl, dass ich dabeibleiben muss, weil ich etwas Wichtiges tue.*

ABRAHAM: Richtig. Es ist für dich wichtig; es ist für sie wichtig; es ist für Alles-Was-Ist wichtig. Vielleicht können dir die folgenden Worte helfen: Stelle dir vor, es ruft dich jemand an, den du überhaupt nicht kennst, und sagt zu dir: »Ich will dich nie wieder sehen!« Dann würdest du doch wohl antworten: »Na und?«, oder? Er würde dir nicht fehlen, weil du nie wolltest, dass er Teil deines Lebens wird. Aber wenn dir etwas wichtig ist, dann spürst du starke Verlustgefühle, Trauer oder sogar Angst – alles negative Gefühle. Das negative Gefühl ist ein sicheres Zeichen dafür, dass dir etwas wichtig ist.

Wenn du über diese jungen Menschen sprichst, die sich so extrem negativ verhalten, dann solltest du mit uns ausrufen: »Wie wunderbar, dass es Menschen gibt, die sich so sehr nach etwas sehnen!« Wir sehen lieber jemanden, der extrem negativ handelt, als jemanden, dem alles völlig gleichgültig ist. Jedem Erschaffen liegt ein Wunsch zugrunde, Lethargie führt zu nichts. Drehe die ganze Sache doch einfach um. Wenn du siehst, was sie nicht wollen, finde heraus, was sie wollen. Stelle dir dann vor, dass sie bekommen haben, was sie wollen. Dann wirst du wissen, wie du dich ihnen gegenüber verhalten und was du ihnen sagen musst. Die meisten dieser Jugendlichen sind sehr intelligent, sie besitzen große persönliche Macht. Sie haben sich in dieser Zeit verkörpert, weil sie einen Unterschied machen wollen. Sie haben sich dafür entschieden, alle möglichen Erfahrungen zu machen, um so viele Informationen wie möglich zu sammeln, damit sie klarer identifizieren können, was sie *nicht* wollen. Wir wissen, dass sie aufgrund dieser Erfahrungen in den kommenden Jahren klarer formulieren werden, was sie wollen – viel klarer als die meisten anderen Menschen.

Im Moment wollen sie nur, dass du sie in Ruhe lässt. Sie wollen ihre Freiheit. Deine bloße Anwesenheit wird von ihnen als Bedrohung empfunden. Sie widersetzen sich jeder Autorität, die sie »auf den richtigen Weg« führen will, weil sie gar nicht das Gefühl haben, auf dem falschen Weg zu sein. Sie finden, dass sich die Welt auf einem falschen Weg befindet. Sie sind viel eher bereit, dich so sein zu lassen, wie du bist, als es ihnen die meisten »ehrbaren« Mitglieder der Gesellschaft zugestehen. Eigentlich befinden sie sich in einer besseren Position als die, die sie erziehen wollen. Wenn du sie auf diese neue Weise siehst, wirst du vielleicht inspiriert sein, ihnen wirklich zu helfen.

Sage zu ihnen: »Mir ist klar, was ihr nicht wollt, aber mir ist nicht klar, was ihr eigentlich wollt.« Dann werden sie dich natürlich zuerst einmal austricksen wollen und sagen: »Wir wollen, dass Sie verschwinden. Wir wollen in Ruhe gelassen werden.« Darauf könntest du sagen: »Ich bin froh, dass ihr so ehrlich seid. Die meisten Menschen sagen nämlich das eine, meinen aber etwas völlig anderes. Ich bin froh, dass ihr mir ehrlich mitteilt, was ihr wollt, denn wenn wir ehrlich miteinander reden, dann können wir einander auch helfen. Also, was wollt ihr?« Wenn sie dir dann wieder sagen, was sie nicht wollen, dann höre ihnen einfach zu. Zuhören ist wichtiger als Ratschläge geben. Wenn du ihnen zuhörst, wird dir klar werden, was sie nicht wollen, und daraus kannst du ableiten, was sie wollen. Später kannst du ihnen dann sagen: »Jetzt habt ihr wirklich einmal klar gesagt, was ihr nicht wollt. Jetzt seid ihr in einer guten Position, um zu sagen, was ihr wollt. Was ist es?« Dann werden sie vermutlich sagen: »Wen interessiert das schon? Niemand interessiert sich für uns.« »Ob es nun andere interessiert oder nicht, ist mir egal, aber ich möchte es hören, weil es mich interessiert. Ich respektiere, dass ihr bestimmte Dinge nicht wollt, aber ich möchte auch gerne hören, was ihr wollt.« Bringe sie zum Reden. Irgendwann werden sie sich darauf freuen, mit dir zu reden, denn sie werden gemerkt haben, dass sie sich schlecht fühlen, wenn sie nur über das reden, was sie nicht wollen, aber dass sie sich bei dir gut fühlen, weil sie darüber sprechen, was sie wollen. Und weil sich jeder Mensch gut fühlen möchte, werden sie zu dir kommen. Du wirst nicht länger eine Bedrohung für sie sein, gegen die sie sich zur Wehr setzen müssen. Du wirst eine Verbündete sein, die sie versteht.

Versuche nicht, sie von irgendetwas abzubringen. Hilf ihnen herauszufinden, was sie wollen, damit sie genau das anziehen können. Du kannst niemanden daran hindern, etwas Bestimmtes zu tun, zu denken oder zu fühlen, aber du kannst deine Aufmerksamkeit auf etwas anderes lenken. Du kannst ein Verhalten durch ein anderes ersetzen, einen Gedanken durch einen anderen, ein Gefühl durch ein anderes.

FRAGE: *Ich versuche schon mein ganzes Leben lang, es immer allen Recht zu machen. Und dabei habe ich das Gefühl, dass ich mich selbst völlig verloren habe. Neulich war ich auf einer Veranstaltung und jemand fragte mich, ob ich ihm nicht bei einem Projekt helfen könnte. Ich wollte eigentlich nein sagen, aber bevor ich mich versah, hatte ich ja gesagt.*

ABRAHAM: Deine Entscheidung nein zu sagen, entstand gerade erst in dem betreffenden Augenblick, aber die Entscheidung ja zu sagen beruht auf einem lebenslangem Muster. Deine dominante Absicht ist es, es anderen Leuten recht zu machen und ihnen zu gefallen. Deine Handlungen folgen immer deiner dominanten Absicht. Um deine Handlungen zu ändern, musst du zuerst deine Intentionen ändern. Es sollte deine dominante Intention sein, dich selbst an die erste Stelle zu setzen. Jetzt können wir wieder die Proteste hören: »Wie kann man sich nur selbst in den Mittelpunkt stellen. Das ist ja Egoismus pur!« Ist dir schon einmal aufgefallen, dass dich die Leute immer dann am lautesten als Egoisten beschimpfen, wenn du nicht das tust, was ihren egoistischen Interessen dient? Wir sagen: »Du solltest dich selbst in den Mittelpunkt deines Lebens stellen, weil du der Mittelpunkt deines Lebens bist. Und wenn du es dir selbst nicht recht machst, wirst du Negativität ausstrahlen und damit hilfst du niemandem.«

Hier ein paar praktische Tipps, die dir helfen können: Wenn du wieder einmal auf eine Veranstaltung gehst, nimm dir vor, dich gut zu amüsieren. Fange von innen heraus an und überlege dir, wie du dich fühlen möchtest. Sage: »Ich möchte glücklich sein. Ich möchte mich gut fühlen. Ich möchte meine Kraft spüren. Ich möchte selbstsicher sein. Und so weiter.« Das dauert nur ein paar Sekunden. Dann kommt das, was du haben möchtest: »Ich möchte interessante und erhebende Gespräche führen. Ich möchte den Respekt anderer Menschen haben und so weiter.« Du solltest dir im Voraus darüber im Klaren sein, was du von dieser Veranstaltung erwartest. Wenn du deine Intentionen klar formuliert hast, dann wirst du genug Energie erzeugt haben, um es auch zu bekommen. Wenn dich jemand um etwas bittest und du nicht willst, dann sage einfach: »Ich freue mich sehr, dass du mir das zutraust. Ich danke dir für dein Vertrauen. Ich empfinde es als Kompliment, nur leider ist es so, dass ich im Augenblick ganz andere Prioritäten habe. Ich habe das Gefühl, dass ich mich im Moment nicht angemessen auf die Aufgabe konzentrieren könnte. Ich würde dir nicht helfen und mir selbst würde ich auch nicht helfen. Aber vielen Dank, dass du an mich gedacht hast.«

Wenn du ein schlechtes Gewissen hast, dann strahlst du Negativität aus, aber wenn du etwas Positives sagst und dich gut dabei fühlst, dann wird dein Gegenüber denken: »Was für ein netter Mensch. Schade, dass er gerade nicht kann.« Er wird nicht denken: »Der faule Hund, der hätte doch gekonnt, wenn er nur gewollt hätte!« Er wird deine Macht spüren, weil du hundertprozentig hinter dem gestanden hast, was du gesagt hast. Es gibt nur zwei Hindernisse, die dem absichtsvollen Erschaffen im Weg stehen: der Einfluss anderer Menschen und der deiner alten Gewohnheiten. Du sagst aus Gewohnheit »Ja«. Du hast die Angewohnheit »Ja« zu sagen, selbst wenn es dir schadet. Du hast die Angewohnheit, die Anerkennung anderer Menschen erringen zu wollen. Je bewusster du dich Abschnitt für Abschnitt entscheidest, was du willst, desto leichter wirst du diese Angewohnheiten ablegen können.

Bist du schon einmal in der Hauptverkehrszeit auf einem Bahnhof gewesen? Wenn du dir nicht sicher bist, wohin du willst, werden dich alle möglichen Leute anrempeln. Aber wenn du absichtsvoll auf dein Ziel zusteuerst, dann werden sich die Menschenmassen vor dir teilen. Wenn du dich im Fluss befindest, scheinst du allen Platz der Welt zu haben. Dasselbe ereichst du, indem du zu Beginn eines jeden Abschnitts identifizierst, was du willst. Sobald ein neuer Abschnitt anfängt, solltest du innehalten und dich fragen: »Was möchte ich in diesem Abschnitt fühlen? Was möchte ich tun? Was möchte ich erreichen? Was möchte ich haben?« Dann wirst du nicht so leicht von anderen Menschen beeinflusst werden und dich auch nicht für ihre Interessen einspannen lassen. Wenn du dir aber nicht darüber im Klaren bist, was *du* eigentlich willst, werden dich jene dominieren, die sich darüber im Klaren sind, was *sie* wollen.

Wenn sich das, was du willst, und das, was du erwartest, in Übereinstimmung befinden, dann bist du so mächtig, dass dich nichts und niemand daran hindern kann, es zu verwirklichen. Du wirst nur Menschen anziehen, die mit deinen Interessen harmonieren. Vielleicht hast du irgendwann Zeit, Lust und Interesse, die Aufgabe anzunehmen, die du vorher abgelehnt hattest. Wenn du dir dann überlegst, zu einer Veranstaltung zu gehen, auf der auch der andere sein wird, dann kannst du denken: »Jetzt habe ich Zeit, Lust und Interesse, den Job zu machen.« Wenn du ihn siehst, könntest du sagen: »Wie schön, dass ich dich treffe. Ich habe nämlich gerade Zeit.« Und er wird vermutlich sagen: »Ist das nicht verrückt? Ich wollte dich gerade fragen, ob du nicht vielleicht...«

FRAGE: *Wie kann ich das negative Verhalten der Menschen in meiner unmittelbaren Umgebung ändern?*

ABRAHAM: Lass uns zur Beantwortung deiner Frage etwas ausholen. Vor kurzem fragte uns eine junge Frau: »Mein kleiner Sohn ist immer noch Bettnässer. Er ist doch viel zu alt, um noch ins Bett zu machen. Ich weiß nicht mehr ein noch aus.« Wir haben sie gefragt: »Wie reagierst du, wenn du morgens in sein Zimmer kommst und merkst, dass er wieder einmal das Bett nass gemacht hat?« »Ich bin natürlich wütend und enttäuscht.« »Und was sagst du zu deinem Sohn?« »Du bist zu groß dafür. Das habe ich dir doch schon tausendmal gesagt. Zieh sofort deine nassen Sachen aus und dann ab in die Badewanne mit dir!« Wir haben ihr gesagt: »Du verewigst sein Bettnässen, weil du dich auf das konzentrierst, was weder er noch du wollen.«

Immer wenn du dich schlecht fühlst, verstärkst du genau das, gegen das du kämpfst. Du musst die Sache umdrehen. Du musst deinen Fokus von dem abwenden, was du nicht willst, und auf das richten, was du willst. Wir fragten die junge Mutter: »Wenn du morgens in sein Zimmer kommst und merkst, dass er sein Bett wieder nass gemacht hat, dann versuche doch – noch bevor du wieder wütend wirst – einen Moment innezuhalten und herauszufinden, was du willst. Was willst du?« Sie antwortete: »Das ist leicht. Ich möchte, dass mein kleiner Sohn froh und glücklich aufwacht, statt beschämt und verängstigt. Ich möchte, dass sein Bett und seine Kleider gut riechen. Ich möchte, dass mein kleiner Junge glücklich ist.« Wir antworteten: »Gut. Lass deine Worte eine Weile in dich einsinken. Mit dieser neuen Perspektive werden dir vielleicht auch die geeigneten Worte einfallen, die du zu ihm sagen könntest. Wie wäre es mit: ›Das ging mir damals nicht anders. Das gehört einfach zum Großwerden. Aber es geht schnell vorbei. Komm, zieh die nassen Sachen aus und dann baden wir dich.‹« Zwei Wochen späte rief die junge Frau an und berichtete Esther, dass ihr Sohn nicht mehr ins Bett machen würde.

Wir wollen damit sagen, dass du das »Bettnässen« der Menschen in deiner Umgebung verstärkst, wenn du nur die Dinge in ihnen siehst, die dir nicht gefallen. Oder wenn du deine Aufmerksamkeit auf das richtest, was ihnen an sich selbst nicht gefällt. Auch wenn du nicht sprichst, so strahlst du doch immer eine bestimmte Schwingung aus. Ihr alle kommuniziert viel mehr durch Gedankenblöcke als durch Worte. Ihr alle habt gelernt, mit Worten zu lügen. Ihr belügt nicht nur die anderen, sondern auch euch selbst. Wir sagen nicht, dass ihr dies absichtlich tut, ihr seid einfach so sehr daran gewöhnt, dass ihr es gar nicht mehr merkt. Du sagst: »Ich will das und das«, aber in Wirklichkeit sagst du dem Universum: »Ich kann das nicht, ich darf das nicht, ich habe es nicht verdient, ich bin nicht gut genug und so weiter.« Obwohl du die richtigen Worte benutzt, ist deine tatsächliche Botschaft eine ganz andere. Dein inneres Wesen gibt dir immer eine gefühlsmäßige Reaktion, aufgrund derer du feststellen kannst, was du dem Universum wirklich mitteilst. Es ist unmöglich, etwas Positives zu wollen und sich dabei schlecht zu fühlen. Es ist gleichermaßen unmöglich, sich auf einen Mangel zu konzentrieren und sich dabei gut zu fühlen. Wenn du anfängst, dich gut zu fühlen, dann kommt Gutes zu dir. Dann wirst du inspiriert sein, auf eine Weise zu handeln, die dich befriedigt. Dich mit deinen Freunden zu streiten und sie von deinem Standpunkt zu überzeugen, führt nirgendwo hin.

FRAGE: *Ich habe immer das Gefühl, ich müsste meine Existenz dadurch rechtfertigen, dass ich etwas tue.*

ABRAHAM: Das geht wohl den meisten Menschen so. Ihr glaubt, dass ihr alles durch eure Handlungen erschafft, wo es doch in Wirklichkeit euer Denken, euer Sein ist, das alles erschafft. Und euer Sein inspiriert euch zum Handeln. Eure Handlungen bereichern euer Sein. Wenn du im Fluss bist und aus diesem Fluss heraus handelst, dann ist das eine äußerst befriedigende Angelegenheit. Aber wenn du wie eine Ameise schuftest und unter deiner schweren Last fast zusammenbrichst, nur um einen Mangel wettzumachen, dann ist das nicht besonders befriedigend.

Du und die meisten anderen Menschen versuchen ihre Existenz zu rechtfertigen, indem sie immer etwas tun. Daher kommen Sprichwörter wie: »Ohne Fleiß kein Preis«, »Arbeit adelt« oder »Nur durch harte Arbeit wird man etwas«. Natürlich auch: »Wer nicht arbeitet, soll auch nicht essen.« Du strebst danach zu wachsen und dich weiterzuentwickeln, aber aufgrund deiner Konditionierung glaubst du, dass du nur dann wachsen kannst, wenn du leidest. Leiden wird zur Existenzberechtigung. Wenn du nicht leidest, bist du kein vollwertiger Mensch – so glaubst du zumindest. Aber wenn du leidest, erschaffst du immer in der falschen Richtung. Wenn du leidest, ziehst du mehr von dem an, was du nicht willst. Du ziehst mehr Leiden an.

FRAGE: *Wenn ich mich so umsehe, scheint mir alles so hoffnungslos. Ich weiß einfach nicht, wie ich es schaffen soll, in einer Welt der Negativität dem Negativen keine Beachtung mehr zu schenken.*

ABRAHAM: Wir wollen als Beispiel einen Mann nehmen, der reich sein möchte. Nun sind wir ganz gewiss nicht materialistisch, aber deine Welt besteht nun einmal aus Materie, daher ist es am einfachsten, damit anzufangen. Er möchte also reich sein, ist es aber nicht. Wie kommt er nun vom Ist-Zustand zum Soll-Zustand? Indem er anerkennt, wie reich er bereits ist. Indem er die mickrigen 100 Euro, die er sein Eigen nennt, in seine Brieftasche tut und anerkennt, was er sich alles dafür kaufen könnte. Er tut dies so lange, bis die 100 Euro in ihm ein Gefühl des Wohlstands erzeugt haben.

Wir wollen damit sagen, dass du unter allen Umständen Gründe finden solltest, um dich gut zu fühlen, statt durch Vergleichen Gründe zu finden, warum du dich gar nicht gut fühlen kannst. Jeder Vergleich ist tödlich. Am Anfang und Ende jeder Niederlage und jedes Versagens steht ein Vergleich. Jeder Vergleich führt dazu, dass du dich schlecht fühlst – wodurch du Schlechtes anziehst. Du kannst gar nicht genug tun, um das auszugleichen. Deine Gefühle sind immer stärker als deine Taten. Wenn du siehst, dass ein anderer etwas ganz Wunderbares vollbracht hat, und du das mit dem vergleichst, was du getan hast, dann wirst du dich schlecht fühlen. Und damit konzentrierst du dich auf den Mangel, der in dir Gefühle des Neides und der Minderwertigkeit auslösen wird. Um das zu kompensieren, fängst du an, dem anderen gegenüber kritischer zu werden und bei ihm nach Fehlern zu suchen. Du glaubst, du könntest dich selbst größer machen, indem du den anderen kleiner machst. Das ist die vorherrschende Ansicht in eurer stets kritischen Gesellschaft. Ihr sucht nach Gründen, aus denen ihr andere Menschen weniger schätzen könnt – und das in der vagen Hoffnung, dass ihr euch selbst dadurch mehr schätzen werdet. Aber das kann und wird niemals funktionieren. Denn nur wenn du lernst, andere zu schätzen, dann wirst auch du von anderen geschätzt werden.

Konzentriere dich auf das, was dich in dieser Welt der Probleme glücklich macht. Es kann etwas dauern, bis du etwas gefunden hast, weil du aus reiner Gewohnheit immer nach dem Negativen suchst, aber es wird dir gelingen. Fange ganz im Innern an. Wir hören oft, wie jemand sagt: »Aber ich weiß doch nicht, was ich tun soll.« Das stimmt, du weißt nicht, was du tun sollst, weil es so unendlich viele Möglichkeiten gibt. Und viele davon haben nicht funktioniert. Du weißt vielleicht nicht einmal, was du haben willst. Aber du weißt immer, wie du dich fühlen möchtest. Du weißt, dass du lieber glücklich als unglücklich sein möchtest. Du weißt, dass du lieber satt als hungrig sein möchtest. Du weißt, dass du lieber reich als arm sein möchtest. Lieber fröhlich als deprimiert. Lieber stark als schwach. Lieber konzentriert als verwirrt. Sage die Worte: »Ich weiß, dass ich lieber … als … bin.« Sage sie so lange, bis sie zu deiner Wirklichkeit geworden sind.

Die Welt bombardiert dich ständig mit negativen Meldungen – beispielsweise im Bereich der Gesundheit – und zwingt dich so, deine Aufmerksamkeit darauf zu richten. Wenn du hörst, wie viele Menschen Krebs bekommen, dann reagierst du darauf, indem du denkst: »Nein, ich nicht! Nein, ich nicht!« Du stellst dich auf die Hinterbeine und schreist heraus, dass das nur für andere gilt, aber nicht für dich. Warum wehrst du dich so sehr dagegen? Weil du deine eigene Gesundheit und deine Macht, deinen Körper gesund zu erhalten, nicht spürst. Du bist so lange beeinflusst worden, bis du dich verletzlich fühlst und dagegen ankämpfen musst. Aber was geschieht, wenn du gegen etwas kämpfst? Du verstärkst nur das, gegen das du kämpfst. Erkenne lieber an, dass du vollkommen bist. Erkenne an, dass es in deiner Wirklichkeit keinen Mangel gibt. Es gibt nur ab und zu eine verzerrte Wahrnehmung. Krebs ist eine Verzerrung der Wirklichkeit, die dadurch erzeugt wird, dass ihr eure Aufmerksamkeit lange genug drauf richtet. In Wirklichkeit ist dein Körper vollkommen. Schau dir deinen Körper doch an. Bist du dir bewusst, dass jede Zelle deines Körpers Bewusstsein hat? Weißt du, dass sich deine Zellen ununterbrochen erneuern? Begreifst du, dass du immer wieder neu wirst? Dass dein Körper nicht derselbe ist wie vor zehn Jahren? Erkenne deine Vollkommenheit an und sage zu dir selbst: »Das bin ich – ein Beispiel für vollkommene Gesundheit.« Versuche, deine eigene Vollkommenheit zu spüren. Sage: »Das bin ich – eine ganz wunderbare Mutter.« »Das bin ich – ein außergewöhnlich kreativer Künstler.« »Das bin ich – ein Schöpfer neuer Ideen.« Finde Worte, die das Gefühl deiner Vollkommenheit ausdrücken. »Das bin ich! Das bin ich!«

Deine eigentliche Arbeit hat nichts damit zu tun, dass du irgendetwas tust. Deine Aufgabe besteht darin, dich selbst auf welche Weise auch immer dahin zu bringen, deine Kraft, Vollkommenheit, Gesundheit, Begabung und Einzigartigkeit zu spüren und mit dir selbst glücklich zu sein. Das mag erfordern, dass du dich von Menschen fernhältst, die an dir herumnörgeln. Das Letzte, was du brauchst, ist negative Verstärkung. Wenn du immer wieder etwas denkst, das in dir ein Gefühl des Mangels erzeugt, solltest du versuchen, dieses Thema eine Weile zu vermeiden. Deine eigentliche Aufgabe ist es, dich gut zu fühlen, denn aus diesem Gefühl heraus ziehst du alle Erfahrungen deines Lebens an. Wenn wir sagen, dass ihr alle Schöpfer seid, dann denkt ihr oft, wir reden davon, Möbel, Häuser, Autos oder Beziehungen zu erschaffen. Aber darum geht es uns überhaupt nicht. Wir reden davon, dass du dein eigenes Sein erschaffst. Wenn du das einmal verstanden hast und deine Aufmerksamkeit vor allem darauf richtest, dann werden die materiellen Dinge des Universums ihren natürlichen Platz in deinem Leben finden. Aber du wirst das nicht erreichen, indem du machst und tust; du kannst es nur dadurch erreichen, dass du herausfindest, wie du dich fühlen möchtest.

FRAGE: *Ich habe das Gefühl, dass ich irgendwie nicht wirklich auf diesen Planeten gehöre.*

ABRAHAM: Das geht vielen Menschen so. Wesen, die hochentwickelt sind und um ihre Macht wissen, haben häufig das Gefühl, in der materiellen Welt gefangen zu sein. Sie fühlen sich wie Adler, die wissen, dass sie sich emporschwingen können, denen man aber die Flügel gestutzt und gesagt hat: »Klar bist du ein Adler, aber sieh doch selbst, Adler können gar nicht fliegen«. Und so kriechst du über den Boden, erinnerst dich an das Fliegen, kannst aber nicht abheben. Die meisten Menschen sind nicht bereit, unsere Worte zu hören. Sie sind nicht bereit, ihr unbegrenztes Wesen zu akzeptieren. Sie sind nicht bereit, das Universum als ihren Spielplatz zu begreifen. Du bist dazu bereit, aber du bist von Menschen erzogen worden, die nicht dazu bereit waren, und deshalb kämpfst du ständig, machst mal Fort- und dann wieder Rückschritte. Ein Teil von dir ist bereit, sich in die Lüfte zu erheben – und tut dies auch –, aber ein anderer Teil spürt die Einschränkungen – und unterliegt ihnen.

Mal angenommen, es geht dir nicht gut. Du kannst nicht durch die Nase atmen, deine Augen tränen, dein ganzer Körper tut dir weh, du fühlst dich hundsmiserabel. Der Arzt diagnostiziert eine Erkältung. Hast du unter diesen Umständen Angst um dein Leben? Bedroht eine Erkältung – immerhin eine Krankheit, gegen die es kein Heilmittel gibt – dein Leben? Nein, das tut sie nicht, weil du aufgrund deiner eigenen Erfahrung und der von anderen weißt, dass du dich wieder erholen wirst. Krebs andererseits – auch eine Krankheit, gegen die es kein Heilmittel gibt – bedroht dein Leben, weil die Erfahrungen anderer dir zeigen, dass sie tödlich enden kann. Verstehst du, warum Krebs meistens tödlicher ist als eine Erkältung? Das Wort »Krebs« erfüllt dich mit Angst und die Angst bringt dich um. Wir haben das nur erwähnt, weil der Glaube an die Tödlichkeit von Krebs eine der vielen Begrenzungen ist, gegen die du ankämpfst.

Es gibt so viele Überzeugungen, die nicht im Einklang mit deinem größeren Wissen sind, dass es völlig normal ist, wenn du dich fragst: »Was mache ich nur hier auf diesem wahnsinnig gewordenen Planeten, wo ich doch weiß, dass meine wahre Natur Glückseligkeit ist? Warum erlebe ich sie dann nicht?«

FRAGE: *Ist es nicht unsere Pflicht, unsere neuen Erkenntnisse mit allen Menschen zu teilen? Oft kommen meine Freunde zu mir und laden ihren Mist bei mir ab. Was kann ich sagen oder tun, um ihnen zu helfen?*

ABRAHAM: Erst einmal musst du Folgendes verstehen: Du bist nicht für andere Menschen verantwortlich. Du bist nur für dich selbst verantwortlich. Und falls man uns wieder des Egoismus und der Selbstbezogenheit anklagt, dann bekennen wir uns mit Freuden schuldig. Wenn du nicht selbstbezogen genug bist, um die Welt durch deine eigenen Augen zu sehen und selbst glücklich zu sein, dann wirst du anderen Menschen nichts zu geben haben. Wenn deine Freunde ihren Mist bei dir abladen und du dich aus lauter Pflichtgefühl auf ihre negativen Gedanken einlässt, um ihnen zu helfen, werden sie deine Hilfe wahrscheinlich sowieso nicht annehmen können. Du solltest die ganze Sache nicht so direkt angehen.

Wandle die Situation für sie um. Wenn du siehst, dass jemand in seinen negativen Gefühlen feststeckt, erkenne für ihn an, dass sein inneres Wesen zu ihm sagt: »Du willst etwas, aber du richtest deine Aufmerksamkeit auf das Entgegengesetzte.« Stelle dir dann vor, was dein Freund wirklich will. Normalerweise ist das eines von diesen drei Dingen: Freiheit, Wachstum oder Freude. Wahrscheinlich fühlen sie sich eingeengt und haben das Gefühl, nicht vorwärts zu kommen. Deshalb fühlen sie sich natürlich schlecht. Halte einen Augenblick inne und vergegenwärtige dir, dass jeder deiner Freunde absolut frei ist. Sie sind so frei, dass jeder einzelne ihrer Gedanken und Gefühle etwas erschafft. Dann wird es dir schon besser gehen. Stelle dir dann vor, dass jeder deiner Freunde bekommt, was er möchte, dass er sein Leben lebt und dieselben Dinge entdeckt, die du entdeckt hast. Aber sehe es nicht als deine Pflicht an, ihm dabei zu helfen. Stelle dir einfach vor, dass er es selbst herausgefunden hat. Und dann sei ihm das beste Beispiel, das du nur sein kannst.

Wenn deine Freunde dich ausdrücklich um Hilfe bitten, dann kannst du sie auf den Zusammenhang zwischen ihren Gedanken und Gefühlen auf der einen und ihrem Leben auf der anderen Seite hinweisen. Du könntest sagen: »Mir ist es früher genauso gegangen, aber dann habe ich aufgehört, mich auf das zu konzentrieren, was ich nicht wollte. Und seitdem ziehe ich viel weniger davon an.« Bei jedem deiner Freunde wirst du anders vorgehen müssen. Du musst immer auf ihre individuelle Situation Rücksicht nehmen. Wenn du ein Professor für Quantenphysik wärst, würdest du doch auch an der Universität eine andere Vorlesung halten als in einer Grundschule. Viele Menschen sind nicht bereit zu hören, was du zu sagen hast, andere wiederum sind dazu bereit. Dank des Gesetzes der Anziehung werden die Menschen in dein Leben kommen, die bereit sind, dich anzuhören.

Halte Augen und Ohren offen. Strecke deine Fühler aus. Wenn du ein Gespräch mit jemandem hast, bei dem du dich gut fühlst, und wenn du das Gefühl hast, er könnte offen dafür sein, dann erzähle ihm von deinen Erfahrungen. Du bist nicht hier, um zu missionieren. Du bist nicht hier, um die Stufen einer Entwicklungsleiter zu erklimmen. Du bist nicht hier, um dich zu beweisen. Du bist nicht hier, um irgendjemand von deinem Wert zu überzeugen. Du bist hier, weil du es gewollt hast. Du bist in dieser Dimension, weil du dein Wissen erweitern wolltest. Du hilfst anderen Menschen am meisten, indem du ihnen ein leuchtendes Vorbild bist. Worte überzeugen nicht; es ist dein Sein, das überzeugt.

FRAGE: *Ich weiß aus eigener Erfahrung, dass ich der Schöpfer meines Lebens bin. Ich bin sehr gut darin, das zu erschaffen, was ich will. Oft werden andere Leute dann aber neidisch oder eifersüchtig auf mich, wenn mir etwas besonders gut gelingt. Im Lauf der Jahre habe ich mir dann immer mehr abgewöhnt, bewusst zu erschaffen. Schwierig wird es für mich aber auch immer dann, wenn ich andere Menschen brauche, um gemeinsam etwas zu erschaffen. Ich tue meinen Teil, aber sie tun den ihren nicht. In letzter Zeit bin ich nur noch frustriert.*

ABRAHAM: Viele Leute werden ähnliche Erfahrungen gemacht haben. Gemeinsames Erschaffen ist sozusagen der Fortgeschrittenenkurs im Erschaffen. Bevor du das kannst, musst du zuerst wirklich verstehen, wie du etwas erschaffst. Als kleines Kind war dir die ganze Sache völlig klar. Du hast an das gedacht, was du wolltest, wusstest, dass du es bekommen würdest – und schon war es da. Du hast dich der geistigen Energie bedient, sie aufgrund deiner Überzeugungen zu deinen Zwecken geformt und das bekommen, was du wolltest. Aber andere Kinder, denen das nicht so gut gelang, wurden neidisch auf dich, weil sie nun ihren Mangel umso deutlicher gespürt haben. Weil dir nicht wirklich klar war, dass es dein oberstes Ziel ist, dich immer und überall gut zu fühlen, konntest du von ihrer negativen Haltung beeinflusst werden. Dieser Einfluss lenkte einen Teil deiner Energie um. Du fingst an zu sagen: »Ich will reich und berühmt sein – aber ich will auch Freunde haben. Beides scheint irgendwie nicht zusammenzupassen. Ich möchte machtvoll sein, aber nicht so machtvoll, dass sich andere machtlos fühlen. Ich möchte machtvoll sein und alles haben und erreichen, was ich will, aber ich möchte in einer Welt, die das nicht kann, nicht auffallen.« Dein Glaube an die Unfähigkeit deiner Mitmenschen hat dazu geführt, dass du glaubst, du könntest nur alleine erschaffen und dass es einfach schief gehen muss, wenn du mit anderen zusammenarbeitest.

Was sich wie ein roter Faden durch dein Leben zieht, ist Enttäuschung. Enttäuschung über diesen, weil er sein Versprechen nicht gehalten hat, Enttäuschung über jenen, weil er unfähig war und so weiter. Du übst einen so starken Einfluss auf andere aus, dass sich niemand dieser Überzeugung entziehen kann. Wenn du glaubst, dass jemand etwas nicht tun wird, dann wird er es – zumindest in deiner Wirklich-

…an. Wenn du aber an die Fähigkeiten ande-
…auben würdest, dann wäre dein Einfluss stark
… davon zu überzeugen, dass sie sie tatsächlich

FRAGE: *Könnt ihr zum Abschluss noch ein paar praktische Tipps geben, wie ich meine neuen Erkenntnisse in mein tägliches Leben integrieren kann?*

ABRAHAM: Wenn du dich schlecht fühlst und dich gut fühlen möchtest, brauchst du nur zu sagen: »Ich will mich gut fühlen. Ich will mich gut fühlen.« Und wenn du es zehn Mal gesagt hast, wird es dir schon besser gehen. Identifiziere, was du willst und gib dem ganzen Universum deine Absichten bekannt: »Ich will inspiriert sein. Ich will kreativ sein. Ich will dies. Ich will das.«

Erkläre dich dem Universum und setze die Macht des Universums ein, um deine Wünsche zu verwirklichen. Immer wenn du das Gegenteil tust, wird dich dein inneres Wesen sanft anstupsen. Und wenn du nicht damit aufhörst, wird es dich etwas kräftiger anstupsen. Und wenn du immer noch nicht damit aufhörst, dann wird es dich noch etwas kräftiger anstupsen. Nicht, weil es dir wehtun möchte, sondern weil das eurer Abmachung entspricht. Dein inneres Wesen hatte dir versprochen: »Immer wenn dein Denken nicht in Harmonie mit deinen Wünschen ist, werde ich dich anstupsen, um dich daran zu erinnern. Dann ist es an dir, herauszufinden, welchen Gedanken du ändern musst.«

Nimm dir morgens als Erstes drei Blatt Papier, stelle eine Küchenuhr auf 15 Minuten ein und schreibe oben auf das erste Blatt: »Wie ich sein will.« Schreibe dann eine Minute lang auf, wie du sein möchtest. »Ich möchte glücklich sein.

Ich möchte frei sein. Ich möchte gesund sein. Ich möchte wohlhabend sein.« Und so weiter. Nimm nach einer Minute das zweite Blatt und schreibe darauf: »Was ich haben will.« Liste dann sieben Minuten lang alles auf, was du haben möchtest. »Ich will diese Beziehung haben. Ich will dieses Haus haben. Ich will diesen Körper haben. Ich will diese Schuhe haben.« Und so weiter. Ob diese Dinge greifbar oder nicht greifbar sind, spielt dabei keine Rolle. Wichtig ist nur, dass du sie haben willst. Schreibe dann auf das dritte Blatt: »Was ich heute tun werde.« Liste sieben Minuten lang auf, was du heute alles tun wirst. Wenn du dies einen Monat lang getan hast, wirst du feststellen, dass deine Handlungen viel mehr im Einklang mit deinen Wünschen und mit deinem Sein sind. Du wirst im Einklang mit dir selbst sein – und das ist das Einzige, was wirklich zählt.

Du empfängst Gedanken vom Universum. Du empfängst Gedanken von den Menschen in deiner Nähe. Du empfängst Gedanken von deinen verkörperten Freunden. Du empfängst Gedanken von deinen geistigen Freunden. Wie du gefühlsmäßig darauf reagierst, zeigt dir, ob sie für dich von Wert sind oder nicht. Versuche nicht, alles zu verstehen. Konzentriere dich lieber darauf, glücklich zu sein. Du empfängst ständig geistige Energie. Entscheide dich bewusst dafür, was du mit ihr anfängst. Strebe danach, glücklich zu sein. Alles andere wird sich daraus ergeben.

Du wirst nicht glücklich sein und voller Freude handeln können, wenn du dich schlecht fühlst. Tu alles Nötige, um dich gut zu fühlen. Achte auf deine Gedanken, damit du dich öfter gut fühlst. Gewöhne dir an, glücklich zu sein. Du bist ein Gewohnheitsmensch, deshalb sollte es dir nicht schwer fallen. Es wird dir schnell gelingen, dich immer gut zu fühlen, weil du dadurch Harmonie mit deinem inneren Wesen findest. Dein inneres Wesen ist dein größter Bewun-

…r. Dein inneres Wesen weiß um deine Macht, deine Kraft …nd deinen Wert. Dein inneres Wesen weiß, dass du alles sein, tun oder haben kannst, was du willst.